国家社科基金重点项目（14AZD090）
第50批教育部留学回国人员科研启动基金
大连理工大学研究生教学改革与研究基金重大项目（JG2014002）
大连理工大学研究生教学改革与研究基金重点项目（JG2014018）
联合资助

大连理工大学|文科实验与教育丛书

人才测评理论与方法

商　华　著

科学出版社
北　京

内 容 简 介

本书将人才测评的理论和方法与测试实用操作方法相结合，全面介绍了人才测评系统的各个功能模块。从原理篇、测评篇、实验篇和应用篇四个篇章系统介绍了人才测评理论与实践应用方法。原理篇介绍了人才测评的发展和理论基础。根据人才选拔与测评的整个具体工作流程，将测评篇设计为基础功能模块和业务功能模块两大模块，具体分为能力、个性特质、职业适应性、管理行为、职业技能和经典智力六大类项目进行测试。实验篇软件平台，介绍胜任力评价方法和评价中心方法的应用技巧。应用篇通过实际案例，引导读者进行测评方案设计。

本书系统介绍了当前人才测评的理论和技术方法，较全面地覆盖了现代人才测评方法的基本训练内容，以测评软件平台为载体，图文并茂地指导具体操作，实践操作性强，适合各类本科和专科院校的人力资源管理相关专业的学生，并可作为企业应用测评工具进行人才招聘的方法指导书。

图书在版编目（CIP）数据

人才测评理论与方法 / 商华著. —北京：科学出版社，2016.4
（文科实验与教育丛书）
ISBN 978-7-03-047597-8

Ⅰ. ①人…　Ⅱ. ①商…　Ⅲ. ①人才考核-研究　Ⅳ. ①C962

中国版本图书馆 CIP 数据核字（2016）第 047051 号

责任编辑：朱萍萍　侯俊琳　刘巧巧 / 责任校对：张怡君
责任印制：徐晓晨 / 封面设计：无极书装
联系电话：010-64035853
电子邮箱：houjunlin@mail.sciencep.com

科学出版社出版
北京东黄城根北街 16 号
邮政编码：100717
http://www.sciencep.com

北京京华虎彩印刷有限公司印刷
科学出版社发行　各地新华书店经销
*
2016 年 4 月第　一　版　开本：720×1000 1/16
2018 年 1 月第三次印刷　印张：17 1/4
字数：289 000

定价：78.00 元

（如有印装质量问题，我社负责调换）

丛书编委会

总序

教育部《关于做好 2008 年度高等学校本科教学质量与教学改革工程项目申报工作的通知》（教高司函〔2008〕82 号） 指出：文科综合类实验教学中心应适应国家经济社会发展对人文社科类人才实践能力、应用能力、创新能力的要求，根据本校学科专业设置的实际情况和特点，整合、融合相关学科门类与专业的实验教学资源，建立体现本校学科专业特色，涵盖多科类、多专业的跨学科、综合型、现代化、开放共享的大文科类实验教学平台，形成与现代社会实际需要和发展紧密联系、紧密结合的实验实践环境和实验体系，统筹规划、集中管理、科学调配、高效使用实验教学资源，成为全校人文社科类实验教学的综合型基地。

2009 年 3 月成立的大连理工大学文科综合实验教学中心，是根据大连理工大学确定的建设国际知名高水平研究型大学、对本科生实施精英教育及培养精英人才的整体定位，经过多年探索，由人文与社会科学学部、管理与经济学部、建筑与艺术学院、外语学院各自独立、分散的实验室整合发展而成，依托人文与社会科学学部。大连理工大学文科综合实验教学中心 2009 年荣获辽宁省实验教学示范中心后，同年 11 月又荣获国家级文科综合类实验教学示范中心（建设单位），经过 3 年建设，2012 年 12 月，经教育部专家组评审，中心评估为优秀，成为由教育部挂牌命名的国家级实验教学示范中心，也是首批国家级文科综合实验教学示范中心。

本着沟通交流、成果共享、共同提高的原则，大连理工大学人文与社会科学学部特推出文科实验系列（含专著、教材）。本系列以文科实验教材为主，兼对文科综合实验的理论研究与实践探讨成果的总结，其根本目的在于通过培育和扶植文科实验教材的出版，加强文科综合类实验教学中心的建设，以适应新时期文科人才培养的需要，加强文科各类学生的实践能力培养，推进人才培养模式改革。

大连理工大学

2014 年 4 月 30 日

前言

知识经济和信息时代的飞速发展对传统思维观念下的高校人力资源管理教学的建设与实践提出了新的要求和挑战，引发了高校人力资源管理教学的深刻变革，借助当代信息技术平台将信息化融入高校人力资源管理教学的全过程，借助现代人力资源管理软件应用平台是高校提升人力资源管理教学水平，提高学生人力资源管理实践能力的必由之路。

随着人才竞争的加剧以及人才选拔和开发的深入，人才测评在企业人力资源中的地位越来越重要，世界 500 强公司已经全部将人才测评纳入人力资源管理工作。而目前人力资源方向的毕业生由于缺乏心理学方面的背景，在人力资源管理各种工作中遇到了很多的困难，工作量较大。而作为未来人力资源经理的教育基地——人力资源专业，也越来越重视学生人才测评知识的教育，在人力资源课程中加入了人才测评的教育，在教学工作中，引入便捷、有效的人才测评工具作为教学工具。人才测评实验可以同时满足教师教学、学生实验、企校双赢等各种需要，为教学提供极大便利，为学生今后就业提供帮助，为企业和学校的合作创造更大价值。

人才测评是一门应用性极强的课程。作为人力资源管理信息化操作实验的指导书，本书将人才测评的理论和方法与测试实用操作技巧相结合，以北森测评软件平台为载体，采用案例教学方法，系统地介绍了测评系统的各个功能模块，从理论介绍、测评操作、实验操作和测评应用四个篇章渐进分解了人才测评实验系统的操作步骤，使学生学习到当前人才测评的技术和方法，与理论教学紧密结合。通过该系统，学生可以接受现代人才测评方法与技巧方面的基本训练，学习掌握分析、解决测评选拔和决策评估的基本能力。本书实践操作性强，图文并茂，使得实验的操作步骤更加简洁、易懂，可对学生的实验操作提供有效的指导，培养学生的实际工作能力。

本书得到国家社科基金重点项目（14AZD090）、第 50 批教育部留学回国人员科研启动基金大连理工大学研究生教学改革与研究基金重大项目（JG2014002）、大连理工大学研究生教学改革与研究基金重点项目（JG2014018）的资助。本书参阅了国内外有关文献，引用了北森测评软件操作指南内容；研究生闫丽丽参与文字编辑工作，在此一并表示衷心的感谢。

商　华

2015 年 09 月 10 日

目录

第三篇 实验篇

第四篇 应用篇

第一篇　原理篇

第一章

人才测评概述

在经济飞速发展的时代，人才作为一种不可替代的资源在经济发展中起着至关重要的作用，人力资源的差异性在一定程度上决定了经济发展水平的优劣。与此同时，企业的发展战略也在一定程度上依赖于人力资源这一不可或缺的战略性资源，人力资源成为企业发展与竞争的焦点。

究其根源，人力资源是以人为中心，将人当作资源来利用、开发以及有效地配置，以实现企业发展的最优化。我国春秋时期的管仲曾说过："成器不课不用"，其意思是指，即使是人才不经过检验也是不能用的。而企业如何避免错误选才带来的机会成本，如何有效地选才以及选拔具有何种特质的人才，一套科学合理的人才测评方法也就呼之欲出。

第一节　人才测评的含义

一、人才的概念及特征

王充在《论衡·累害》中提到"人才高下，不能均同"，葛洪在《抱朴子·逸民》中提到"褒贤贵德，乐育人才"。他们指的是人的才能或才学，而人才具有差异性。

关于人才的定义说法不一，我们认为，人才指的是具有一定的专业知识和专门的技能，能够胜任其任职的岗位，并能对社会进步做出一定贡献的人。

人才应具有以下特征：

（1）创造性。创造性是人才应具有的基本特征之一，他们能够在实践中灵活变通、饱含创造性思维，对工作或生活中出现的问题能够提出独特的见解和新颖的想法。

（2）可开发性。人才的可发性是指人才具有可供企业挖掘的潜能，人才这一特质在一定程度上体现为其学习的能力。

（3）差异性。每个人生活的环境不同、接受的教育不同、心理人格不同，这都决定了人的能力具有较大的差异，而企业岗位设置的不同决定其在选拔人才时会关注人才之间的差异性，否则企业就可以按照同一个标准选拔人才。

（4）主动性。当代社会处于瞬息万变之中，这就要求人才具有较高的主观能动性，主动学习，主动适应社会的变化，适应工作和生活环境变化的要求。

二、人才测评的概念及特征

人才测评在诸多场合有广泛的提及和应用，但对于人才测评的定义尚未形成统一的观点，普遍被人们采用和熟知的有三种代表性的提法和应用实践。一是综合性的考试测评。这种测评根源于我国长期的考试实践，持这类观点的代表认为人才测评是考试的延展部分，通过考试能够反映应试者的综合能力或技能。二是考核测评。这种人才测评来源于我国的人事考核，采取定性和定量相结合的方法。三是心理测评。这种人才测评主要是心理工作者运用心理测评的方法和技术对人的心理进行测量的过程。

本书认为，人才测评也称人才素质测评，是根据一定的目的，综合运用先进、科学的方法，并采取定性和定量相结合的方式，对人才的知识水平、能力结构、发展潜能、心理个性等素质进行综合评价的过程。人才测评是一门融现代心理学、测量学、社会学、统计学、行为科学及计算机技术于一体的综合性学科。

人才测评是一个复杂的社会认知过程，其主体包括测评者和被测评者，这种特殊的形式决定了其独有的特征，结合人才测评的定义，本书将人才测评的特征概括如下。

1. 人才测评是心理测量，而不是物理测量

这一特点是就人才测评的内容指向而言的。人才测评是对个体心理现象的测量，包括能力、兴趣、性格、气质以及价值观。这是由心理素质在个体发展事业成功过程中的关键性地位决定的，而身高和体重等有时也列入测量的范畴，但是一般不作为主要方面。美国心理学家特尔曼曾对 800 名男性成人进行测评，发现其中成就最大的 20%与成就最小的 20%两组之间，最明显的差异就

是他们在心理素质上的差异。成就最大组，主要在进取心、意志力、兴趣和坚持性方面，明显高于成就最小组。这就说明，人才测评的重点是心理测量，而不是物理测量。物理测量是用度量单位计算的，而心理测量的对象具有内在性、隐蔽性和无形性的特点。

2. 人才测评是抽样测量而不是具体测量

这一特点是从统计学意义上而言的，人才测评的对象是素质和绩效，但是素质和绩效不是在某一孤立时空被抽象存在的，而是变现或者弥漫于个体活动的全部时空中。从统计学意义上说，人才测评抽取的样本规模越大，收集的相关信息越充分，测量的信度和效度就越高。但是在实践中，受限于时间、金钱等成本以及一些客观原因，测评者只能对测评要素进行抽样，保证大样本以及样本代表性的基础上，从抽样的结果推测全部测评群体的特征。

3. 人才测评是相对测量而不是绝对测量

从测评者的角度出发，任何测评都力求客观地反映被测评者的实际情况。但是在测评过程中由于测评方案的设计、测评活动的实施具有一定的主观性，而对测评结果的理解和认识也在一定程度上带有个人色彩，不可能达到绝对的测量。在人才测评实践中，片面追求精确性反而会违背人才自身的特点。德国物理学家海森堡在 1927 年提出了物理学中的测不准原理，在人才测评活动中也存在测不准的情况，即对测评结果的鉴别不一定完全符合被测评者的实际情况，与被测评者的真实素质有一定程度的偏离。随着知识和科技水平的进步，我们将逐渐向测准的方向逼近。我们只需要在测量中追求测评的准确性和科学性达到相对测量即可。

4. 人才测评是间接测量而不是直接测量

这一特点是由人才测评对象——人的素质决定的。人的素质是个体实施社会行为的基本条件和潜在能力，而素质的突出特点是抽象性。素质是隐藏在个体身上的客观存在，是看不见、摸不着的，但它具有一定的表现性。我们不能对素质本身进行直接测量，但可以对素质和行为之间的中介物进行测量，以此做出间接的推测和判断。

三、人才测评的功能

1. 甄别和遴选功能

这是人才测评最直接、最基础的功能。经济社会的发展推动了社会分工的细化，工作本身对人的素质和心理差异性要求越来越高，在众多的求职者中难以凭借传统的选拔方法进行科学的评估和选拔，人才测评通过甄别人才知识水平、能力结构以及个性特征等素质的高低，进而评定被测试者之间的差异性和优劣性，并以此作为遴选人才的最初标准。这大大提高了人力资源管理的效率。

2. 诊断和开发功能

开发和培训成为人力资源管理的重要组成部分，用人单位运用科学的人才测评方法诊断被测试者能力、心理上的不足，并将测试结果进行反馈，分析缺点和不足产生的原因，最终提供人才开发优化的方案，达到“知人用人”“人尽其才”的目的。

3. 考核和激励功能

众所周知，现在用人单位对员工的考核已经打破原有的考核内容，逐渐涉及员工在工作中表现出的行为、态度以及能力，将人才测评列为人才考核的一种方式，对人才素质的现有状态进行鉴别评定，形成对员工全面的评价，并通过对人才素质的考核结果的反馈，调整被测试者的绩效目标，从精神和物质两个层面对被测试者进行激励，进而产生一种激励导向作用，这种依托于人才测评的激励降低了人事决策风险系数。

四、人才测评在人力资源管理中的作用

在人力资源管理中，人才测评是十分重要的环节，是人力资源决策的基本工具，起着承上启下的作用。一方面，人才测评以科学的测评工具和方法对人力资源的素质和能力进行评定，对人才质量做出科学定量化的鉴别判断，为企业选人用人提供客观的依据；另一方面，人才测评为企业的员工培训与发展提供科学的指导，通过测评企业充分认识员工的素质能力结构，有目的地制订培训计划，并为员工提供职业生涯规划。

（1）人力资源科学选拔的依据。在人力资源科学配置这个复杂的系统工程中，通过人才测评，选择合适的人选，使得“人岗匹配”，达到“人尽其才”，同时也不造成人力资源的浪费。

（2）人力资源科学配置的依据。企业在面对新任务和新挑战时，需要评价原有人员胜任能力，为了避免主观臆断，人才测评能够促进人才的合理流动，满足供需平衡，达到一种科学合理的配置。

（3）人力资源科学激励的依据。人才测评能够引导员工围绕其任职的岗位

目标来完成或卓越完成其工作任务，通过对绩效的定量考核，给予员工物质、精神上的奖励，对员工的事业起到驱动作用，做到有的放矢，为科学激励提供可靠的依据。

第二节 人才测评的发展

一、中国历史上的人才测评

(一)中国古代的人才测评思想

在中国古代，思想家和政治家们对人才的识别进行了长达几千年的探讨和实践，他们积累了丰厚的人才测评思想，从研究实践中发现人类个体的差异，并且认为这种差异是可以度量和识别的。

孔子把人分为两类，即“君子”和“小人”，君子的标准是德、义、刑、泰，小人则是土、利、惠、骄。这是从思想和行为上提出的分类标准。

孟子曾说：“权然后知轻重；度然后知长短，物皆然，心甚为。”意思是：人的心理能力和个性特征的差异是可以被测量出来的，这是对人的心理特征进行量化的意识。

墨子说：“听其言，迹其行，察其所能而慎予官，此谓‘事能’。故可使治国者，使治国，可使长官者，使长官，可使治邑者，使治邑。”其要表达的意思是通过观察人的言行，考察人的能力之后，根据人的能力大小授予官职。这包含了人职匹配的思想。

庄子把德才标准具体化为忠诚、谨慎、才能、智力、信用、廉洁、节守、仪态等行为指标。

诸葛亮在《将之器》中提到“将之器，其大小作用不同”，他主张将人才按照不同的标准进行层次性的划分。

此外，中国封建王朝的历朝历代遵循儒家重德轻才的思想，在一定程度上也开始注重人职匹配。

(二)中国古代的人才测评方法

1. 口试

在中国古代，口试主要包括帖试和对偶。帖试又称帖经，类似于今天的填空，主考官从经典诗文任选一段，抽去其中的数字或者句子，让被试者背诵出来。对偶，在今天称为类比，如“无山得似巫山好，何水能如河水清”。

2. 笔试

古代经典的笔试形式可以分为墨文、策试和八股文。墨文是简单的笔试，考官依据经典文献出题，考生依据要求答题即可。策试是从政治、文化以及经济等现实问题中出题，被测试者设计解决的办法。八股文有固定的格式，包括破题、承题、起讲、入手、起股、中股、后股、束股。

3. 观察法

观察法主要是在自然的条件下，把人放在普通场合，以及顺境、逆境等一些特殊的场合，测试者以观察被测试者的行为、心理等为主要目标，以此评价一个人的品德、才学和意志等。《吕氏春秋》中提出的“八观六验”，指的就是这种方法。

4. 实践考察法

这种方法是指在实践中鉴别人才素质的优劣，古人认为考察测评人才不能光靠道听途说，而应该根据其实际的政绩来选拔衡量人才。战国时期，齐威王就用此方法作为官吏选拔的标准。

（三）古代人才测评的不足

中国古代的人才测评受到当时封建思想和技术水平的限制，封建统治者从自身的统治出发，人才测评偏重政治文化知识，其他方面的人才长期受到冷落；测评工具欠缺，制约了测评的全面性；能力测试不够，人才测评受到封建社会君主思想左右，主观性较强。

二、现代人才测评的发展

1. 现代人才测评的起源

现代人才测评起源于西方工业革命之后，工业化程度的加深和社会分工日益精细，劳动力需求量急剧增加，在这种情况下，如何鉴别劳动者在能力层次上的差别成了企业现实的需求。无数的西方学者在这方面做出了积极的努力和探索。沈干（Seguin）提出用生理训练法进行试验，并创办一所教育智力落后儿童的学校。英国生物学家和心理学家高尔顿（Francis Galton）在研究中运用等级评定量表测量了人们的特性，并创设了“人类测量实验室”。

2. 心理学的建立

1879 年，法国心理学家冯特（W.Wundt）在莱比锡大学建立了第一所心理实验室，冯特在研究中发现，对于同一刺激，不同的人的反应常常不同。经过研究者长时间的实验发现，这种差异源于个体的心理和能力上的差异。另外，心理学家在试验中强调对某种变量的控制，这种测验的控制为测验的标准化打下了基础。

法国心理学家比奈（A. Binet）在 1895 年创办第一份法国心理杂志——《心理学年报》，他主张用测验法去判别有心理缺陷的儿童。他与其助手西蒙（T. Simon）开发出世界上第一个智力测验——比奈-西蒙量表，该量表可以运用于测量判断、推理以及运用旧经验解决新问题的行为上。1908 年，他又对量表进行了修订，采用智力年龄的方法计算成绩，并建立常模，这是心理测验史上的一个创新。

比奈-西蒙量表问世后，迅速地被世界各地接受和应用，其中最著名的是美国斯坦福大学特曼（Terman）提出的离差智商（deviation IQ）的概念。他认为：

（1）不需要为不同年龄的人找不同的题目，而只要确定一组固定的题目，看不同年龄的人在这些题目上得分的分布，计算相应的平均数和标准差。

（2）没必要一定区分开不同的年龄，而是以实际测量结果为准，如果 21 岁和 22 岁的年龄组在得分上经统计检验没有显著性差异，就可以合并。

（3）智力水平的表示方法，可以将实际测量的分数以标准差为单位和本年龄组的平均分进行比较，也就是说，以标准差为单位计算测验分数偏离平均数的方向和程度，这就是离差智商，这个概念一直沿用至今，具体公式为

$$IQ=100+15\times(X-M)/S$$

式中，X 是实得原始分数，M 是平均数，S 为标准差。

需要说明的是，离差智商不再是对智力的绝对意义上的度量，其分数本身并不能说明智力的实际高低，它只是一个相对值，表明一个人的智力水平相对于和他同类型的人群群体的平均水平所处的高低位置。

3. 心理测验

心理测量一诞生，就被工业界接受和运用，尤其是一些著名的大企业，开创性地在人事管理中引入心理测量，为心理测量的普及起到了巨大的推动作用。心理测验实质上是行为样组客观的和标准的测量，是通过观察人的少数代表性的行为，对于贯穿在人的全部行为活动的心理特点做出结论和数量化分析的一种科学手段。工业应用中最常见的心理测验有智力测验、人格测验、职业

兴趣测验以及动机测验。

（1）智力测验。在人才测评和选拔中应用智力测验，既能达到考察被测试者智力水平的目的，又能达到考察被测试者智力结构的目的。一方面，不同的人智力水平不同，选择优智的人，可期望高绩效。另一方面，智力水平相近的人，其智力结构可能不同。有的人擅长言语理解、加工、表达，有的人擅长数字加工，有的人则擅长对形象的分析、加工。比较著名的智力测验包括威克斯勒（Wechsler）智力测验、瑞文推理测验以及“分化能力性向测验”（differential aptitude test，DAT）等。

（2）人格测验。人格主要是指人所具有的与他人相区别的独特而稳定的思维方式和行为风格。人格同人的工作绩效和工作方式及习惯有关，概括来说，涉及以下几个方面：

①人格会影响人在工作中对事物的理解。

②人格会影响人处理事物的方法。

③人格会影响人在工作中与他人相互沟通的方式。

④人格会影响人独特的表现方式。

因此，不同的人格会给工作带来不同的结果。其中最著名的有明尼苏达多项人格问卷（MMPI）、卡特尔 16 种人格因素问卷（16PF）、梅耶-布里基斯人格特质问卷（Myers-Briggs type indicator，MBTI）等。

（3）职业兴趣测验。职业兴趣也是人事选拔经常参考的一种心理测验。不同的人的工作生活兴趣可以按照对人、概念、材料这三大基本内容要素分类，而社会上的所有职业、工作也是围绕这三大要素展开的。因此，在工作所规定的核心要素与人所感兴趣的内容之间，恰好形成对应。这就意味着，要在工作与人的兴趣之间进行匹配。比较著名的职业兴趣测验有斯特朗-坎培尔（Strong & Campbell）职业兴趣测验和霍兰德（Holland）职业兴趣问卷。

（4）动机测验。所谓动机（motivation），是指由特定需要引起的，欲满足该种需要的特殊心理状态和意愿。哈佛大学著名心理学家麦克利兰（McClelland）提出了著名的三重需要理论，他认为人们的工作动机可以细分为三种：

①成就动机，即寻求获得成功；

②权力动机，即寻求获得、保持和运用对他人的影响和支配；

③亲和动机，即寻求与多数人群保持密切的关系。

4. 人才测评的发展现状及趋势

随着心理测验的产生，人们不断地编制和运用心理测验，而人才测评的发展也得益于心理测验的发展，也就是说心理测验的理论为人才测评提供了科学的理论指导和支持。经过了近几十年的发展，人才测评工作更加专业化，专业化的人才测评服务公司应运而生。人才测评技术在西方和我国都得到了广泛而深入的应用。

未来人才测评技术发展的趋势将出现以下特点：人事管理领域的测验大量涌现；面试技术在人才选拔中广泛应用；人格测验成为人才甄选程序的必要过程；针对具体要求的测验设计、组合越来越重要。

第二章

人才测评原理

第一节　人才测评的理论原理

一、人性假定原理

1. 经济人假设

经济人的假设始于亚当·斯密，他认为人的行为动机根源于经济诱因，人都要争取最大的经济利益，工作就是为了取得经济报酬。其基本观点是：多数人天生是懒惰的，他们都尽可能地逃避工作；多数人都不愿承担责任，心甘情愿地听人指挥；多数人追求的个人目标和组织目标是相矛盾的。经济活动的动力来源于改善自己经济状况的愿望，人的行为是为了追求本身的最大利益，工作是为了取得经济报酬。

据此，对经济人的管理重点是完成生产任务，提高劳动生产率，无需关心经济人的感情和愿望。组织应以金钱刺激经济人的生产积极性。同时，对消极怠工者采取严厉的惩罚措施。用权力和控制手段来保护组织本身及引导经济人为其工作。制定各种严格的工作规范，加强各种法规管理。管理是少数人的事，与广大经济人无关。经济人的责任就是工作，服从管理者的指挥。

2. 社会人假设

社会人，又称社交人，这一假设来源于梅奥的霍桑实验，社会人假设认为，人们工作的动机不只在于经济利益，还在于追求全部社会需求，愿意在社会关系中寻求乐趣和意义，物质刺激对调动社会人的积极性只有次要意义，只有社会需要和尊重需要才能激发他们的工作动力。这种重视社会需要和尊重需要，而看轻物质利益和经济实惠的人即为“社会人”。

梅奥在 20 世纪 20～30 年代的霍桑实验中提出的社会人假说基本观点是：人是社会人。影响人的生产积极性的因素，除物质因素外，还有社会的、心理的因素。生产效率的高低，主要取决于职工的士气，而士气则取决于家庭、社会生活及企业中人与人之间的关系是否协调一致。在正式组织中存在着非正式群体，这种非正式的群体有其特殊的行为规范，对其成员有着很大的影响。由于技术进步和工作机械化，使人们对工作本身失去了乐趣和意义，因此人们便从社会关系中寻求乐趣和意义。领导者要了解职工，善于倾听职工的意见，以及积极与他们沟通，使正式组织的经济需要同非正式组织的社会需要了解得以平衡。

据此，管理人员对社会人的管理不应只注意其是否完成了生产任务，而应把注意的重点放在关心、满足人的需要上。管理人员不能只注意计划、组织、指挥和控制，而应该重视职工之间的关系，培养职工的归属感。提倡集体的奖励制度，不主张个人奖励。管理人员不应只限于制订计划、组织工序、检验产品等。而应在职工与上级之间起联络沟通作用。他们既要听职工的意见和要求，了解职工的思想感情，又要向上级呼吁、反映，即让职工能在不同程度上参加企业的决策。

3. 自我实现人假设

自我实现是心理学家马斯洛在其需要层次理论中提出的，自我实现需要是其需要层次理论的最高层。自我实现的人是指人都需要发挥自己的潜力，表现自己的才能，实现自己的理想，只有人的潜力充分发挥出来，人才会感到满足。“人之初，性本勤，条件好，即奋进。”这也说明，自我实现是建立在人是勤奋的、有才能的、有潜力的基础上的。

自我实现人假设的基本观点是：一般人都是勤奋的，如果环境条件有利的话，人们工作起来就如同游戏或休息一样自然轻松。控制和惩罚不是实现组织目标的唯一方法。人们在执行任务中，能够自我指导和自我控制，而外在控制有可能对职工构成威胁。在正常情况下，一般人不仅会接受任务，而且会主动地承担责任。人群中广泛地存在着解决组织中间问题的创造性。在现代工业条件下，一般人的潜力只发挥了一部分，人们中间蕴藏着极大的潜力。职工的自我实现倾向与组织所要求的行为之间并没有冲突，如果给员工一个机会，他就会自动地把自己的目标与组织的目标统合起来。

4. 复杂人假设

复杂人假设是史克斯等在 20 世纪 60 年代末 70 年代初提出来的。他们认为，人既不是单纯的经济人，也不是完全的社会人，更不是纯粹的自我实现人，而是因时、因地、因各种情况，采取适当反应的复杂人。人的需要和动机不仅因人而异，而且一个人在不同的年龄、不同地点会有不同的表现，会随年龄的增长、知识的增加、环境的变化而变化。后来，摩尔、斯赖斯克根据复杂人假设，提出一种既区别 X 理论，又区别 Y 理论的超 Y 理论，又称为“权变理论”。他们认为，企业管理方式要根据企业所处的内外条件随机应变，不存在什么一成不变的、普遍适用的、“最好的”管理原则和方法。

复杂人假设的主要观点包括：人的需要是多种多样的，且会随着人的发展和生活条件的变化而变化，同时需要的层次也不断改变。人在同一时间内有各种需要和动机，它们会发生相互作用，结合成一个统一的整体，形成错综复杂的动机模式。就是说，人的动机形成是内部需要与外部环境相互作用的结果。一个人在不同单位或同一单位的不同部门，会产生不同的需要。由于人的需要不同、能力各异，同一管理方式会有不同的反应，因此，没有一种管理方式适用于各种人。

二、职位差异原理

岗位差异即不同岗位之间的非一致性，它是对企事业单位内部所有岗位，按照工作性质、责任轻重、难易程度、所需资格条件等因素进行区分的结果。随着社会化大生产的发展，社会分工越来越细，不同的工作岗位之间虽有千丝万缕的联系，但各自的工作内容、工作责任、工作范围及工作性质等是不尽相同的，岗位间存在着较大的差异，对员工的素质要求也就大相径庭。当员工的素质与岗位的要求相匹配时，则员工可能在今后的工作中取得较大的成绩，否则，即使员工任劳任怨，也难以取得好的工作成绩，这就是说，岗位差异要求通过人力资源测评找到素质结构与之相符的员工。因此，可以认为，岗位差异是人力资源测评产生的前提条件。

三、个体差异原理

个体素质是在遗传、环境和个体能动性三个因素共同作用下形成和发展的，显然，个体之间存在着较大的差异。这种差异不仅表现在生理、性别与外貌上，而且更多地体现在心理上。心理差异可归结为两个方面：一是个性倾向差异，包括兴趣、爱好、需要、动机、信念、理想、世界观等方面的差异；二是个性心理特征差异，包括能力、气质与性格等方面的差异。正是由于个体素质存在差异，不同素质的人适宜不同的岗位，才使人力资源素质测评具有重要性和可能性。如果个体之间不存在素质差异，那么人力资源素质测评将无法获得有意义的结果，从而为人事决策提供客观依据，素质测评最终将失去其存在的价值。因此可以说，个体素质差异是人力资源素质测评存在的客观基础。

四、人职匹配原理

人职匹配，就是按照人适其岗、事宜其人的原则，根据个体间不同的素质将其安排在各自最合适的岗位上，即保持个体素质与工作岗位的同构性，从而做到人尽其才、物尽其用。如果说通过工作分析对不同的岗位进行描述，可以明确工作环境、工作内容、工作职责和对人的基本要求，那么，通过人力资源测评对个体进行素质测量和评价，则可以明确个体素质结构、素质水平和各自适宜的工作。因此可以说，人力资源测评作为量“人”的尺子，在人与岗之间架起了一座桥梁。

第二节　人才测评方案的实施

一、人才测评方案的选择

人才测评是一项系统而复杂的工程，在实施测评方案之前必须进行全面、科学的设计。一项科学合理的测评方案应该包括以下两个方面：

（1）确定测评目标。测评目标是进行测评方案设计的基础和前提，在测评方案实施前要明确要解决什么样的问题，测评主要包括哪些内容，测评的结果反映什么问题等。确定测评目标首先要依据用人单位的实际需要提出测评要求，期望测评提供什么样的信息；其次要从测评的内在功能出发，发挥测评的功能。测评的最终目的是使测评所实现的、能够提供的正好是用人部门需要的。

（2）确定测评内容。测评内容是测评目标的细化，应当尽量明确具体，便于理解和掌握，这样实施起来才容易操作。在确定测评内容之前，首先要研究测评目标的具体要求，选择能够充分反映此要求的测评问题；其次要研究测评对象的特征，充分挖掘个体之间的差异。

二、人才测评方案选择的原则

1.测评内容与测评目标匹配原则

在测评方案选拔和实施时，要确保选拔评价的内容是所招聘职位主要的或者重要的任职条件，测评主要取决于该职位的要求，因此一定要保证所有评价内容是与职位的要求密切相关的。例如，有的公司在招聘人员时要求所有应聘者必须参加知识性考试，可能有些知识对从事某些职位工作是必要的，但是对从事另外一些职位工作的人就是不必要的。

2.测评方案经济有效原则

每种测评方法都是针对特定的目的而设计的，因此它对评价的内容是有效的，而对评价其他内容是无效的。在选择测评方案时还应该考虑节约时间、金钱、人力等成本。

3.坚持客观公正的原则

在实施测评方案时，应该尽量保证定性与定量相结合，测评对象的素质进行指标的量化是为了保证测评结果的客观公正。同时，在运用定量化的指标对被试者进行测评时，应该结合经验等进行判断，避免以偏概全的情况。

4.坚持素质与绩效相结合原则

素质是内存与个体自身的潜能，绩效则是素质与外在环境相互作用的结果，两者相互依存。在实施人才测评时，应以开发员工的素质技能为目标，提升员工的绩效和企业的整体绩效。

第三章

人才测评内容与方法

第一节　人才测评的主要内容

任何一种人才测评方案的实施都是带有明确的目的的，而这种测评目的的实现依赖于具体的测评内容，测评内容的选择正确与否是实现测评目的的重要手段。

测评内容是指人才测评所指向的具体对象和素质指标，主要反映的是个人稳定的素质特征，直接影响员工的工作绩效，它根据所选拔岗位的任职素质要求，通常可以工作分析、职务说明为依据，针对不同职务、不同岗位、不同企业特征的特殊要求来确定所需要的测量内容。

从心理学的角度分析，影响个人稳定的素质特征主要包括三点：能力因素、个人风格因素和动力因素。这三种因素在个人的职业行为中起着至关重要的作用。

一、能力因素

一般认为，能力是指顺利实现某种活动的心理条件。能力最大的特点在于它在一个人的活动中表现出来，同时又在所从事的活动中得到发展。没有一个平台，任何人的能力是无法展现出来的，其能力也就得不到发展。例如，教师需要具备良好的语言能力，教师需要一个讲台将其知识传授给学生，同时在这个讲台上积累的经验也会帮助他提升教学能力。从这个意义上说，能力包括两层含义：一是指对某项任务或活动的现有成就水平，不同阶层的人们掌握不同的知识和技能，在一定程度上反映的是他能力的大小；二是指个体所有的潜在学习能力，个人的能力具有一定的弹性，可以通过后天学习得到。例如，我们衡量一个人组织协调能力的大小可以将其放在一个组织领导岗位上进行锻炼，久而久之，他的组织协调能力以及领导能力都会得到锻炼，这是他的一种潜在的能力。

通常，我们还可以将能力进行分类，在不同种类的活动中表现出来的共同能力，如观察能力、识别能力、记忆能力、思维能力等，称作一般能力，这种能力是和我们完成基本工作任务所必须具备的；在某些特殊的专业活动中表现出来的能力，如音乐家需要具有把握旋律曲调的特殊能力，这类能力我们称作特殊能力，它是与特殊专业内容相联系的。

二、个人风格因素

每个个体在工作或者处事时总是表现出来特殊的行为方式，我们称其为个人风格因素。一般来说，个人风格包括气质、性格和行为风格等。

“气质”这一概念是由古希腊医生希波拉底（Hippocorates）提出的，后经罗马医生盖伦（Galen）整理。他们认为，气质表现在人的心理活动和行为的动力等方面，是稳定的个人特点，他们根据人体的四种液体——血液、黏液、黄胆汁和黑胆汁，将气质类型划分为胆汁质、黏液质、多血质和抑郁质。但是，气质并不是人品的标签，任何一种气质类型在某些情况下都有积极的意义，而在另一种情况下就会有消极的意义。例如，多血质的人情感丰富，工作能力较强，容易适应新的环境，但注意力不稳定，兴趣容易转换；抑郁质的人在工作中耐受力差，容易感到疲劳，但是感情比较细腻，观察力敏锐。各种气质没有优劣之分，正如巴甫洛夫所说：“气质赋予每个个体的全部活动以一定的外貌。”

性格是指表现在人对现实态度和相应的行为方式中比较稳定的、具有核心意义的个性心理特征，是一种与社会相关最密切的人格特征，它表现了人们对现实和周围世界的态度，并表现在他的行为举止中，主要体现在对自己、对别人、对事物的态度和所采取的言行上。性格是一个复杂的统一体，它包含各个侧面且各具特征，较之气质，性格更具有后天可塑性。

行为风格是指个体在解决问题过程中所表现出来的，只是区分维度但无优劣之分的人格特点，主要包括务实与创新、重逻辑与重感情、内倾与外倾、兴趣和价值取向等。行为风格不一样的个体在做同一种工作时会表现出不同的行为特点，但是行为风格不决定工作的成败。

三、动力因素

一个人想要做好一项工作，不仅仅取决于他的能力水平如何，更重要的是他愿不愿意做这项工作。如果一个人有较高的能力水平，也具有适合做某项工作的个人风格特点，但是缺乏做这项工作的欲望和动机，那么他是做不好这项工作的。

在动力因素中，层次最高的是价值观，即人们关于目标和信仰的观念，动机是推动一个人行动的内在原因，动机的方向和强度往往决定了行为的效果。国外比较著名的价值观测验把价值观划分为六种类型：理论型、经济型、审美型、社会型、政治型和宗教型。在动力因素中，兴趣也扮演着十分重要的角色，兴趣是指个体对某种活动或者职业的喜好，它对人们的职业选择和职业行为起着重要作用。根据霍兰德职业兴趣理论，可以将兴趣划分为研究型、现实型、企业型、常规型、社会型和艺术型六种类型。

第二节　人才测评的工具与方法

一、测评工具的心理测量学指标

1. 信度与效度

信度是人才测评工具稳定性和可靠性的指标，一个有效的人才测评工具首先必须是稳定而可靠的。所谓稳定可靠，就是指测评的结果不能随测评者、时间、地点的变化而变化，只有达到这样的标准和要求我们才能说这个测评工具是稳定可靠的。为了更好地了解测评指标，我们首先要了解集中表示信度的指标。

（1）再测信度：用一种测评工具多次使用结果的一致性（相关系数）来表示信度，表示测评工具时间上的稳定性。

（2）复本信度：人们常用一种测评工具的几个复本施测结果的相关表示信度，表示测验内容上的稳定性，正如试卷分为 A 卷和 B 卷。

（3）内部一致性信度：主要反映的是一个测验内部题目之间的关系，考察一个测验中想要测量相同内容或者特质的各个题目是否真正测量了相同的内容或特质。

（4）评分者一致性效度：指的是不同评分者使用同一测评工具时所评分数

间的一致性。可以反映多个面试者或者观察者对被评价者的评价是否一致。

效度是测评工具的有效性，指测量的正确性，即一个测评工具能否测量出它要测评的东西。一个测评工具也许很可靠、很稳定，但是并不能保证它一定有效，从而也就无法保证它是科学的测量工具。例如，一个考驾照的应试者多次考试的成绩一致而且稳定，但是如果仅仅是笔试，不涉及任何操作技能，那么这个考试考的只是知识，对于驾驶汽车的技能而言，它是无效的测量工具。我们主要使用的信度指标有以下几个方面。

（1）内容效度：对于测评工具的内容而言，题目能否有效代表测评所要求内容范围便可以作为测评工具有效性的一个指标。

（2）构想效度：人员选拔评价所关心的人的心理特征往往具有一定的理论构想，例如，关于能力结构的假设，测验实际所得的结果应该符合测验理论构想的假设。

（3）实证效度：人才测评工具作为人员选拔工具，人们首先关心的是它能否成功录用胜任工作的候选人，而成功拒绝不胜任工作的候选人。

2. 难度与区分度

一个好的测评工具还应该具有适宜的难度，如果难度过低，大部分被测者都会取得较高成绩，很难刷掉能力素质低的人；如果难度过高，大部分人都取得较低的成绩，很难筛选出能力出众的人。这两种极端都是应该注意避免的。

另外，一个好的测评工具还应该具有良好的区分度，也就是对受测者的水平有良好的鉴别能力，能够将高水平的受测者与低水平的受测者很好地区分开。

3. 公平与效益

测评工具的公平性是指它对不同的群体来说没有功能性的差异。例如，一个能力测验中有这样一道关于数量关系的题目，它涉及了足球比赛的知识，那么有些人不能很好地回答这一问题并不是数量关系能力差，而是因为缺乏关于足球比赛的知识，那么这道题对于被测试者来说就是不公平的。因此，在设计测评工具时一定要注意排除与测评目的无关因素的影响。

在实际测评当中，还应该注重测评的效益，测评的精度越高，成本也就越高。在具体使用时，应在测量的精确性和成本之间做出正确的权衡。

二、测评的主要工具与方法

1. 履历表分析

履历表主要包含被测者的基本信息，我们通过对履历表的分析做出基本判断，其分析路径如下：判断基本条件是否吻合；通过就职单位的经历判断职业关联性和发展趋势；通过被测试者在一个职位的平均在岗时间来判断其工作的稳定性；判断离职的原因是否清晰具体；通过原单位的联系方式，进行被测试者的背景访谈；判断被测试者的愿望与组织愿望差距是否太大。

2. 笔试

笔试是一种与被测试者对应的测试，是考核受测者学识水平的重要工具。这种方法可以有效地测量被测试者的基础知识、专业知识、综合分析能力以及文字表达的能力之间的差异。笔试的形式一般包括多种选择题、是非题、填空题、简单题以及小论文等。笔试的类型有技术性笔试和非技术性笔试，技术性笔试主要针对研发型和技术类职位，要求对相关专业知识的掌握熟练；而非技术性笔试比较常见，除了英文阅读和写作能力、逻辑思维能力、数理分析能力外，有时还会涉及时事政治、生活常识、情景演绎，甚至是智商测试。

3. 心理测评

在人才测评中，我们希望能够透过候选人的表面行为语言洞察到其内在的能力、发展潜力以及个性特点等。心理测验是一种能够通过观察人的少数具有代表性的行为，对贯穿在人的行为活动中的心理特征，依据确定原则进行推论和数量化分析的科学手段。

（1）认知测验和人格测验：认知测验测评的内容是认知行为，包括成就测验（测评人的知识和技能）、智力测验（认知过程的整体测评）和能力倾向性测验（认知潜能的细化）；人格测验测量的内容是性格、气质、兴趣、态度品德等非认知特征。

（2）个别测验和团体测验：个别测验每次仅以一位受测者为对象，通常是由一位主测者与一位受测者在面对面的情况下进行的；团体测验是在同一时间内由一位主测者对多数人施测。

（3）纸笔测验和操作实测：纸笔测验所使用的测验材料是以纸笔形式呈现的，实施起来比较方便，适合团体测验；操作测验多属于图形、实物、工具和模型，适合个别测验。

（4）速度测验和难度测验：速度测验主要测量的是反应速度，题目数量较多，并严格限制时间；难度测验没有严格的时间限制，但会有一个大致的时间限制。

（5）构造性测验和投射性测验：在构造测验中，所呈现的刺激和受测者的任务是明确的；在投射性测验中，刺激没有明确的意义，问题模糊，对受测者的反应也没有明确的规定。

4. 面试

面试是一种最为普遍的测评方法，几乎所有的人员测评过程中都会使用面试，而且还常常在一个招聘选拔程序中多次使用。

面试是指在特定时间、地点进行的，有着预先精心设计好的、明确的目的和程序的谈话，通过面试者与被面试者的双方面对面的观察、交谈等双向沟通的方式，了解被面试者的个性特征、能力状况以及求职动机等方面情况的一种人员甄别与测评技术。

面试过程观测的要点：观察被测试者逻辑思维能力前后是否一致；观察和判断被测试者对问题思考的完整性、信息利用能力和解决方案的现实型等；观察被测试者的心理活动特征；观察被测试者的形体、语言或者形体状态等。

5. 情景评价

情景评价是将被测试者置身于一个现实的或者设计好的场景中观察他们的表现。

在美国，常用的情景评价场景是“建筑工地”：3~5 人一组，公司委派 2 人以被测试的身份加入其中，要求在规定时间内利用所提供的工具和材料完成一项建筑任务，在完成任务的过程中，公司派去的 2 个人担当刁难、不合作的角色，只观察不提问，观察要点包括承受压力的能力、沟通协调的能力、角色定位意识、协作能力、控制意识等。

除了上述提到的“建筑工地”，比较著名且常用的情景评价有“无领导小组讨论”。

6. 评价中心技术

评价中心技术是测评选拔中高层管理人员的一种测评体系，其核心是多重情境性测评方法。但是评价中心技术的费用较高，在时间及人员花费上较大，而且参加评价中心的评价者也需要经过专门的训练，因此这种方法一般在选拔较高级的管理人员或者重要的职位的人员时才使用。

第二篇　测评篇

第四章

人事测量基础

人事测量能够为人力资源管理中的很多环节提供参考依据，如招聘、选拔、晋升、安置、培训、员工发展、团队建设等，具有重要的价值。在国外，认识测量的应用非常广泛，美国人力资源管理协会（Society for Human Resource Management，SHRM）曾经做过一次调查，结果表明，财富 500 强的企业中有 40%的在人才选拔过程中采用了心理测验。

一、什么是人事测量

要应用人事测量，首先要对心理测量的相关概念有所了解和澄清。史蒂文斯（S. S. Stevens）曾说，“测量系根据法则给事物分派数字”。这里的测量是一个广义的概念，如测量桌子的高度、人的体重等。

具体到人事测量（personal assessment），就是心理测量技术在人力资源管理领域的应用，它以心理测量为基础，针对特定的管理目的如招聘、安置、考核、晋升、培训等，对人的素质进行多方面的系统评价，从而为人力资源管理工作提供参考依据。这里的素质包括那些完成特定工作所需要的或与之相关的技能、能力、性格、兴趣、动机等个人特征，它们是以一定的速度和质量完成工作的必要基础。

人们常说的心理测验（psychological test）则是心理测量的一种工具和手段，阿娜斯塔西（A. Anastasi）是著名的心理测验学家，她认为，“心理测验实质上是行为样本的客观和标准化的测量”。

在上述定义中，行为样本（behavioral sample）就是“少数有代表性的行为”。因为在心理测量中无法对某个心理特征的所有表现面面俱到，只能对经过科学选择的少数行为进行调查，借以推测个体的心理特征。因此，推测的结论是否可靠，取决于所抽选出的行为样本是否能很好地代表总体行为，这就要保证行为样本具备一定数量并且具有代表性。

定义中的另一个重要因素是标准化（standardization），指的是测验的编制、实施、记分和解释具有一致性，也就是要保证对于所有受测者来说条件相同。衡量测验是否标准化的重要指标是常模（norm），常模是一组具有代表性的受测者测验分数的分布结构，以及平均数和标准差等统计量。平均数（mean）是所有分数之和除以数据的个数所得的商，它描述了分布的集中趋势，对整个分布的情况有一定的代表性。但是有平均数还不够，还需要一个表示分布离散度的统计量，最常用的是标准差（standard deviation），即各分数与平均数之差的平方和除以数据个数之商的平方根，通常记作 S，即 $S=\sqrt{\sum(X_i-M)^2/N}$。标准差越大，说明数据分布越分散，受测者之间的分数差异就越大。

二、人事测量的发展和应用

虽然心理测验只是世界上最年轻的学科之一，但其思想和实践源远流长。我国始于汉代、兴于隋唐的科举制度被中外学者公认为世界上最早的心理测量的实践。

在心理测验的发展史上，法国心理学家比奈编制的智力测验是世界上第一个具有应用价值的心理测验，比奈也因此成为本领域内的鼻祖。

第一次世界大战期间，团体施测的陆军甲种测验和陆军乙种测验用于大规模选拔军官，心理测验应用的普遍性大大提高。在第二次世界大战期间，美国中央情报局的前身——美国战略情报局开始大量使用评价中心技术来选拔情报人员。自 1956 年开始，美国电话电报公司（AT&T）率先将评价中心引入商业组织，并证实了这种测评技术的有效性。

在中国，从 20 世纪 80 年代开始，随着改革开放外资企业进入国内，人事测量进入迅速发展时期，其在组织管理中的价值受到了越来越广泛的关注，同时也出现了一批专业的机构和公司从事相关的事务。

三、心理测验的分类

对测验类型的选择是人事测量过程中不可避免的一环，心理测验的分类方法多种多样，在人事测量领域，按照测验的内容分类，可以分为以下几类。

（1）能力测验。测量人的一般能力或者某方面的能力，如逻辑推理能力、领导技能、机械操作能力、英语能力等。能力测验的特点是最高作为，题目有一定难度，有正确答案，要求受测者尽量表现出最高水平。

（2）人格测验。用来测验受测者的性格、兴趣、动机、价值观、态度等。与能力测验不同，人格测验没有所谓的正确答案，而是要求受测者按照自己的典型行为作答。

（3）胜任力（competency）测验。该测验综合了上述两种测验的内容，对与工作绩效相关的心理特质加以考察。从测验的不同形式来分类，可以分为以下几种：

①标准化测验。包括客观的计分系统、解释系统、良好的常模，以及信度、效度、项目分析等数据。大多数能力测验、人格测验等都采用了标准化测验的形式。

②投射测验。主要对于人格、动机等内容的测量。要求受测者对一些模糊不清或结构不明确的刺激做出描述或反应。

③行为模拟与观察。通过安排一定的情境，在其中观察受测者的特定行为，从中分析所有考察的素质或特征，如角色扮演、无领导小组讨论、公文筐测验等形式。

四、心理测验的信度和效度

1. 信度——什么样的测验才“可信”？

信度（reliability），主要是指测量结果的可靠性或一致性。信度就是衡量误差大小的指标，有内部一致性信度、重测信度、复本信度等。

信度越高，误差越小。从专业的角度，一般来说，能力测验的信度应在0.90 以上，人格（性格）、兴趣等测验的信度通常在 0.75 以上，如果整体的信度在 0.65 以下，就不适宜使用了。

2. 效度——什么样的测验才“有效”？

效度（validity），是与测量目标有关的真实分数方差与总分方差的比率。通俗地说，也就是测验是否精确地测量了想要测的东西。

反映测验效度高低的指标有多种，如内容效度、构想效度、校标关联效度，与信度不同，效度由于指标复杂多样，并没有一个简明的标准，但标准化的测验系统应包含效度的指标。

五、心理测验的实施、计分和解释

人事测量的目的是对受测者做出尽可能准确和公平的评估，这在很大程度上依赖于心理测验的公平实施、正确计分和合理解释。

（一）测验的实施

1. 标准化指导语

测验实施过程中，标准化的第一步是指导语的标准化，即测验实施过程中使用统一的指导语。例如，“北森职业锚测验”的指导语为：

本问卷的目的在于帮助您思索自己的能力、动机及价值观，从而找出影响您做出职业决策的最重要的因素。下面给出了一系列描述，每个题项有 6 级判断，分别表示“非常不同意、不同意、不太同意、有点同意、同意、非常同意”。请对每个选项进行 6 级评判，并选择相应选项。

例题：我希望工作能为我带来很高的收入。

A	B	C	D	E	F
非常不同意	不同意	不太同意	有点同意	同意	非常同意

如果您对此描述“有点同意”，则请点选“有点同意”。注意：所有选项均没有对错、好坏、高低之分，与您的生活和工作也没有任何利害关系，请放心根据您自己的实际情况和真实想法作答，不要考虑应该选择什么或别人希望自己选择什么。

2. 标准时限

关于测验时限的确定，最重要的考虑因素是测量的目标，例如，以典范行为为最主要考察方式的人格测验，受测者的反应速度就不十分重要，但像能力测验属于最高行为测验，速度是需要考虑的重要因素之一。

3. 测验的环境条件

测验环境也会影响测验的结果，良好的物理环境包括安静而宽敞的地点、适当的光线和良好的通风条件，还要防止干扰。如果测验环境有任何意外因素，需要记录在案，以备解释结果时把意外因素考虑在内。

4. 计算机辅助的测验实施

计算机实施测验，指导语可以通过视觉或录音呈现，并自动记录测验反应。计算机辅助测验控制更严格，更为标准化，优势有以下几点：①严格遵守计划和时间；②能按照受测者的表现选择题目；③不受施测者人员疲劳、厌烦、注意涣散和记忆误差的影响，计算机能公正、一致地对待受测者；④能迅速准确地计分。

5. 施测者的职责

施测者需要在测验前做好以下准备工作。

（1）通知受测者测验的时间、地点、大致内容等，以便受测者做好必要的准备。

（2）熟悉测验指导语和测验的具体程序，准备测验材料，并确保合适的测验条件，防止作弊。

（3）在测验实施过程中，施测者还需要保证公平、一致地对待所有受测者，不作任何暗示和提示，并和受测者建立起一种友好的、合作的、能促进受测者最大限度做好测验的关系。

6. 影响受测者反应的因素

测验的技巧与练习因素，综合各种研究成果，练习影响仅限于第一次和第二次重测，以后的影响就微不足道了，平均而言，练习的影响幅度约在 0.2 个标准差以下。

动机因素，动机过高或过低都可能影响受测者的反应。

反应定势，指的是受测者在回答问题时有特定的习惯，比如，大多数人偏好正面的叙述，偏好较长的选项等。好的测验应该在题目编制上尽量避免受到反应定势的影响。

（二）测验的计分

准确测量的另一个要求是客观计分，可理解为两个或以上受过训练的合格评分者之间所评结果有一致性，如果能达到 90%以上就是较为客观的。

1. 客观题的计分

可以使用计分板或计分器计分，能够很好地保证有效客观。计算总分时也可以根据评价者所认为的重要性，在不同的题目上赋予不同的权重。

2. 主观题的计分

记录受测者的反应，有些情境类测验，如无领导小组讨论，可以用录像记录，以避免记忆困难和记忆错误。

当评分者的判断可能成为影响分数的一个因素时，就需要对评分规则做详细的说明，可能的话由两位以上的评分者共同评分，取其平均值。

（三）测量结果的解释

人事测量的解释不同于测量的施测和计分，它们是测量中两个相对独立的部分，测量过程和结果解释是分离的。

常模参照解释（norm reference explanation），由测量的原始分数通过与常模的对照得到导出分数。效标参照解释（criterion reference explanation），根据外在的标准来对受测者的分数进行解释。二者的区别在于，前者是将受测者的分数与同类群体的其他人做比较。

六、应用人事测评的方法与步骤

应用人事测评的方法与步骤依据测量目的而有所不同，一般有四个步骤，如图 4-1 所示。

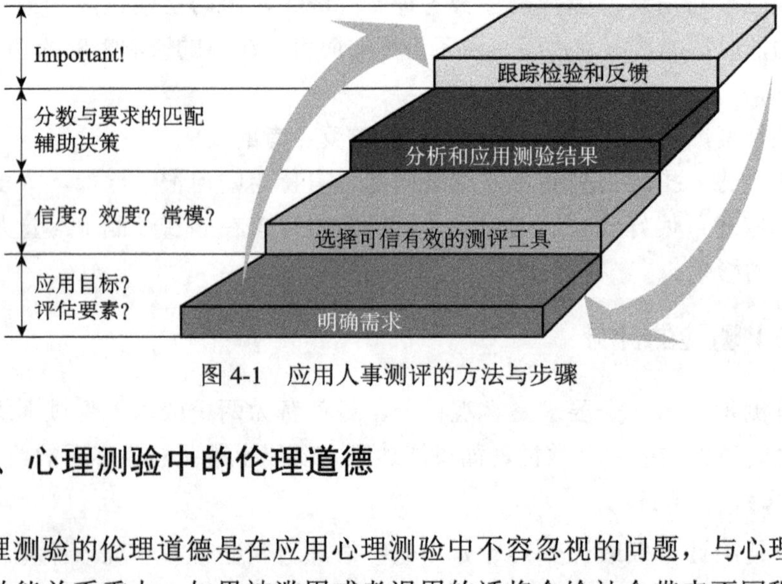

图 4-1　应用人事测评的方法与步骤

七、心理测验中的伦理道德

心理测验的伦理道德是在应用心理测验中不容忽视的问题，与心理测验所发挥的效能关系重大，如果被滥用或者误用的话将会给社会带来不同程度的危害。心理测验中的职业伦理的基本原则有以下几点。

1. 善行

善行指负起促进受试者福祉的责任，在测验过程中顾及受测者的利益。

2. 避免伤人

避免伤人指不要做出伤害别人的事情，在有利益冲突情况下，不要从事

（甚至是在无意间）可能伤害到受测者的活动。例如，心理测验工作者对测量中获得的个人信息要加以保密，除非对个人或社会可能造成危害的情况，才能告知有关方面。

3. 自主权

自主权指维护受试者自我决定的权利。例如，参加心理测验是自愿性的行为，不得强迫他人参加。

4. 公正

公正指以公平公正的态度去对待所有的受测者，不受其年龄、性别、种族、文化、残障、社会经济地位、生活方式、地域、宗教等因素的影响。本原则也意味着在顾及当事人利益的同时，也必须考虑其他人的利益。

5. 忠实

忠实指做诚实的承诺以及忠于自己的专业工作。创造一种互信的气氛，使受测者在此气氛下与施测者共同合作。本原则也意味着不能欺骗或剥削受测者。

第五章

智力测验

一、瑞文标准推理测验概述

瑞文标准推理测验（Raven’s standard progressive matrices，SPM）作为经典的智力测验之一，其理论基础是斯皮尔曼（C.Spearman）的智力的二因素理论。

瑞文标准推理测验由英国心理学家瑞文（J.C.Raven）于 1938 年编制，在世界各国沿用至今。它是一种非文字智力测验，通过测量人在信息处理、推理思维、问题解决过程中表现出的能力来衡量其智力水平。

整个测验分为 5 个组，每组有 12 题，由易到难排列，各组题的难度递增。每个图案都缺失某一部分，要求被试从几个备选的补充图案中选出所缺部分。5 个组分别测查被试的空间知觉、发现图案排列组合规律和概念形成及推理的能力。

二、瑞文推理测验内容

测验说明

您好！欢迎您参加“瑞文推理测验”。该部分共 60 道试题，时限为 60 分钟。请仔细阅读下面的注意事项，这对准确反映您的能力特征是非常重要的。

1. 这项测验的试题均为选择题，每一题目只有一个最为正确或合理的答案。

2. 在每一部分测验中，对您来说，可能有一些题目是很容易的，也有一些题目是很难的。因此，您不必在特别难的题目上花很多时间。答错题目不倒扣分。

3. 特别提醒您注意的是，请在规定时间内完成测评。这项测验要求您必须严格按照指示去做，否则会影响您的测试结果。

1.

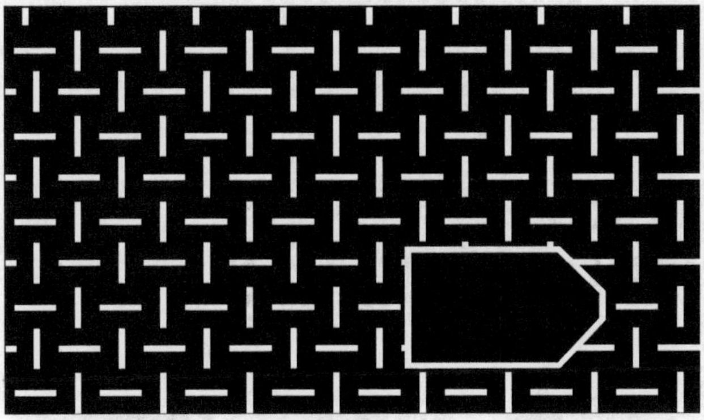

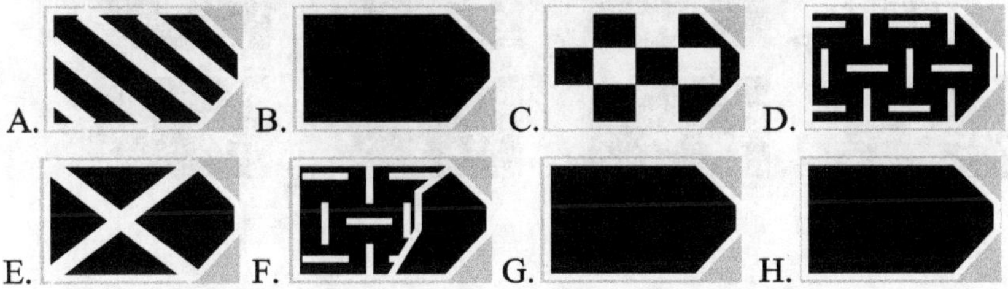

2.

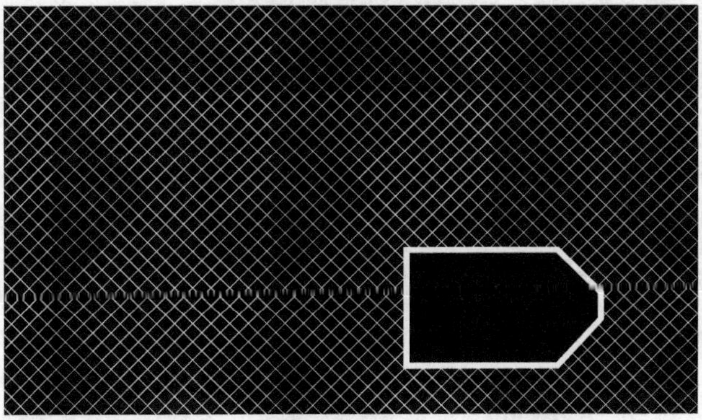

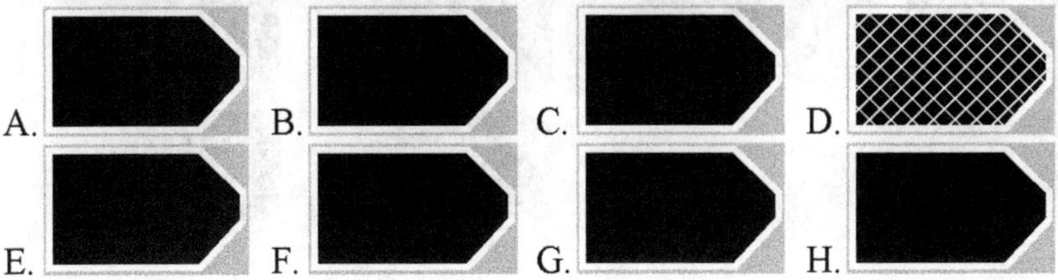

3.

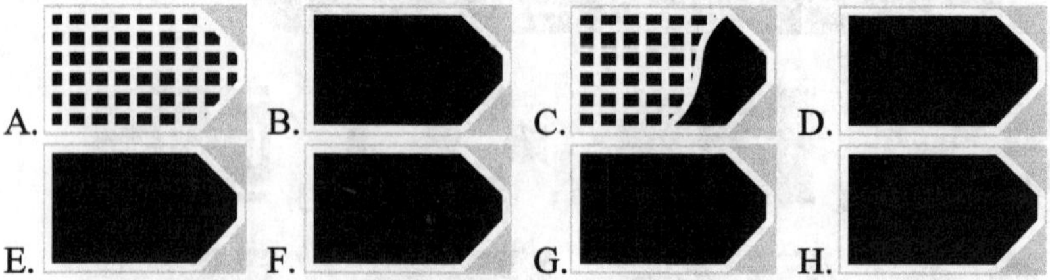

4.

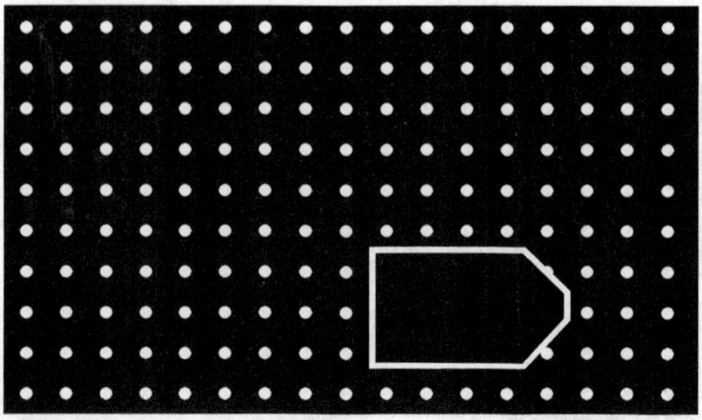

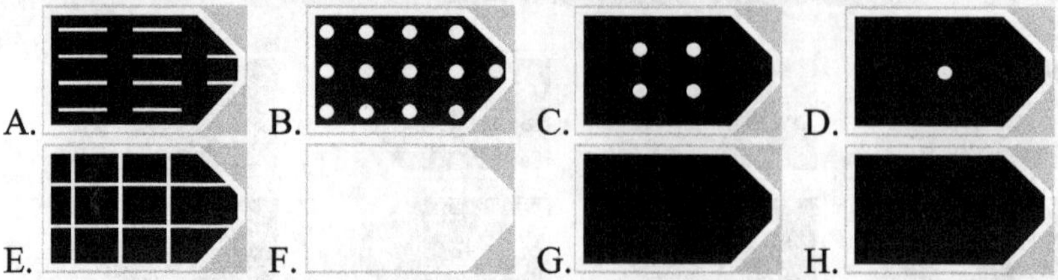

5.

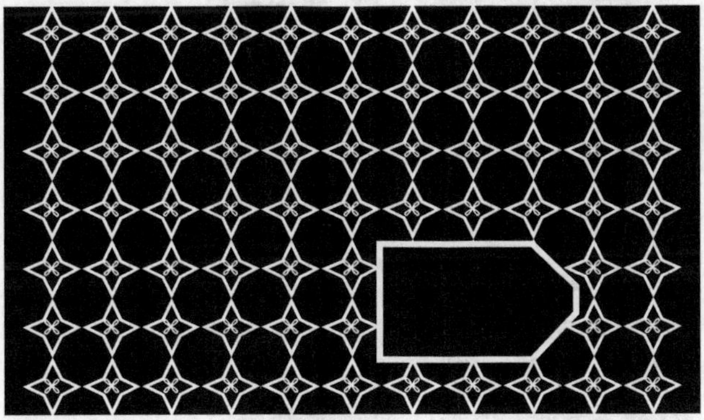

A.  B.  C.  D. 

E.  F.  G.  H. 

6.

A.  B.  C.  D. 

E.  F.  G.  H. 

7.

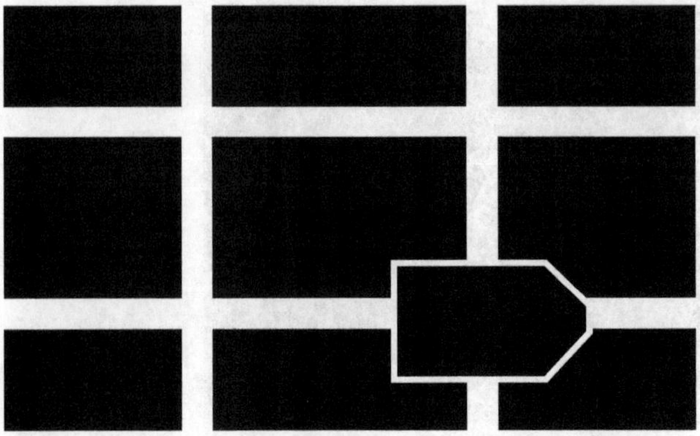

A.  B.  C.  D. 

E.  F.  G.  H. 

8.

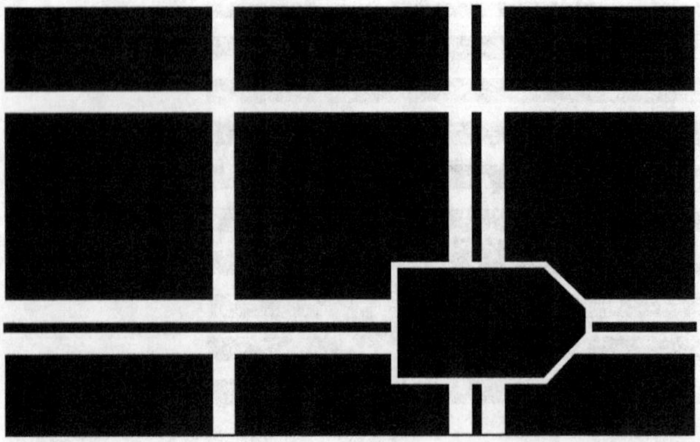

A.  B.  C.  D. 

E.  F.  G.  H. 

9.

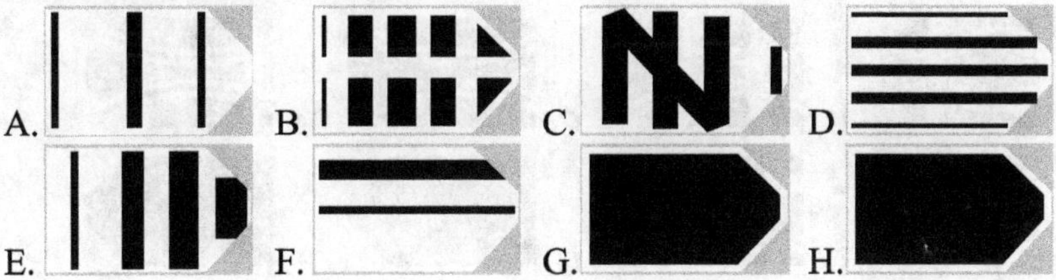

10.

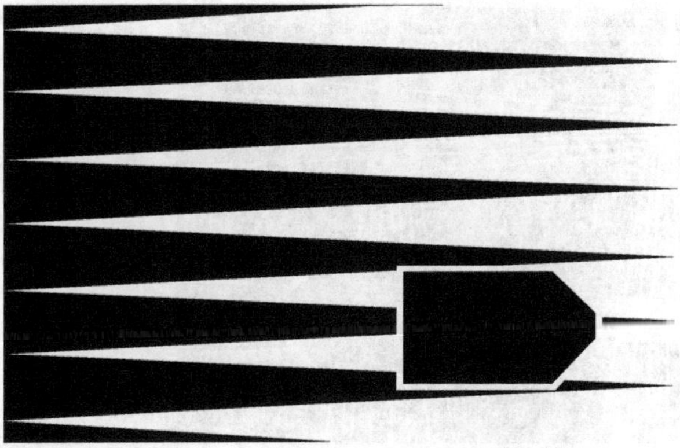

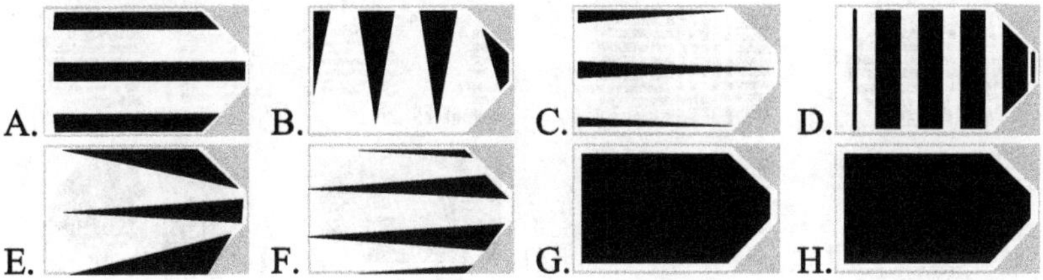

11.

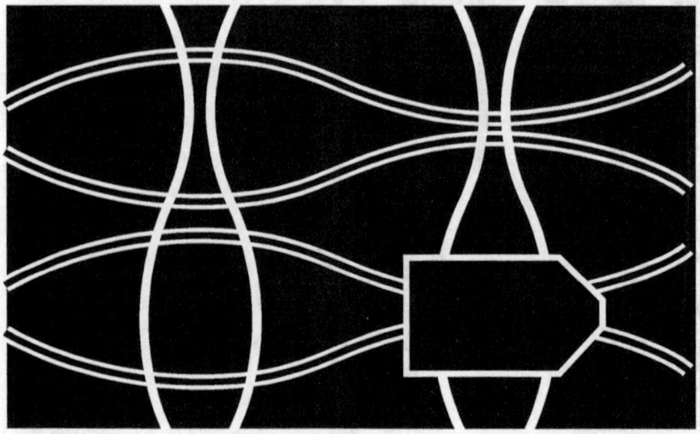

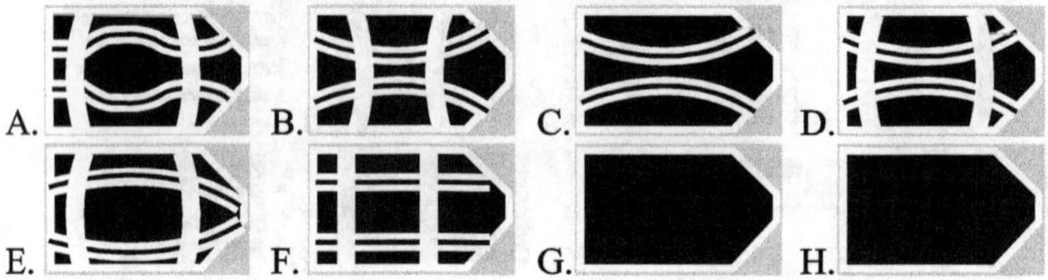

12.

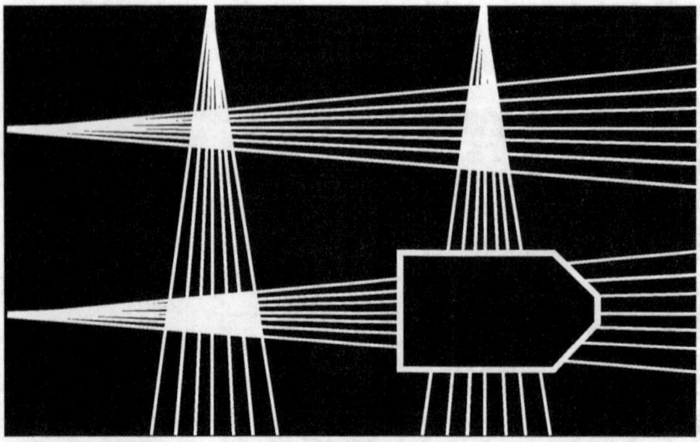

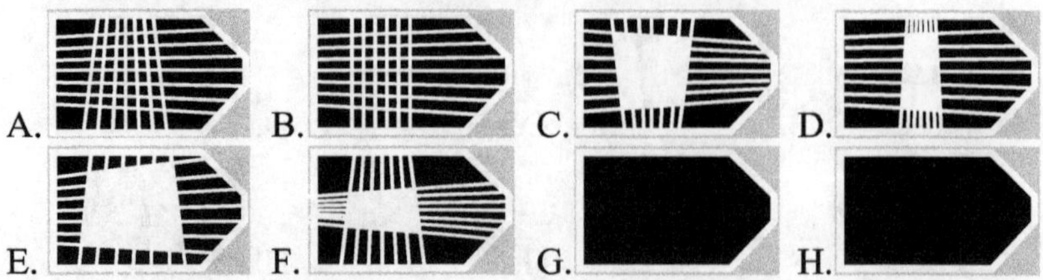

13.

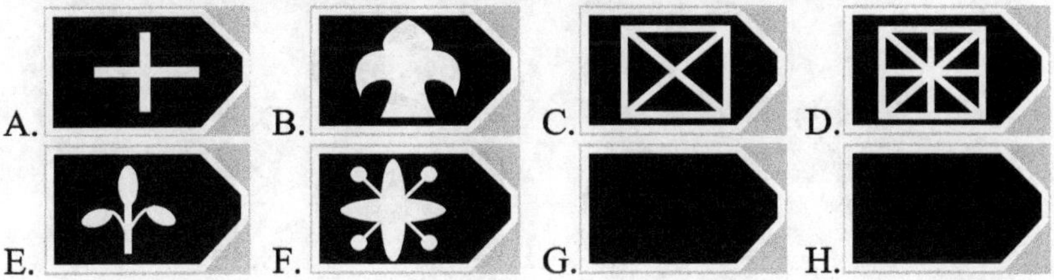

14.

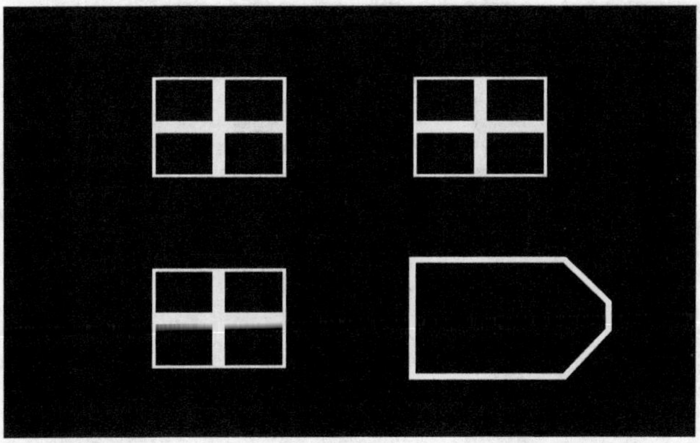

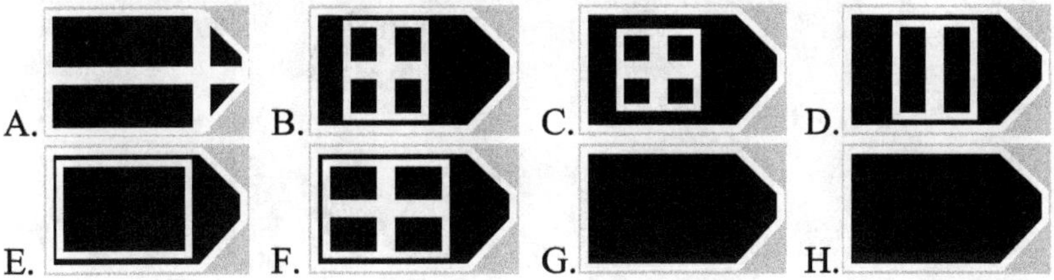

15.

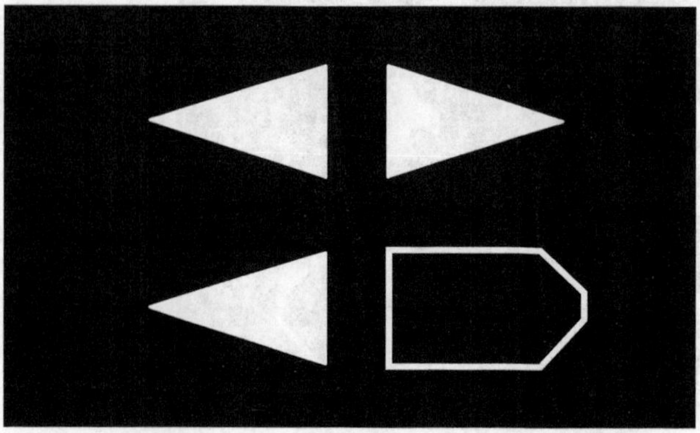

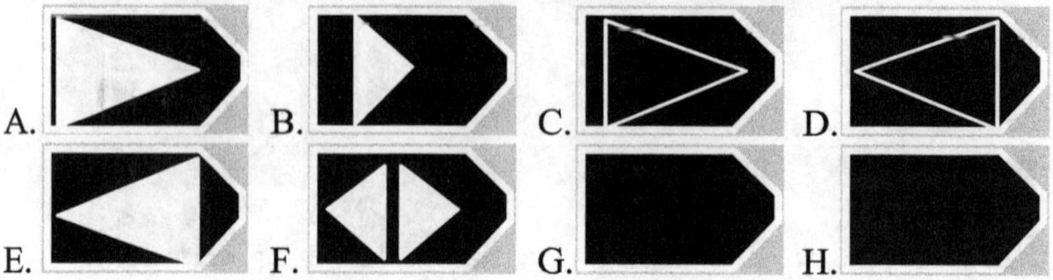

16.

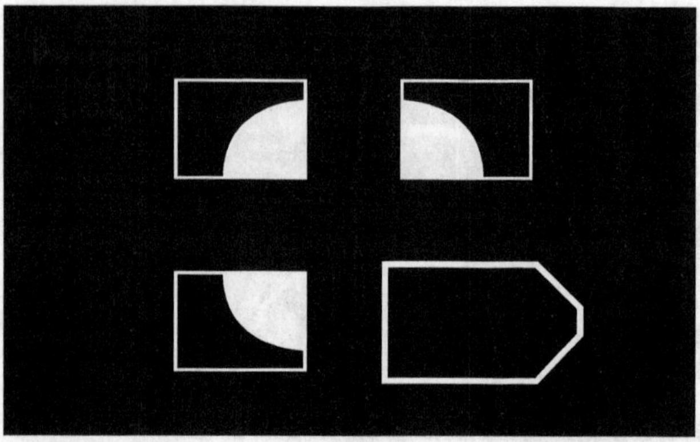

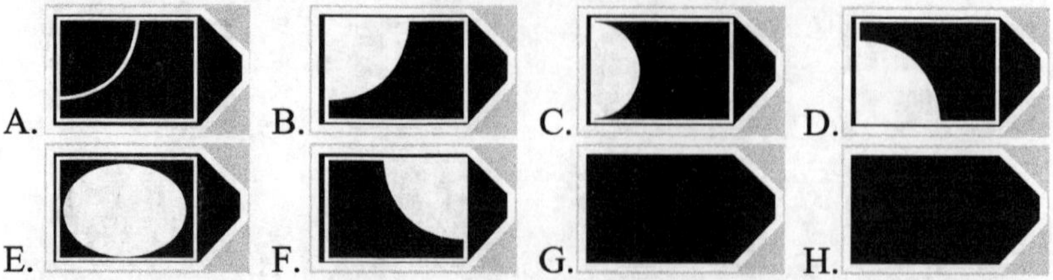

17.

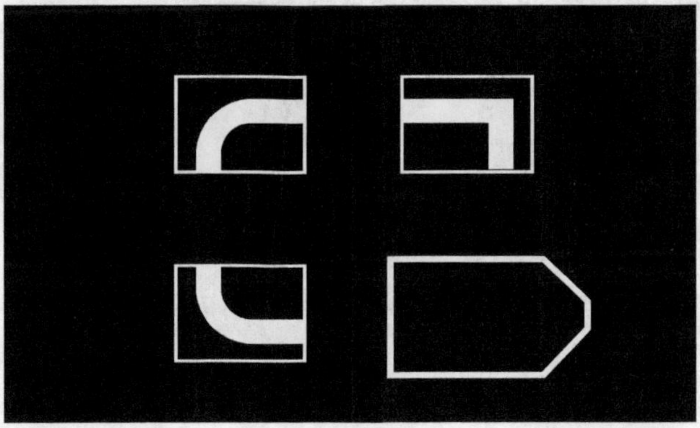

A.  B.  C.  D. 

E.  F.  G.  H. 

18.

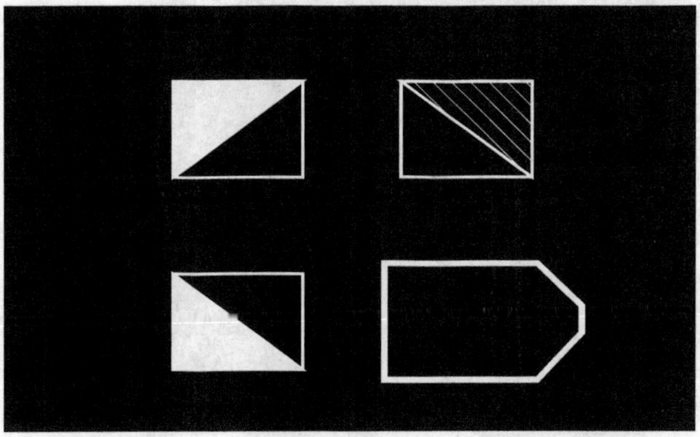

A.  B.  C.  D. 

E.  F.  G.  H. 

19.

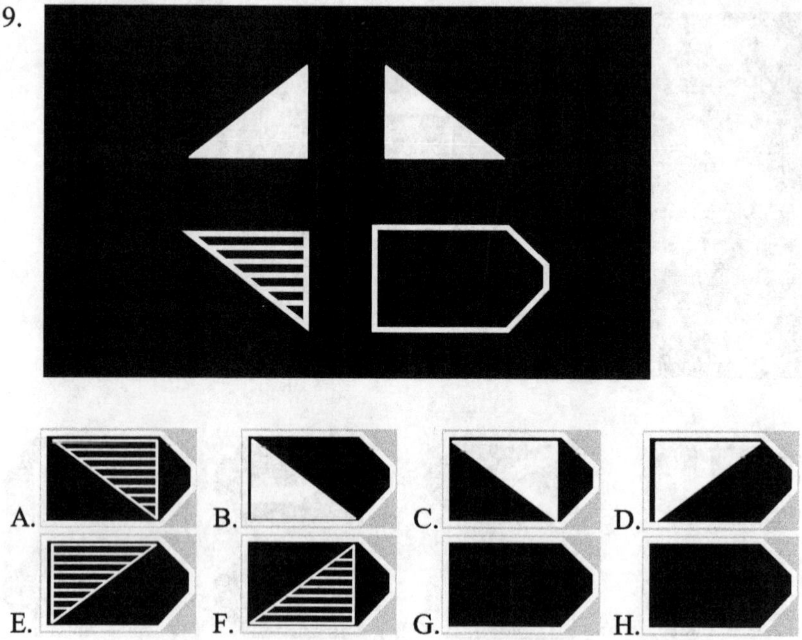

20.

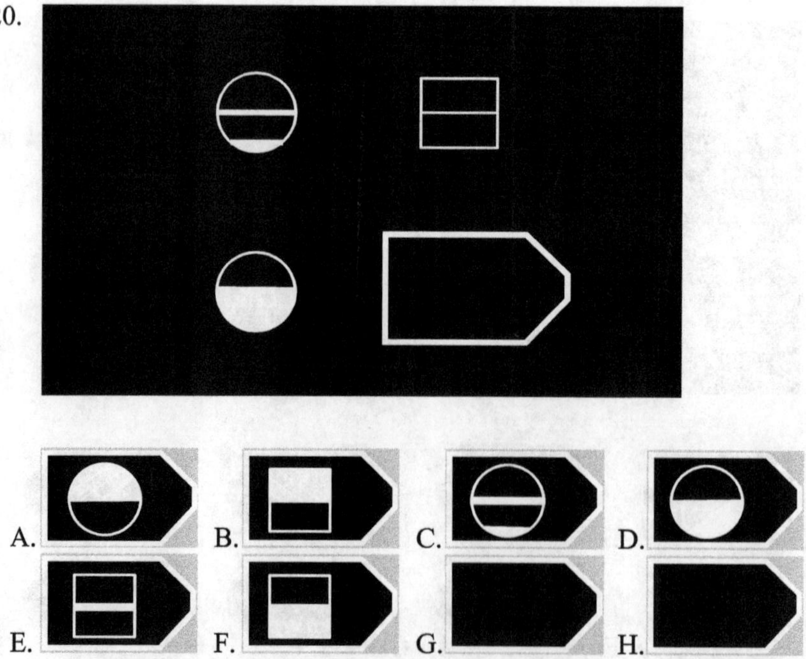

21.

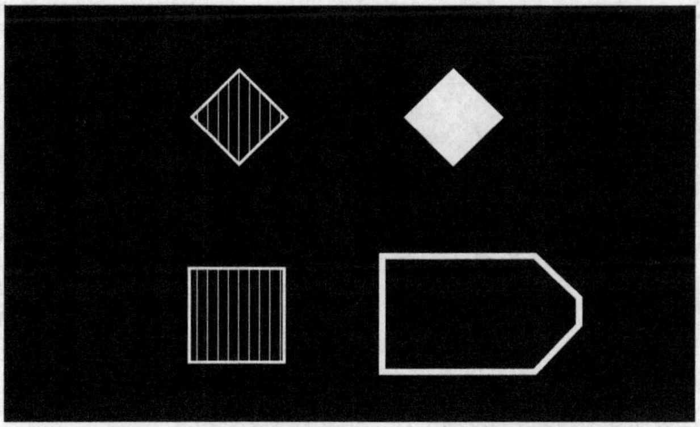

A.  B.  C.  D. 

E.  F.  G.  H. 

22.

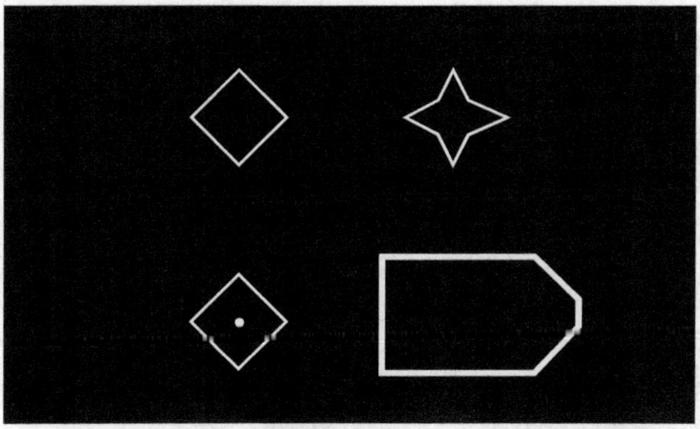

A.  B.  C.  D. 

E.  F.  G.  H. 

23.

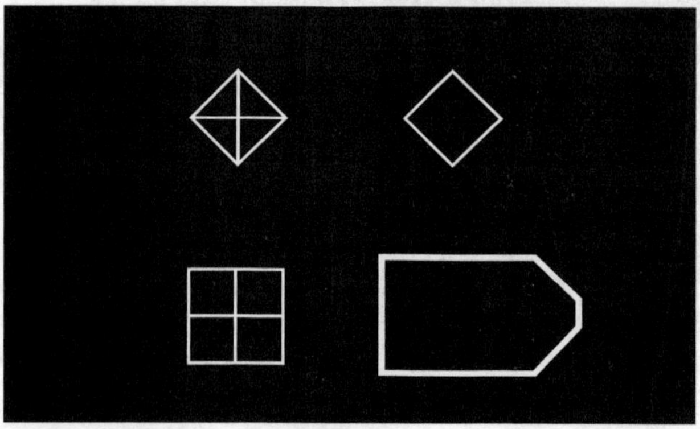

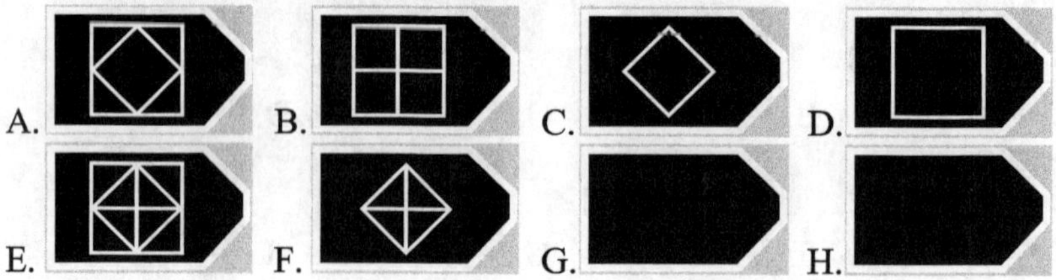

24.

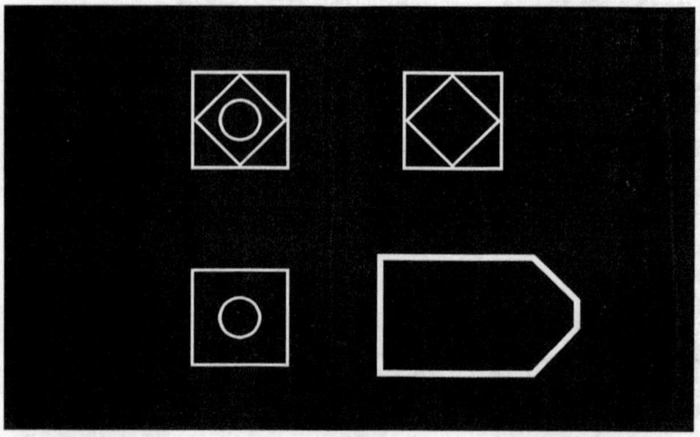

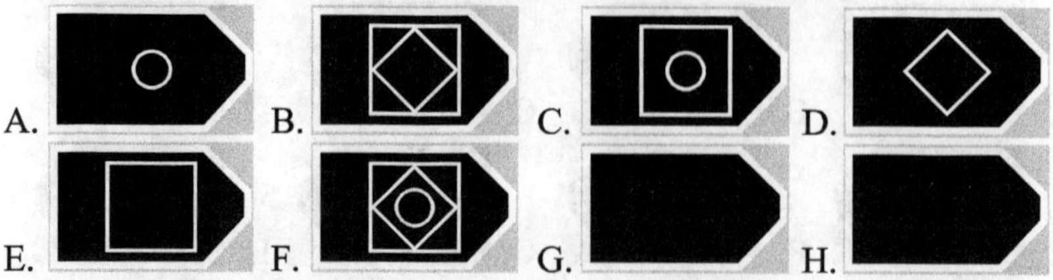

25.

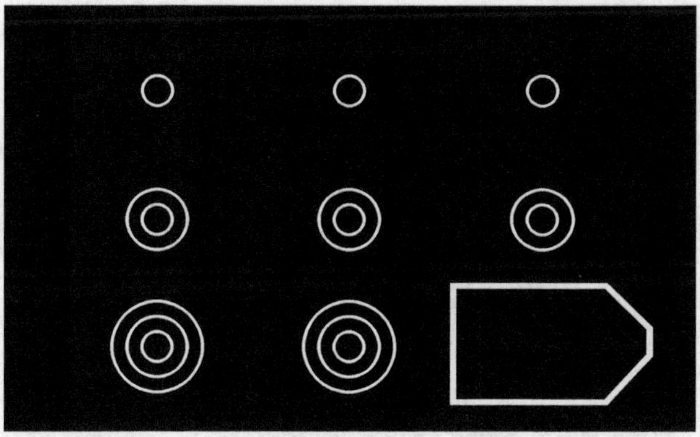

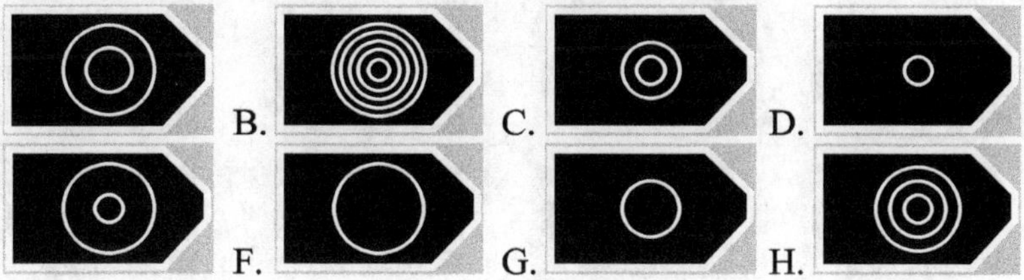

A. B. C. D.
E. F. G. H.

26.

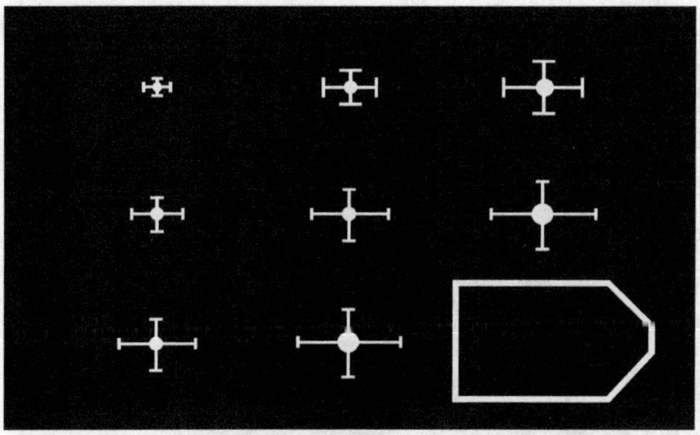

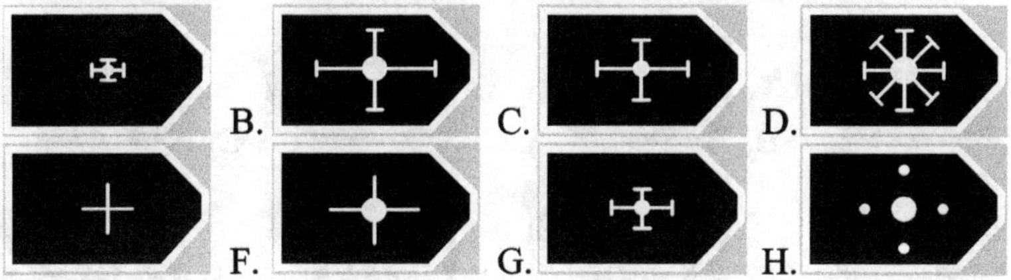

A. B. C. D.
E. F. G. H.

27.

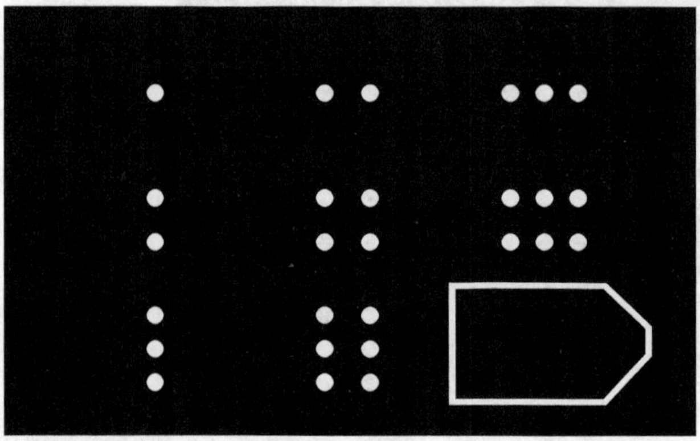

A.  B.  C.  D. 

E.  F.  G.  H. 

28.

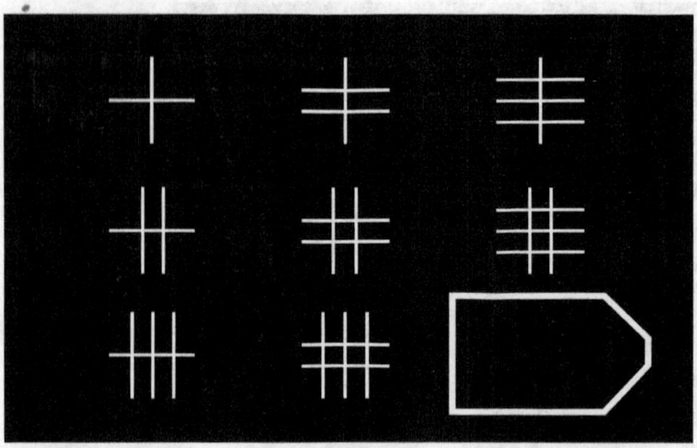

A.  B.  C.  D. 

E.  F.  G.  H. 

29.

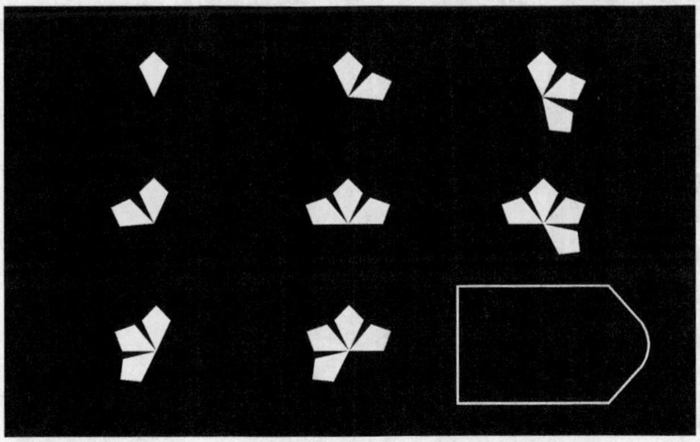

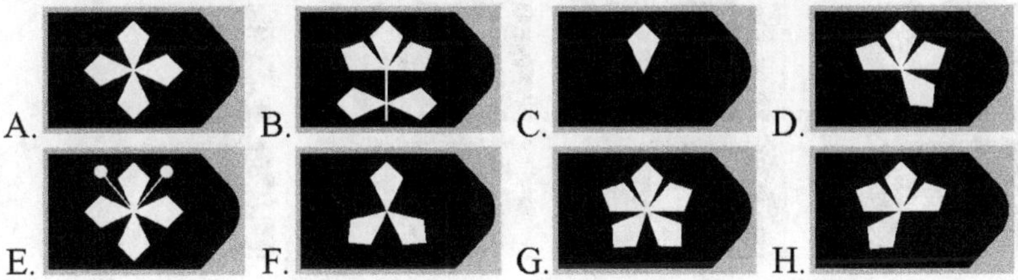

30.

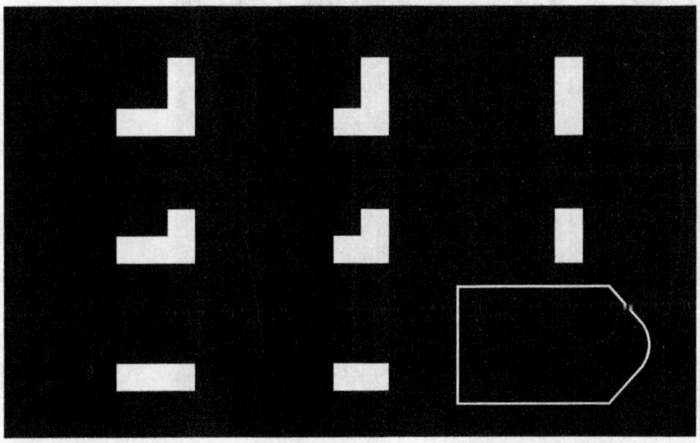

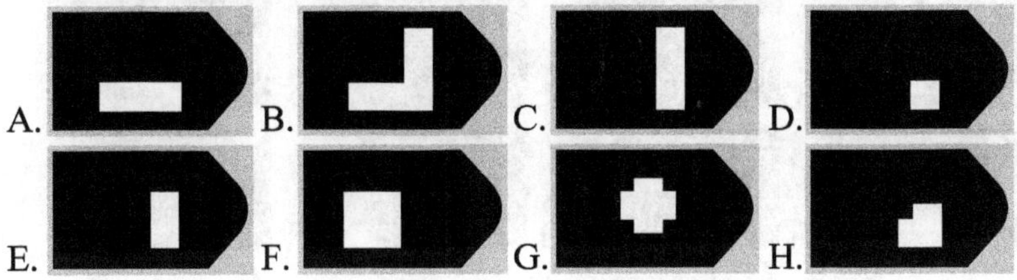

31.

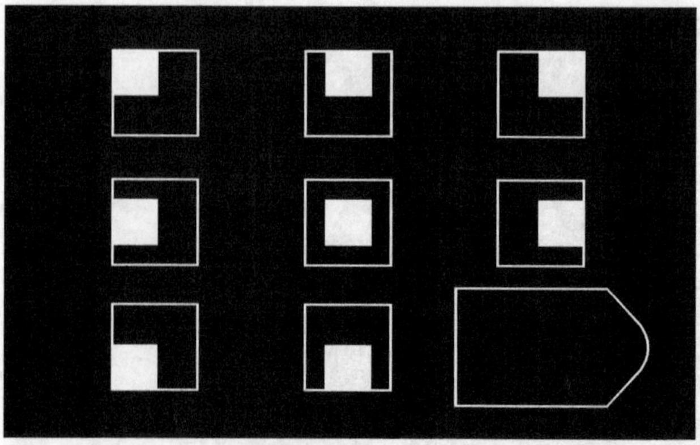

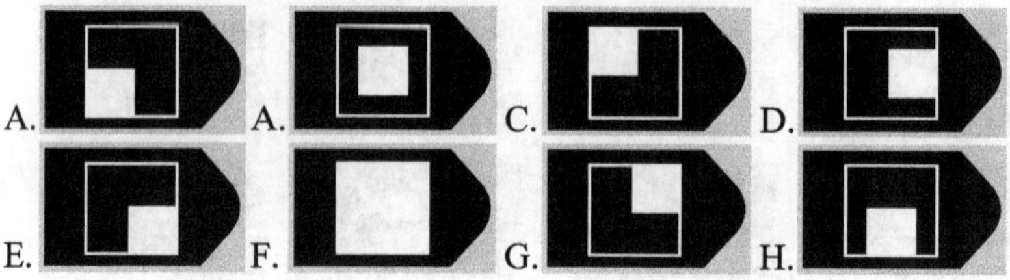

32.

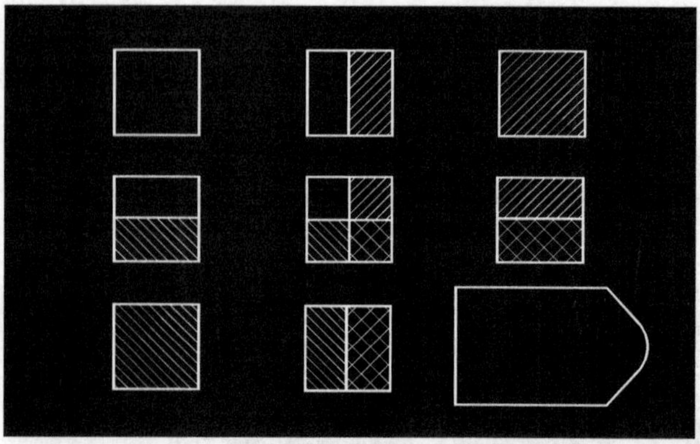

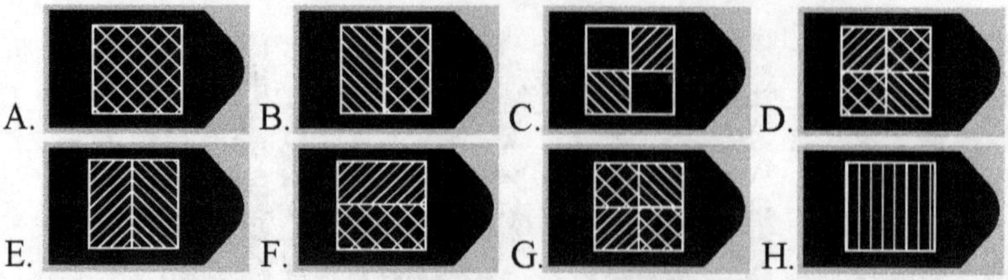

33.

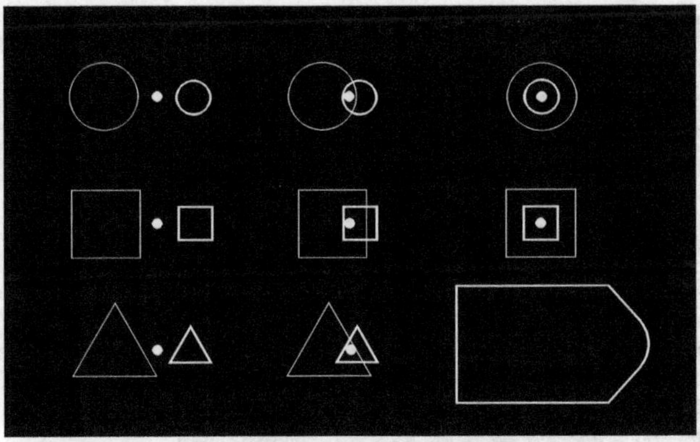

A.  B. 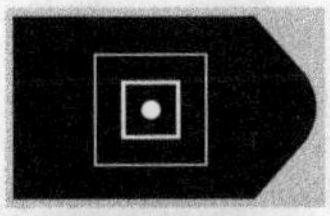 C.  D. 

E.  F.  G.  H. 

34.

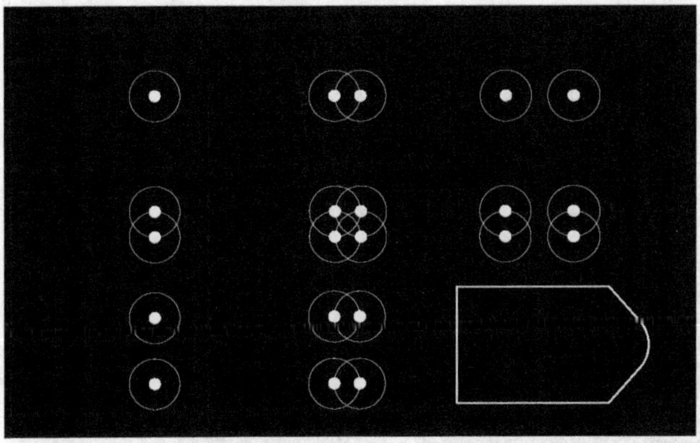

A. 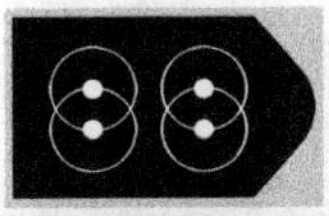 B. 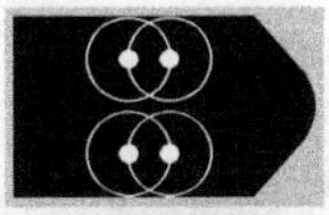 C.  D. 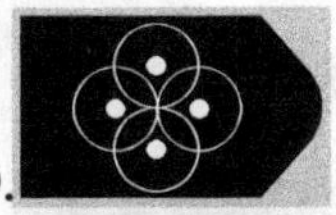

E.  F. 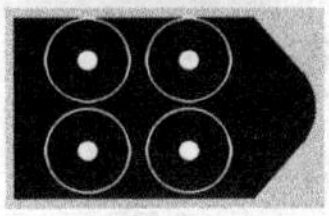 G.  H. 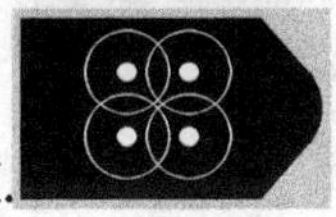

35.

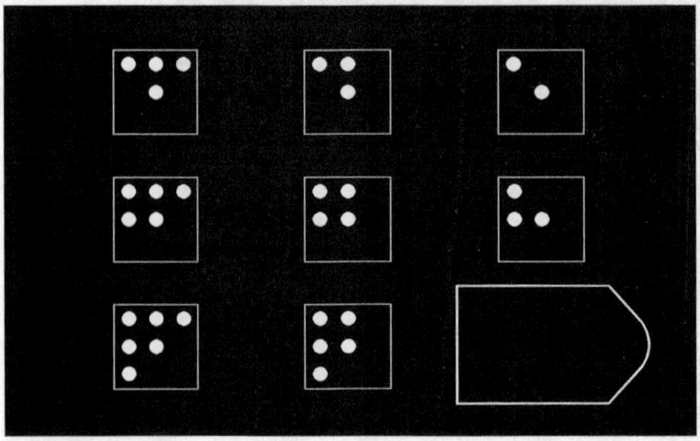

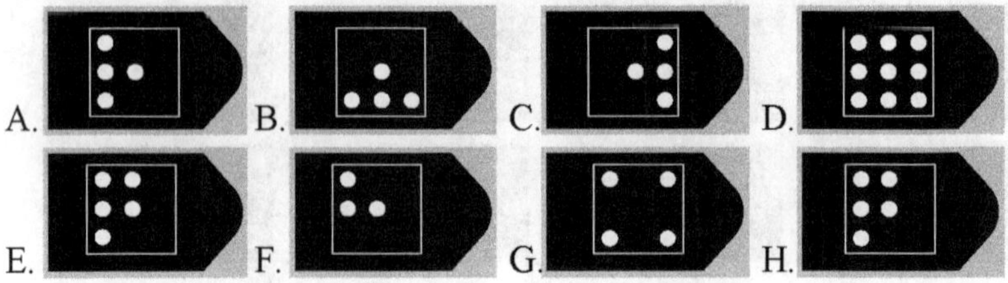

36.

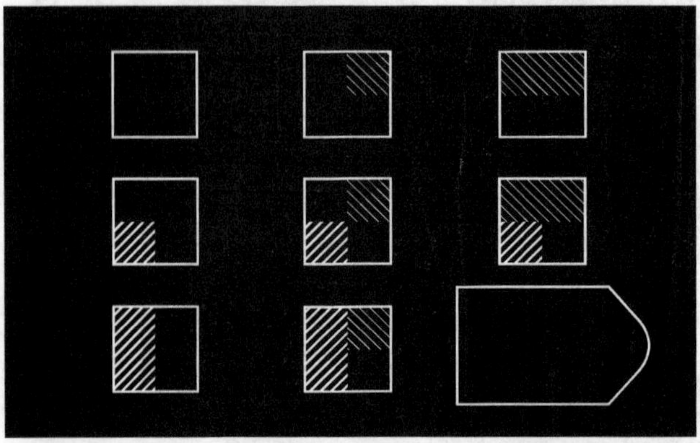

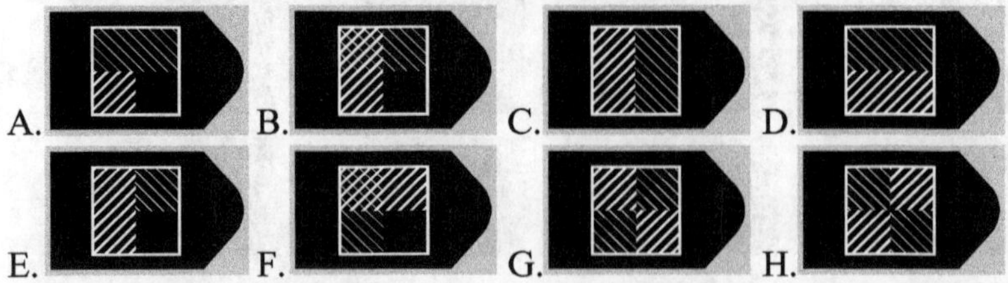

37.

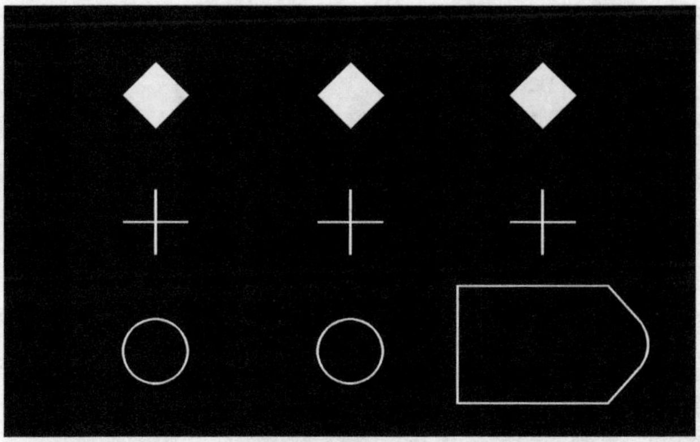

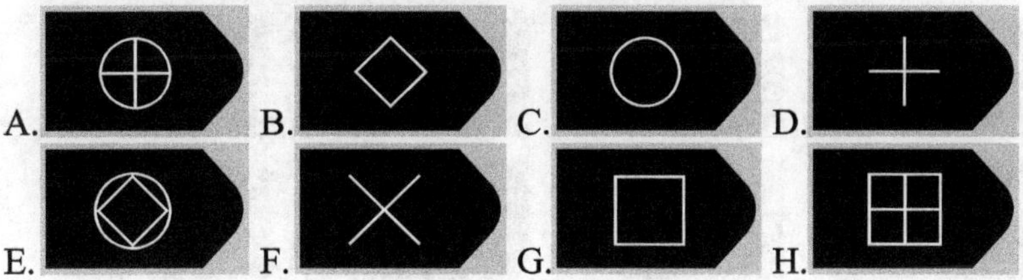

38.

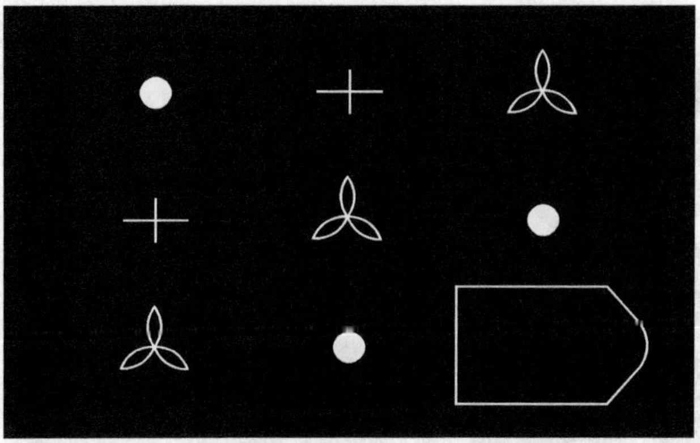

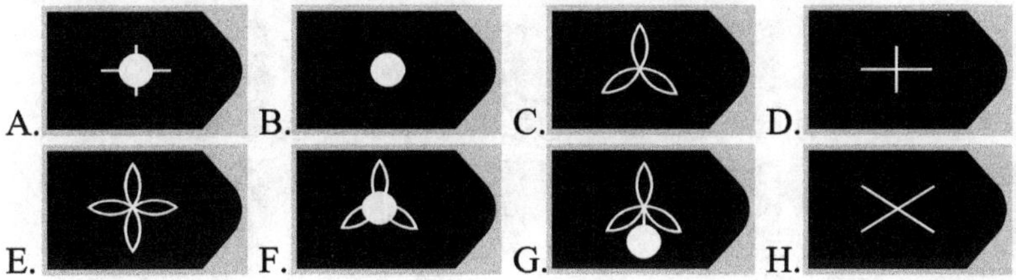

39.

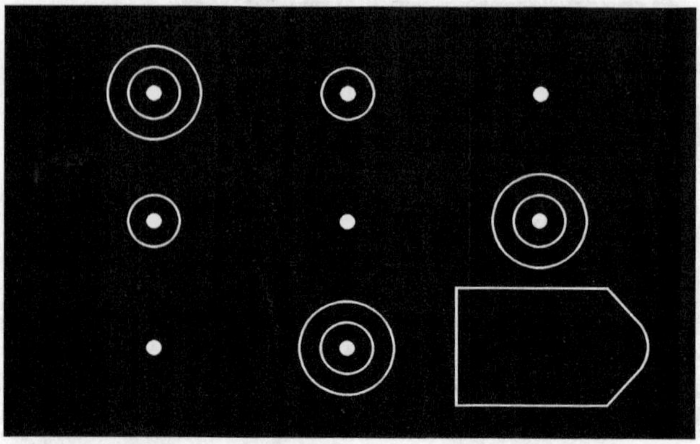

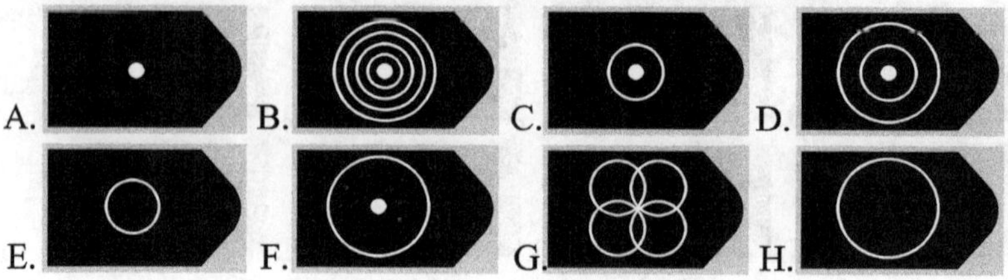

40.

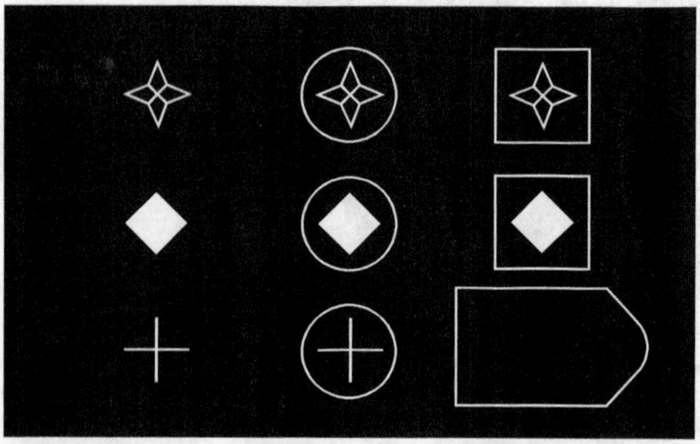

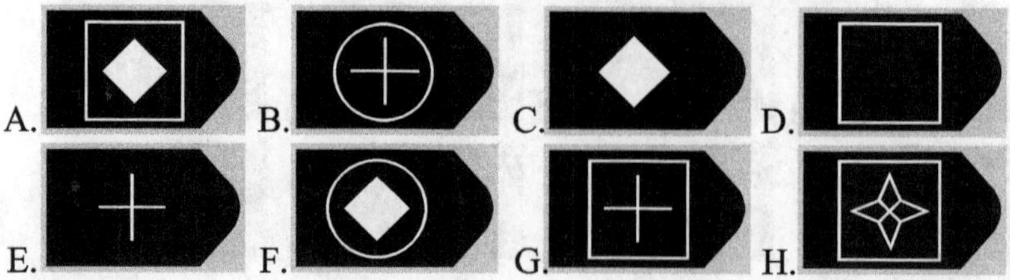

41. 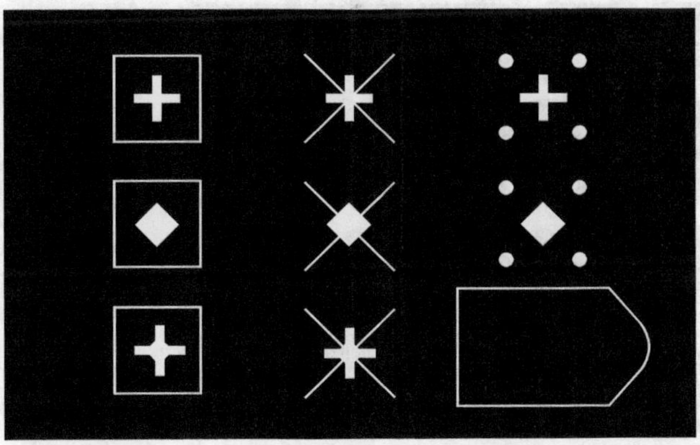

A.  B.  C.  D. 

E.  F.  G.  H. 

42. 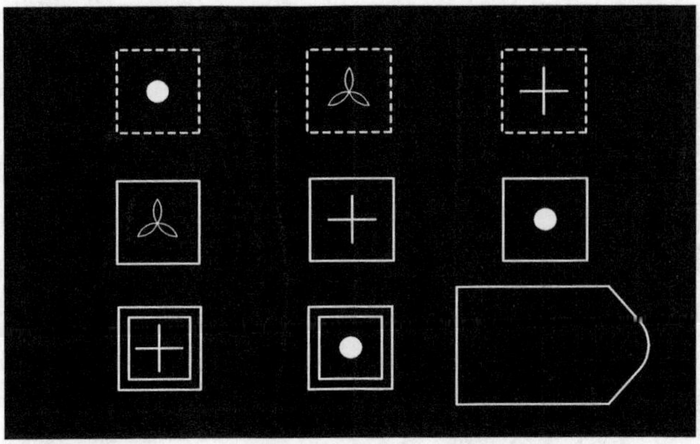

A.  B. 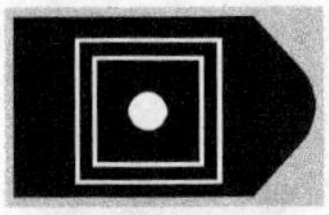 C.  D. 

E.  F.  G.  H. 

43.

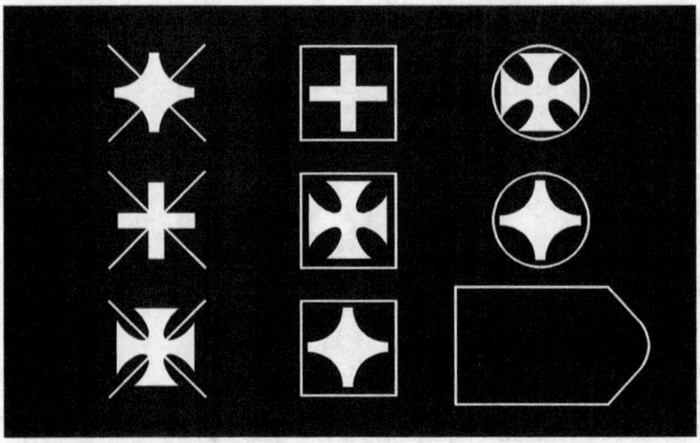

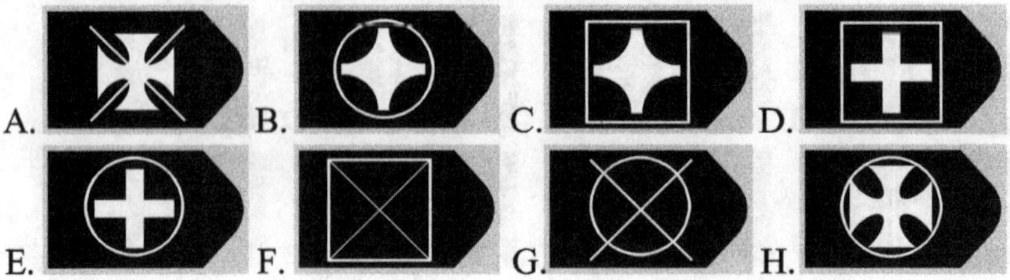

44.

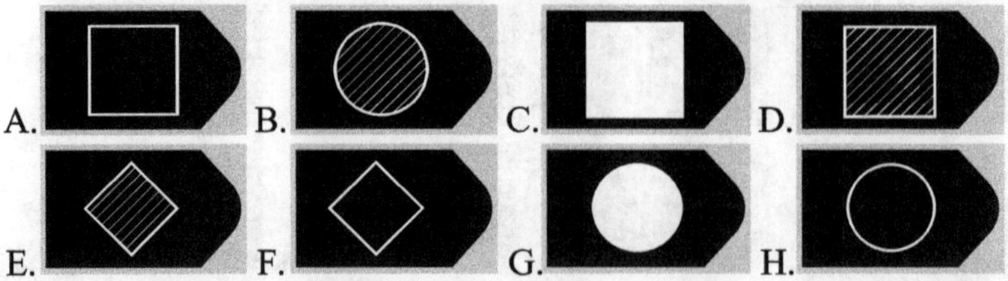

45.

A.  B.  C.  D. 

E.  F.  G.  H. 

46.

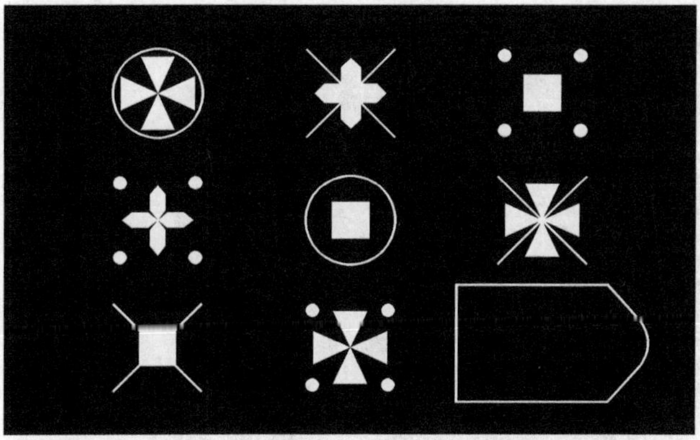

A.  B.  C.  D. 

E.  F.  G.  H. 

47.

A. B. C. D. E. F. G. H.

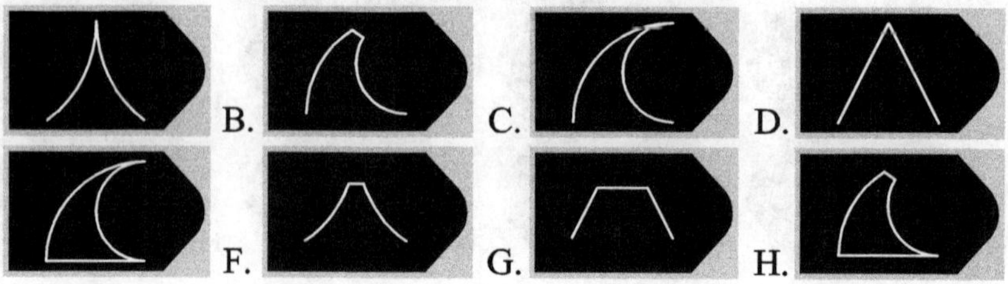

48.

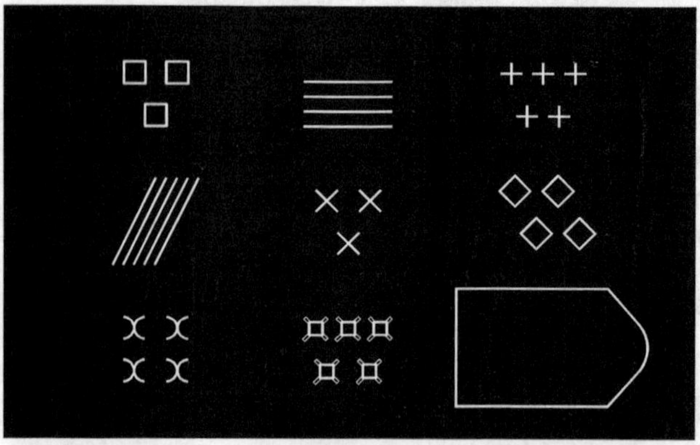

A. B. C. D. E. F. G. H.

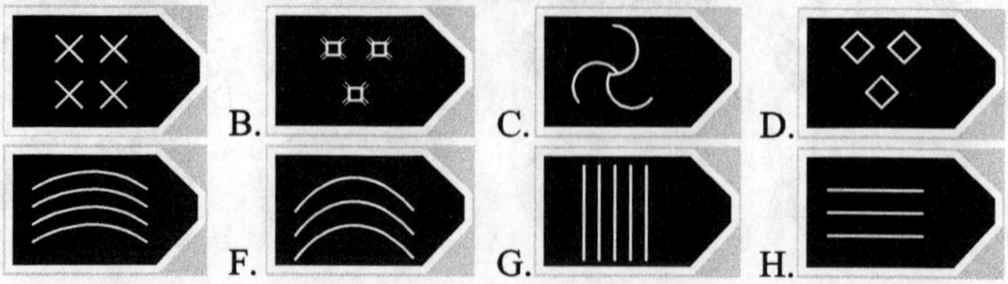

49.

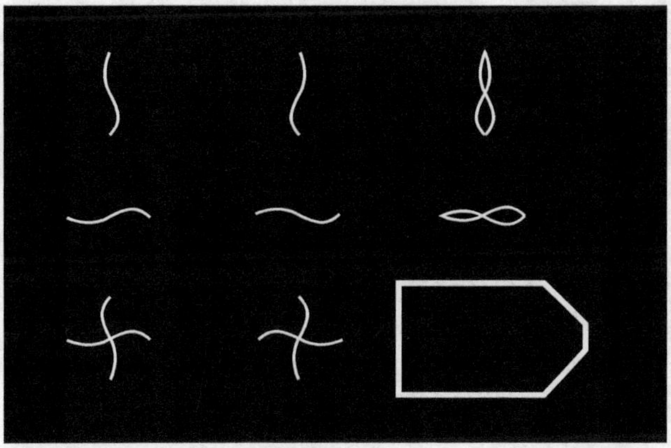

A. 
B. 
C. 
D. 
E. 
F. 
G. 
H. 

50.

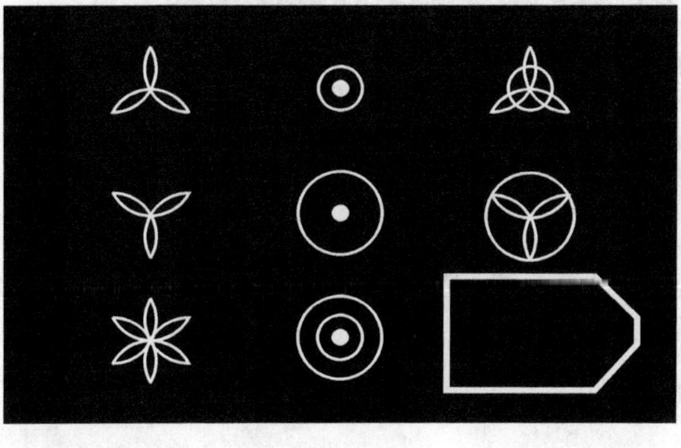

A. 
B. 
C. 
D. 
E. 
F. 
G. 
H. 

51.

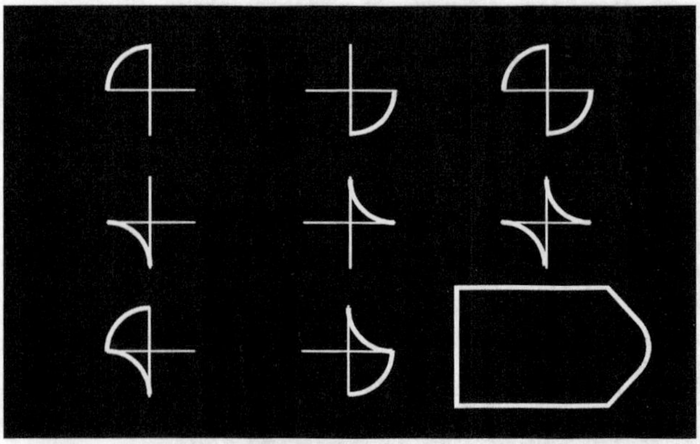

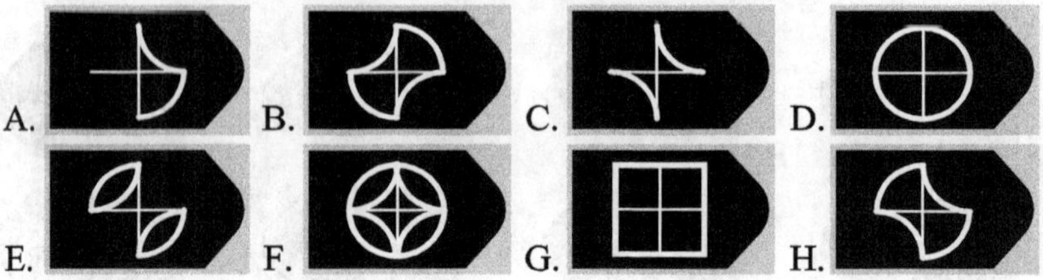

52.

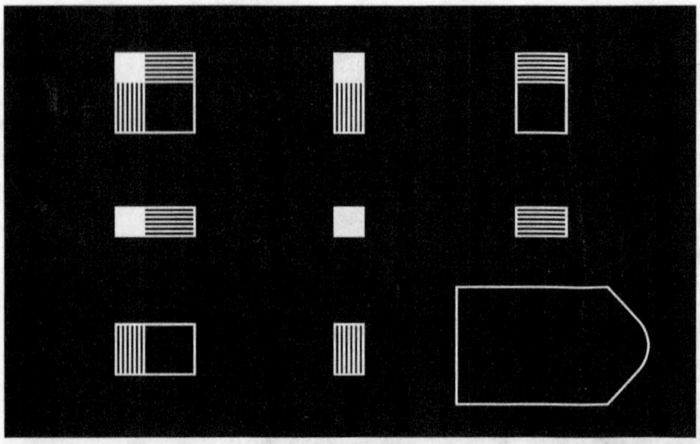

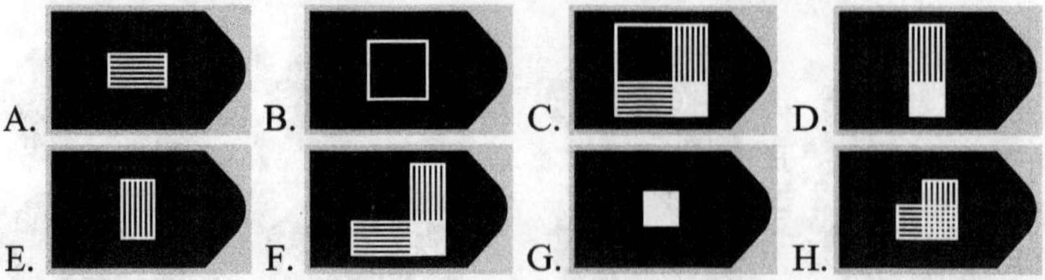

53. 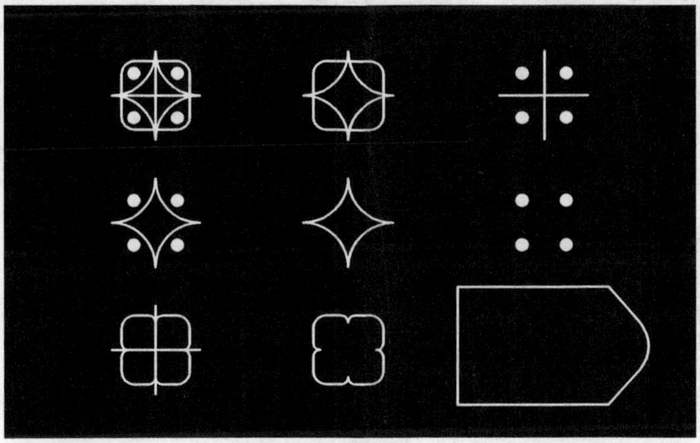

A.  B.  C. 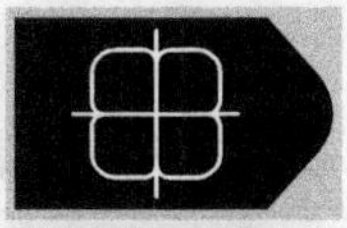 D. 

E.  F.  G.  H. 

54. 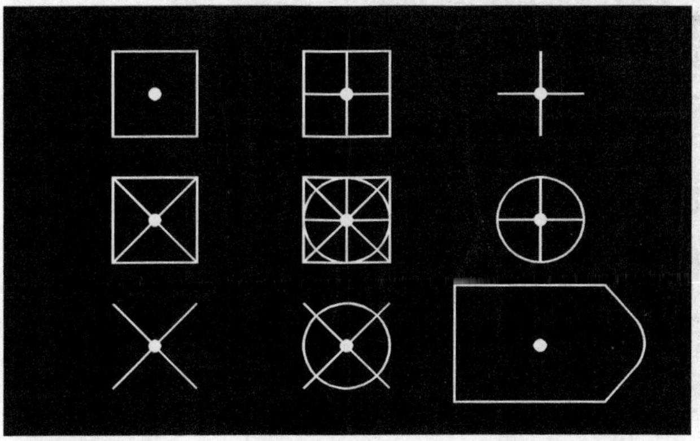

A. 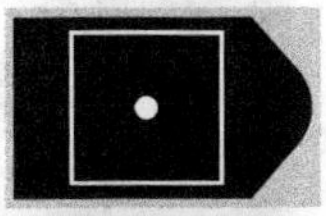 B. 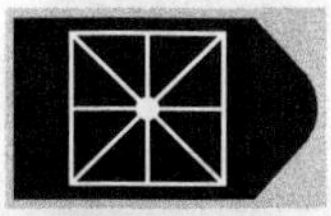 C.  D. 

E.  F.  G.  H. 

55.

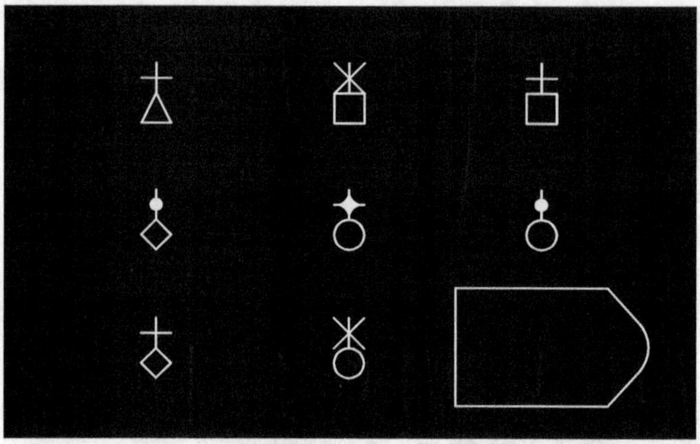

A.  B.  C.  D. 

E.  F.  G.  H. 

56.

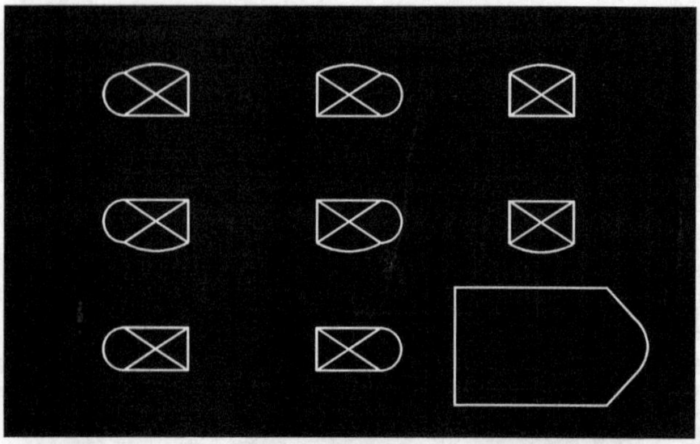

A.  B.  C.  D. 

E.  F.  G.  H. 

57.

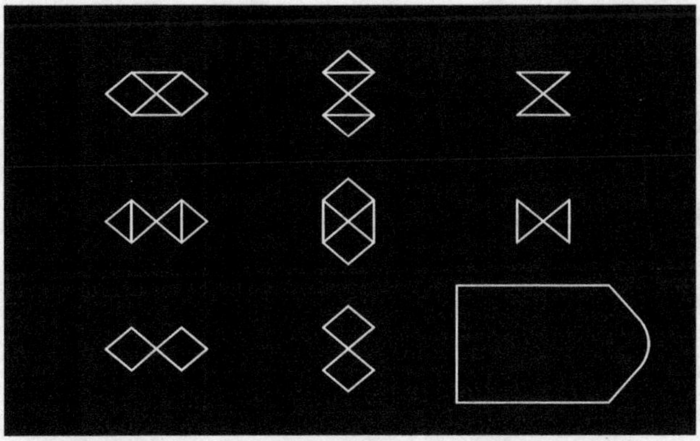

A. B. C. D. E. F. G. H.

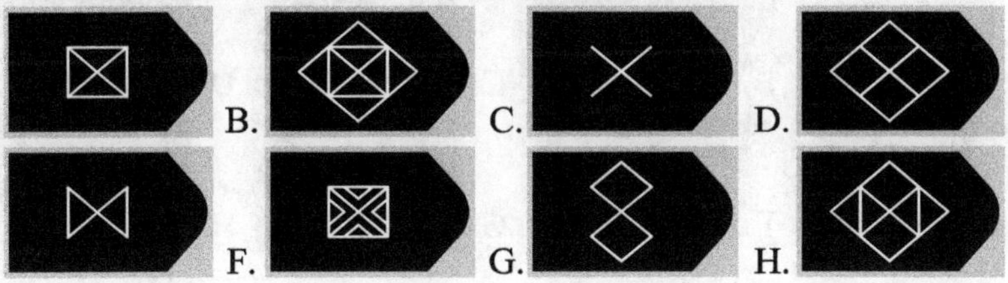

58.

A. B. C. D. E. F. G. H.

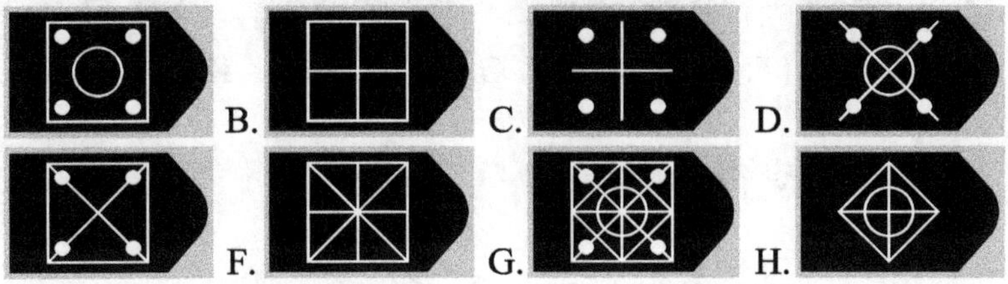

59.

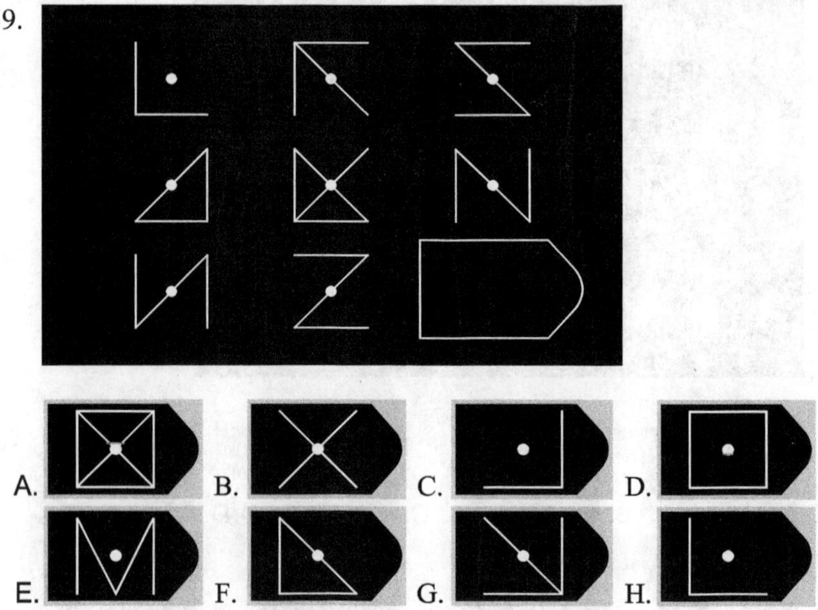

60.

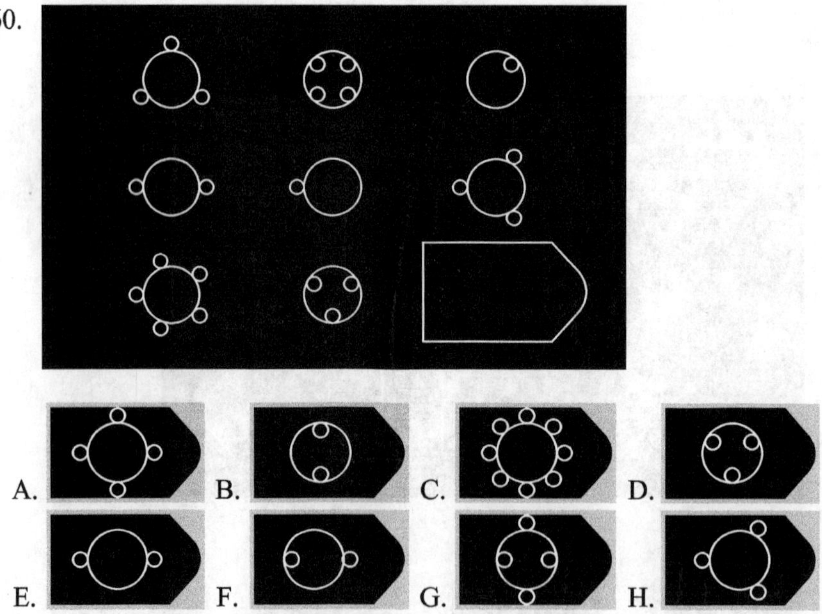

三、总分及维度得分解释

瑞文标准推理测验的总分分为 5 个水平，具体划分标准如表 5-1 所示。

表 5-1 智力水平分级标准

等级	标准
一级	智力测验分数的百分等级等于或超过同年龄常模组的 95%，称为高水平智力
二级	智力测验分数的百分等级界于 75%~94%，称为智力水平良好
三级	智力测验分数的百分等级界于 25%~74%，称为中等水平智力
四级	智力测验分数的百分等级界于 5%~24%，称为智力水平低下
五级	智力测验分数的百分等级低于 5%，称为智力缺陷

瑞文标准推理测验共分为 5 个组，A 组图形主要测知觉辨别力、图形比较、图形想象；B 组图形主要测类同、比较；C 组图形主要测比较、推理、图形组合；D 组图形主要测系列、逻辑关系；E 组图形主要测图形嵌套、互换。各维度的得分代表的意义如下：

1. A 组

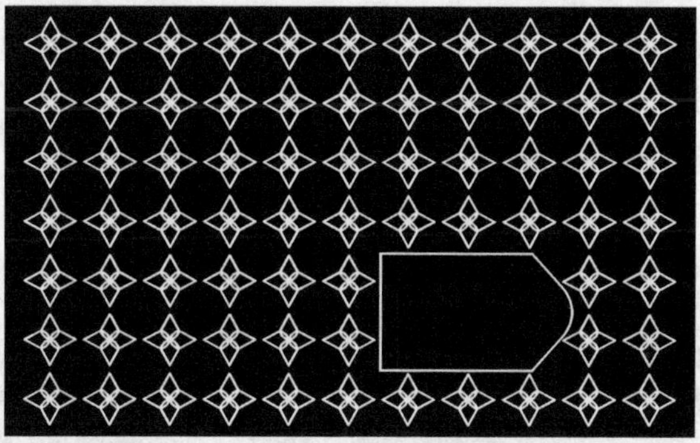

得分代表受试者知觉辨别能力，是否只关注题目的部分信息，能否从整体上去获取信息并做出判断，区分对象与背景的能力如何，是否知道对象与背景具有相对性，并善于从不同的角度来看同样一个事物。

2. B 组

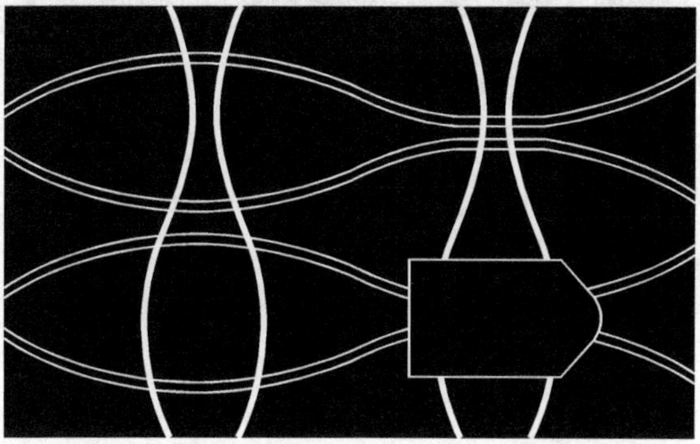

得分代表受试者归类比较能力，是否能正确处理一个事物整体与部分之间的关系，观察能力如何，是否经常能注意到事物之间的细微差别。

3. C 组

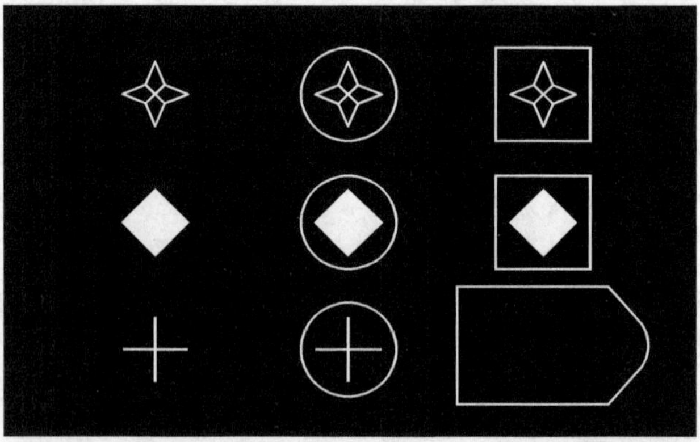

得分代表受试者图形推理与组合能力，是否经常能注意到事物之间存在的内在关系，并善于利用这种内在关系把事物进行组合。此外，联想能力如何，是否善于通过联想在事物之间建立关系。

4. D 组

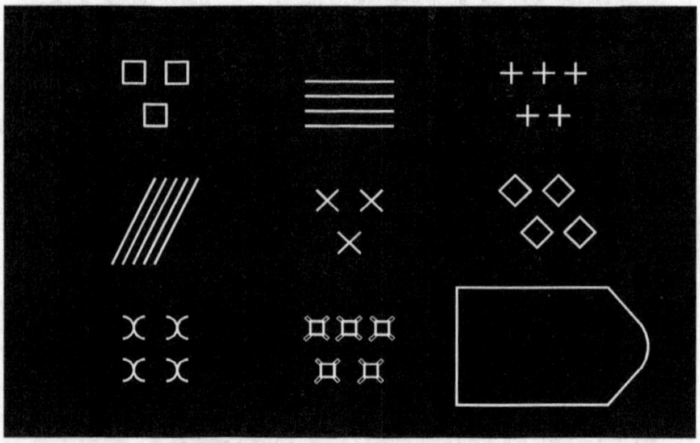

得分代表受试者系列关系推理和逻辑能力，对包含两层及两层以上逻辑联系的事物，能否注意到这些层，并根据对这些层之间联系的充分把握做出判断。此外，注意的分配能力如何，能否很好地分配自己的注意力。

5. E 组

得分代表受试者图形互换和信息整合能力，能否把丰富的信息进行有效的整合，并从中得出问题的答案。此外，高级推理能力如何，当面对的问题包含的关系比较复杂时，能否梳理出问题包含的这些复杂关系，并总结出全面的规律。

第六章

能力倾向测验

吉尔福特认为人类智力应由三个维度的多种因素组成：内容、操作、产物。这三个维度交叉可以组合成上百种具体智力因素。三维结构模型努力提供一个智力的全貌，然而这么多智力因素是难以提供普遍适用的测量方法的，人们通常只能抽取其中较为重要、应用较广的一些因素进行测量。

北森能力测验以“三维结构模型智力理论”为基础，借鉴“群因素智力理论”，结合实际工作需要和测评形式设定了测评维度：言语理解、言语推理、数字运算、数字推理、图形推理、空间能力、抽象推理、资料分析、思维策略。这九个维度应用最为广泛，与工作相关密切，在实际应用中可按需选取维度，有针对性地测评。

一、言语理解

【北森言语理解能力测验】

测验说明

您好！欢迎您参加“北森言语理解能力测验”。这项测验是用于考察应试者工作的基本能力特征及水平。本测验共 20 道试题，时限为 20 分钟，不能延时作答。

请仔细阅读下面注意事项，这对准确反映您的能力特征是非常重要的。

1. 这项测验的试题均为选择题，每一题目只有一个最为正确或合理的答案。

2. 时限到后，您应立即停止答题。

3. 在测验中，对您来说，可能有一些题目是很容易的，也有一些题目是很难的。因此，您不必在特别难的题目上花很多时间。答错题目不倒扣分。

4. 特别提醒：在答卷纸上涂写答案时一定要对准题号。

试题示例：

请按照每道题目的要求，从所给定的四个选项中选出最符合题目要求的一个。

【例题】

只要方向正确，任何一点积极性都应当得到（　　）和支持。

A. 尊重　　B. 肯定　　C. 表彰　　D. 重视

【解答】

用“肯定”填空使句子的意思表达得最准确，故应选B。

1. 中国的高科技及其产业能否在世界上占有（　　），将成为中华民族实现现代化，进入世界强国之列的关键。

A. 重要地位　　B. 一席之地

C. 关键位置　　D. 显要地位

2. 近年来英国信教人数大幅度下降，不少昔日信徒众多、香火旺盛的教堂，如今已（　　）。

A. 寥寥无几　　B. 寥若晨星

C. 门可罗雀　　D. 人烟稀少

3. 大中小医院都处于高度戒备状态，以（　　）突如其来的不明病疫。

A. 控制　　B. 应付　　C. 处理　　D. 戒备

4. 改革开放使农村剩余劳动力从土地的（　　）中解放出来。

A. 枷锁　　B. 约束　　C. 限制　　D. 束缚

5. 古代动物中有一类动物叫蜥螈，它（　　）具有两栖动物的特征（　　）具有爬行动物的特征。（　　）古生物学工作者不容易弄清楚它到底是两栖动物还是爬行动物，（　　）过去把它放在爬行动物中，（　　）现在又把它放在两栖动物中去。

A. 既　又　因此　以至　而

B. 不但　而且　不过　尽管　但是

C. 既　又　因此　以致　而

D. 不但　而且　因此　尽管　但是

6. 朋友们对他的支持，他永远（铭记）在心。下列哪个词语可以替换括号中的词语：（　　）

A. 牢记　　B. 谨记　　C. 默记　　D. 记忆

7. 几十年来，他想到的总是全心全意为人民谋利益，自己从来不（要求）什么。下列哪个词语可以替换括号中的词语：（　　）

A. 祈求　　B. 企求　　C. 盼望　　D. 企盼

8. 找出与“误解”意义相同或最相近的词语：（　　）

A. 曲解　　B. 认作　　C. 误会　　D. 笃信

9. 下列句子中，有语病的一句是：（　　）

A. 如果输入蒙特卡罗模拟中的随机数不是随机数，那么整个的模拟及其预测的结果都必然是错误的。

B. 成语的正确使用的基础是对成语的确切理解，对成语的理解又不能只从字面的意思推理，而对它产生某些误解。

C. 她把积攒起来的 400 元零花钱，资助给贫困地区的失学儿童赵长波，确保他能够支付读完小学的费用。

D. 北京市人民政府办公厅 6 月 17 日发出关于 2002 年 7 月 1 日升挂国旗的通知。

10. 表达明确、没有歧义的一句是：（　　）

A. 我不是，他也不是，难道就你才是？

B. 他正在看病，没有空，请你稍等片刻。

C. 他背了很重的包袱，你可得帮帮他呦。

D. 没有财政拨款，这工程怎样继续进行？

11. 下述各句中有歧义的是：（　　）

A. 关于小李和大李的问题得尽快加以解决。

B. 他骑车不小心撞倒了一个老太太。

C. 坚定的信念，强烈的愿望，促使他们不顾一切地继续进行试验。

D. 春天像小姑娘，花枝招展的，笑着，走着。

12. 科学家研究发现，唯有传统中药枸杞其“固本、温平、无毒”的特性能担当“换一种方式补肾”的重任，几千年来人们对枸杞情有独钟。这段文字中应当删去的一个词是：（　　）

A. “科学家研究发现”的“发现”

B. “唯有传统中药枸杞”的“唯有”

C. “唯有传统中药枸杞”的“传统”

D. “其‘固本、温平、无毒’的特性”的“其”

13. 物质生产和人口生产的发展必然引起自然生态环境的重要改变：一种是

"顺向改变"，促进自然生态系统的良性循环，保持生态平衡；另一种是"逆向改变"，造成自然生态系统的恶性循环，破坏生态平衡。精神生产，特别是科学技术知识发展和应用，则会扩大和加深上述两种改变。对这段话理解正确的一项是：（ ）

A. 人口生产总是破坏生态平衡的，因而一般属于"逆向改变"。

B. 精神生产有比物质生产和人口生产更为积极的作用。

C. 精神生产存在着"顺向改变"和"逆向改变"两种可能性。

D. 科学技术发展总是维护生态平衡的，应该说是"顺向改变"。

14. 根据现行的法律、法规，所有与用人单位形成劳动关系的劳动者，不管是签订劳动合同的，还是存在事实劳动关系的，不管是原有的所谓编内职工，还是所谓的"非正式人员"如农民工、临时工，都是企业的正式员工，所不同的只是进单位迟早不同或劳动合同长短有别而已。由此可知劳动者之间没有差别的一方面是：（ ）

A. 身份　　B. 待遇　　C. 权利　　D. 与企业的关系

15. 人的尊严就在于有思想。由于有了思想，人就比想要摧毁他的任何东西甚至整个宇宙都高贵得多；因此，人就能吞掉一个世界。这段话直接支持的观点是：（ ）

A. 人类是有思想的　　B. 人的尊严就在于思想

C. 人能吞掉整个世界　　D. 人类的思想是无处不在的

16. 截至 11 月 30 日，山东省入库国家定购粮食 281.2 万吨，完成全年粮食定购任务的 100.1%，提前超额完成粮食定购任务。今年，山东省农业丰收，为完成粮食收购任务奠定了基础。最能准确复述这段话主要意思的是：（ ）

A. 山东省超额提前完成粮食定购任务。

B. 今年山东省粮食喜获丰收。

C. 粮食丰收是山东省超额完成收购任务的主要因素。

D. 山东省粮农积极交粮，为国家作贡献。

17. 德国两家公司生产一种水下计算机。这种计算机使潜水员有可能在水下就能把获得的数据输入计算机，不必浮出水面。水下计算机可用于检查海上石油平台、输油管道、船体，也可以用来操纵机器人。水下计算机的优点是：（ ）

A. 可以用来操纵机器人

B. 可以用于检查船体

C. 在水下直接把数据输入计算机

D. 浮出水面把数据输入计算机

18. 信任离不开互相尊重，信任是保持长期人际关系的基础，但是某些私人关系的维持，例如友谊，还需要有共同的爱好，长期的友谊离不开互相尊重和共同爱好的支持。根据这段文字，可以知道：（　　）

A. 在长期的人际关系中，相互尊重意味着信任。

B. 仅由信任和互相尊重支撑的友谊不会持续太久。

C. 建立在共同爱好基础上的友谊会比其他关系更持久。

D. 由互相尊重和共同爱好支撑的私人关系总会持续很久。

19. 中国妇女发展基金会将委托专业金融机构对中国女足发展基金进行管理和运作，其收益部分用于资助中国女子足球队改善生活和训练条件，开展交流与合作，培养选拔后备力量。下列表述，符合文义的是：（　　）

A. 中国女足发展基金，将解决中国女足所面临的问题。

B. 中国女足发展基金，已确定了管理机制和运作规则。

C. 广泛开展交往合作，是培养和选拔女足后备力量的保证。

D. 中国女足的活动，由受委托的专业金融机构管理和运作。

20. 幽默使人如沐春风，也能解除尴尬。一个懂得幽默的人，会知道如何化解眼前的尴尬。我们有时无意中让紧张代替了轻松，让严肃代替了平易，一不小心就变成了无趣的人。对这段话，理解不准确的是：（　　）

A. 有情趣的生活，是因为有了幽默。

B. 紧张的生活需要幽默调剂。

C. 许多人在生活中不擅长使用幽默。

D. 生活中，幽默可以化解许多难堪。

二、言语推理

【北森言语推理能力测验】

测验说明

您好！欢迎您参加“北森言语推理能力测验”。这项测验是用于考察应试者工作的基本能力特征及水平。本测验共 20 道试题，时限为 20 分钟，不能延时作答。

请仔细阅读下面注意事项，这对准确反映您的能力特征是非常重要的。

1. 这项测验的试题均为选择题，每一题目只有一个最为正确或合理的答案。

2. 时限到后，您应立即停止答题。

3. 在测验中，对您来说，可能有一些题目是很容易的，也有一些题目是很难的。因此，您不必在特别难的题目上花很多时间。答错题目不倒扣分。

4. 特别提醒：在答卷纸上涂写答案时一定要对准题号。

试题示例：

每题给出一段陈述或一对词语，请在备选答案中找出与之在逻辑关系上最为贴近或相似的选项。

【例题】

规定汽车必须装安全带的制度是为了减少车祸伤亡，但在安全带保护下，司机将车开得更快，事故反而增加了。司机有安全带保护，自身伤亡减少了，而路人伤亡增加了。这一事实表明：（　　）

A. 对实施效果考虑不周的制度往往事与愿违。

B. 安全带制度必须与严格限速的制度同时出台。

C. 汽车装安全带是通过牺牲路人利益来保护司机的措施。

D. 制度在产生合意结果的同时也会产生不合意的结果。

【解答】

正确答案为 D，汽车装安全带的本意是减少车祸伤亡，但伤亡应包括司机和路人，而装安全带的结果是司机伤亡少了，路人伤亡却增多了。

1. 喜欢：讨厌，正确选项为（　　）

A. 热爱：拥护　B. 晚：迟　C. 温暖：寒冷　D. 高兴：愉快

2. 马：动物，正确选项为（　　）

A. 细菌：生物　B. 苹果：桃子　C. 粮食：玉米　D. 山羊：玩具

3. 谬误：语法，正确选项为（　　）

A. 燃烧：煤　B. 庸俗：文章　C. 饼干：面粉　D. 快乐：兴奋

4. 皮鞋：皮革，正确选项为（　　）

A. 山脉：山峰　B. 海水：海浪

C. 资产阶级：资本家　D. 福尔马林：甲醛

5. 石家庄：乌鲁木齐，重庆：（　　）

A. 河北　B. 上海　C. 汕头　D. 武汉

6. 丝线：刺绣，正确选项为（　　）

A. 中国：国家　B. 牙膏：刷牙　C. 山脉：山峦　D. 书：书籍

7. 派出所民警讯问公共汽车上的一桩盗窃案的嫌疑人甲、乙、丙、丁的笔录如下：

甲说："反正不是我干的"；

乙说："是丁干的"；

丙说："是乙干的"；

丁说："乙是诬陷"。

他们当中只有三人说真话。小偷只有一个，是（　　）

A. 甲　B. 乙　C. 丙　D. 丁

8. 李娜、王美和赵红每人都拥有 3 辆车：一辆双门、一辆四门、一辆五门。每个人也都分别有一辆别克、一辆现代、一辆奥迪。但同一品牌的汽车的门的数量却各不相同：李娜的别克汽车的门的数量与王美的现代汽车的门的数量一样；赵红的别克汽车的门的数量与李娜的现代汽车的门的数量一样；李娜的奥迪汽车为双门，而王美的奥迪汽车则有四门。拥有一辆五门的奥迪汽车的是：（　　）

A. 李娜　B. 王美　C. 赵红　D. 无法确定

9. 李娜、王美和赵红每人都拥有 3 辆车：一辆双门、一辆四门、一辆五门。每个人也都分别有一辆别克、一辆现代、一辆奥迪。但同一品牌的汽车的门的数量却各不相同：李娜的别克汽车的门的数量与王美的现代汽车的门的数量一样；赵红的别克汽车的门的数量与李娜的现代汽车的门的数量一样；李娜的奥迪汽车为双门，而王美的奥迪汽车则有四门。拥有一辆四门的现代汽车的是：（　　）

A. 李娜　B. 王美　C. 赵红　D. 无法确定

10. A、B、C 都新买了汽车，汽车的牌子是奔驰、本田、皇冠。他们一起来到朋友家里，让朋友猜猜他们三人各买的是什么牌子的车。朋友猜道："A 买的是奔驰车，C 买的肯定不是皇冠车，B 自然不会是奔驰车。"很可惜，朋友的这种猜法，只猜对了一个。

据此可以推知 A 买的是：（　　）

A. 本田车　B. 奔驰车　C. 皇冠车　D. 无法确定

11. 某旅馆内住着不同职业、不同国籍的 A、B、C、D 四个人，他们来自英、法、德、美四个国家，现已知德国人是医生，美国人年龄最小且是警察，C 比德国人年纪大，B 是法官且是英国人的朋友，D 从未学过医。由此可知 C 是：（　　）

A. 英国人　　　B. 法国人　　　C. 美国人　　　D. 不确定

12. 机器人所表现的任何智能，都是人类智能活动的结果。没有科学家精心编制的程序，没有迅速发展的电子技术，没有精密的机械加工，机器人是不可能表现出任何智能的。以下哪项，从上述题干中推出最为恰当：（　　）

A. 机器人无法表现出智能

B. 机器人的智能是人类赋予的

C. 机器人智能的发展有可能超过人类

D. 机器人在未来有广泛的用途

13. 某记者在报道中指出：速冻食品业方兴未艾。食品专家预测，未来十年内，世界速冻食品消费量将占全部食品消费量的 60%。进入 90 年代以来，我国的肉类、水产品、蔬菜类年产量达 1.4 亿吨，如果其中 60%加工成速冻食品，其市场规模无疑是十分巨大的。而 1995 年全国速冻食品仅为 220 万吨，离理想规模相去甚远。根据以上资料，可以推理出的最有可能的结论是：（　　）

A. 我国的速冻食品已达到专家预测水平。

B. 发展速冻食品不适合我国国情。

C. 我国速冻食品消费量还不到全部食品消费量的 5%。

D. 我国速冻食品消费量已占全部食品消费量的 60%。

14. 在政策执行过程中，从上到下依然缺乏强有力的机构，专门负责检查监督各种政策的贯彻落实情况。往往是一遇到需要解决的问题，就下发一个文件，作出一些新规定，或成立新机构，而较少关心这些政策的执行情况。由于法律、法规或政策文件的落实缺乏监督保证体系，执行不执行都是一个样，时间一久，令不行，禁不止之风就会自然盛行。因此：（　　）

A. 必须做到令行禁止

B. 必须加强政策执行的力度

C. 必须加强政策执行机构建设

D. 必须加强政策执行的监督检查工作

15. 针对某种溃疡，传统疗法可在 6 个月内将 44%的患者的溃疡完全治愈。针对这种溃疡的一种新疗法在 6 个月的试验中使治疗的 80%的溃疡取得了明显改善，61%的溃疡得到了痊愈。由于该试验只治疗了那些病情比较严重的溃疡，因此这种新疗法显然在疗效方面比传统疗法更显著。为更好地对比两种疗法的效果，还需要补充的证据是：（　　）

A. 这两种疗法使用的方法有何不同？

B. 这两种疗法的使用成本是否存在很大差别？

C. 在6个月中以传统疗法治疗的该种溃疡的患者中，有多大比例取得了明显改善。

D. 在参加6个月的新疗法试验的患者中，有多大比例的人对康复的比例不满意。

16. 玛雅遗址挖掘出一些珠宝作坊，这些作坊位于从遗址中心向外辐射的马路边上，且离中心有一定的距离。由于贵族仅居住在中心地区，考古学家因此得出结论，认为这些作坊制作的珠宝不是供给贵族的，而是供给一个中等阶级，他们一定已足够富有，可以购买珠宝。

对在这些作坊工作的手工艺人，考古学家在论断时做的假设是：（　　）

A. 他们住在作坊附近。

B. 他们不提供送货上门的服务。

C. 他们自己本身就是富有的中等阶级的成员。

D. 他们的产品原料与供贵族享用的珠宝所用的原料不同。

17. 调查表明，一年中任何月份，18～65岁的女性中都有52%在家庭以外工作。因此，18～65岁的女性中有48%是全年不在外工作的家庭主妇。以下哪项，如果为真，最严重地削弱了上述论证？（　　）

A. 现在离家工作的女性比历史上的任何时期都多。

B. 尽管在每个月中参与调查的女性人数都不多，但是这些样本有很好的代表性。

C. 调查表明将承担一份有薪工作为优先考虑的女性比以往任何时候都多。

D. 不管男性还是女性，都有许多人经常进出于劳动力市场。

18. 从“有投票人赞成所有候选人”不可推出：（　　）

A. 所有候选人都有投票人赞成。

B. 有投票人赞成有的候选人。

C. 并非所有投票人不赞成所有候选人。

D. 并非所有投票人赞成所有候选人。

19. 由风险资本家融资的初创公司比通过其他渠道融资的公司失败率要低。所以，与诸如企业家个人素质、战略规划质量或公司管理结构等因素相比，融资渠道在初创公司的成功上是更为重要的原因。

下面哪个，如果正确，最严重地削弱了以上的结论？（　　）

A. 风险资本家对初创公司财务需要的变化比其他融资渠道更为敏感。

B. 在公司的长期成功方面，初创公司的战略规划比起企业家个人素质来说是一个相对不重要的因素。

C. 所有的新公司中有超过一半在5年内倒闭了。

D. 一般来讲，初创公司的管理结构不如发展中的公司正式。

20. 找出推理有错误的一项：（ ）

A. 凡无死者必无生，因为凡有生必有死。

B. 肉是食品，所以腓肉是腌制食品。

C. 堂，房也。过堂，过房也。

D. 有些判断是假的，因为并非一切判断都是真的。

三、数字运算

【北森数学运算能力测验】

测验说明

您好！欢迎您参加“北森数学运算能力测验”。这项测验是用于考察应试者工作的基本能力特征及水平。本测验共 20 道试题，时限为 20 分钟，不能延时作答。

请仔细阅读下面注意事项，这对准确反映您的能力特征是非常重要的。

1. 这项测验的试题均为选择题，每一题目只有一个最为正确或合理的答案。

2. 时限到后，您应立即停止答题。

3. 在测验中，对您来说，可能有一些题目是很容易的，也有一些题目是很难的。因此，您不必在特别难的题目上花很多时间。答错题目不倒扣分。

4. 特别提醒：在答卷纸上涂写答案时一定要对准题号。

试题示例：

以下每道试题中会呈现一段表述数字关系的文字，请迅速、准确地计算出答案（可以在草稿纸上运算）。

【例题】

从 0，1，2，7，9 五个数字中任选四个不重复的数字，组成的最大四位数和最小四位数的差是（ ）。

A. 8442　　B. 8694　　C. 8740　　D. 9694

【解答】

正确答案为 B，由题意可得：最大的四位数为 9721，最小的四位数为 1027，故两者的差是 9721-1027＝8694。

1. 要购买一价值 110 元的物品，事先已付了 10%的定金，问还要交（　　）元才可买下？

A. 100　　B. 99　　C. 98　　D. 101

2. 一列火车 2/3 小时行 58 千米，1 小时行（　　）千米？

A. 87　　B. 77　　C. 67　　D. 97

3. 某工厂 1 月份计划制造拖拉机 200 台，实际上制造了 250 台，超产了（　　）%。

A. 25　　B. 20　　C. 30　　D. 50

4. 有下列长度的三条线段，能组成三角形的是（　　）组？（单位：厘米）

A. 1、2、3　　B. 1、4、2　　C. 2、3、4　　D. 6、2、3

5. 商品 A 比商品 B 贵 30 元，商品 A 涨价 50%后，其价格是商品 B 的 3 倍，则商品 A 的原价为（　　）元。

A. 30　　B. 40　　C. 50　　D. 60

6. 一组猎人在房子里开会，并且带来了他们的狗。总共，屋里有 22 个头和 72 条腿或爪子。那么这就是说屋里一共有（　　）位猎人和（　　）条狗。

A. 8，14　　B. 14，8　　C. 7，15　　D. 15，7

7. 一居民楼内只能允许同时使用 6 台空调。现由 8 户人家各安装了一台空调，问在一天（24 小时）内平均每户（台）最多可使用空调（　　）小时？

A. 16　　B. 18　　C. 20　　D. 22

8. 一项工程，甲单独做要 15 天完成，乙单独做要 10 天完成，二人合做 2 天可完成全工程的（　　）。

A. 1/3　　B. 1/2　　C. 1/4　　D. 1/5

9. 把 4 个不同的球放入 4 个不同的盒子中，有多少种放法？

A. 24　　B. 4　　C. 12　　D. 10

10. 有砖 26 块，兄弟二人争着去挑。弟弟抢在前面，刚摆好砖，哥哥赶到了。哥哥看弟弟挑的太多，就抢过一半。弟弟不肯，又从哥哥那儿抢走一半。哥哥不服，弟弟只好给哥哥 5 块，这时哥哥比弟弟多挑 2 块。问最初弟弟准备挑（　　）块？

A. 12　　B. 14　　C. 16　　D. 18

11. 两地相距 150 千米，甲、乙两辆汽车同时从两地相向开出，甲车每小时行 27 千米，乙车每小时行 23 千米，两车开出后（　　）小时相遇？

A. 1.5　　B. 2　　C. 2.5　　D. 3

12. 某船第一次顺流航行 21 千米又逆流航行 4 千米，第二天在同一河道中顺流航行 12 千米，逆流航行 7 千米，结果两次所用的时间相等。假设船本身速度及水流速度保持不变，则顺水船速与逆水船速之比是（　　）。

A. 2∶1　　B. 3∶1　　C. 3.5∶1　　D. 4∶1

13. 在圆形的花坛周围种树，已知周长为 50 米，如果每隔 5 米种一棵，一共可以种（　　）棵？

A. 9　　B. 10　　C. 11　　D. 12

14. 某天北京首都机场起飞航班 30 个，共输送旅客 7800 人，其中大飞机乘坐 300 人，小飞机乘坐 180 人，假设全部坐满，则小飞机共有（　　）个航班。

A. 28　　B. 20　　C. 10　　D. 5

15. 一车行共有 65 辆小汽车，其中 45 辆有空调，30 辆有高级音响，12 辆兼而有之。既没空调也没有高级音响的汽车有（　　）辆？

A. 2　　B. 8　　C. 10　　D. 15

16. 一个边长为 8 的正立方体，由若干个边长为 1 的正立方体组成，现在要将大立方体表面涂漆，请问一共有（　　）个小立方体被涂上了颜色？

A. 296　　B. 324　　C. 328　　D. 384

17. 甲、乙、丙三人，甲每分钟走 50 米，乙每分钟走 40 米，丙每分钟走 30 米，甲、乙从 A 地，丙从 B 地同时出发，相向而行，丙遇到甲 2 分钟后遇到乙，那么，AB 两地相距（　　）米？

A. 250　　B. 500　　C. 1275　　D. 1120

18. 商店卖气枪子弹，每粒 1 分钱，每 5 粒 4 分，每 10 粒 7 分，每 20 粒 1 角 2 分。小明的钱至多买 73 个，小刚至多买 87 个，两人钱合起来能买（　　）粒？

A. 160　　B. 165　　C. 170　　D. 175

19. 从 1 到 500 的所有自然数中，不含有数字 4 的自然数有（　　）个？

A. 324　　B. 336　　C. 244　　D. 218

20. 某大单位有一笔会议专用款，第一次用去 1/5 后，就规定每召开一次会议可用去上次会议所剩款的 1/5，连续开了四次会议后剩余余款为 40.96 万元。问该单位这笔会议专用款是（　　）万元？

A. 100　　B. 120　　C. 140　　D. 160

四、数字推理

【北森数字推理能力测验】

测验说明

您好！欢迎您参加“北森数字推理能力测验”。这项测验是用于考察应试者工作的基本能力特征及水平。本测验共 20 道试题，时限为 20 分钟，不能延时作答。

请仔细阅读下面注意事项，这对准确反映您的能力特征是非常重要的。

1. 这项测验的试题均为选择题，每一题目只有一个最为正确或合理的答案。

2. 时限到后，您应立即停止答题。

3. 在测验中，对您来说，可能有一些题目是很容易的，也有一些题目是很难的。因此，您不必在特别难的题目上花很多时间。答错题目不倒扣分。

4. 特别提醒：在答卷纸上涂写答案时一定要对准题号。

试题示例：

下面每道题中都给出一个数列，但其中缺少一项，请仔细观察数列的排列规律，然后根据排列规律从四个供选择的选项中选择你认为最合理的一项，来填补空缺项。

【例题】

1，3，5，7，9，（　　）

A. 7　　B. 8　　C. 11　　D. 14

【解答】

正确答案是 11。原数列是一个等差数列，公差为 2，故应选 C。

1. 27，32，9，8，3，2，（　　）

A. 0　　B. 1　　C. 2　　D. 3

2. 1/7，14，1/21，42，1/36，72，1/48，（　　）

A. 96　　B. 144　　C. 288　　D. 76

3. 4，13，22，31，45，54，（　　），（　　）

A. 60，68　　B. 55，61　　C. 63，72　　D. 72，80

4. 1，2，6，24，（　　）

A. 48　　B. 96　　C. 120　　D. 125

5. 1，2，3，5，8，（　　）

A. 10　　B. 12　　C. 13　　D. 15

6. 8，14，26，（　　），98

A. 78　　B. 50　　C. 76　　D. 56

7. 257，178，259，173，261，168，263，（　　）

A. 275　　B. 178　　C. 164　　D. 163

8. 8，12，18，27，（ ）

A. 39　B. 37　C. 40.5　D. 42.5

9. 36，24，（ ），32/3，64/9

A. 12　B. 15　C. 16　D. 18

10. 85，52，（ ），19，14

A. 25　B. 27　C. 30　D. 33

11. 16，27，16，（ ），1

A. 5　B. 6　C. 7　D. 8

12. 1，1，2，8，（ ）

A. 16　B. 36　C. 48　D. 64

13. 129，107，73，17，-73，（ ）

A. -55　B. 89　C. -219　D. -81

14. 48，32，17，（ ），43，59

A. 28　B. 33　C. 31　D. 27

15. 1，2，3，5，7，（ ），13

A. 12　B. 9　C. 11　D. 10

16. 36，12，30，36，51，（ ）

A. 69　B. 70　C. 71　D. 72

17. 2，3，17，63，（ ）

A. 255　B. 256　C. 257　D. 258

18. 95，88，71，61，50，（ ）

A. 40　B. 39　C. 38　D. 37

19. 3，3，5，7，9，13，15，（ ），（ ）

A. 19，21　B. 19，23　C. 21，23　D. 27，30

20. -1，1，2，3，5，5，15，（ ）

A. 75　B. 16　C. 9　D. 7

五、图形推理

【北森图形推理能力测验】

测验说明

您好！欢迎您参加“北森图形推理能力测验”。这项测验是用于考察应试者工作的基本能力特征及水平。本测验共 20 道试题，时限为 20 分钟，不能延时作答。

请仔细阅读下面注意事项，这对准确反映您的能力特征是非常重要的。

1. 这项测验的试题均为选择题，每一题目只有一个最为正确或合理的答案。

2. 时限到后，您应立即停止答题。

3. 在测验中，对您来说，可能有一些题目是很容易的，也有一些题目是很难的。因此，您不必在特别难的题目上花很多时间。答错题目不倒扣分。

4. 特别提醒：在答卷纸上涂写答案时一定要对准题号。

试题示例：

请按照每道题目的要求，从给定的选项中选出最符合题目要求的一个。

【例题】

下面 4 个选项中，哪个可以延续 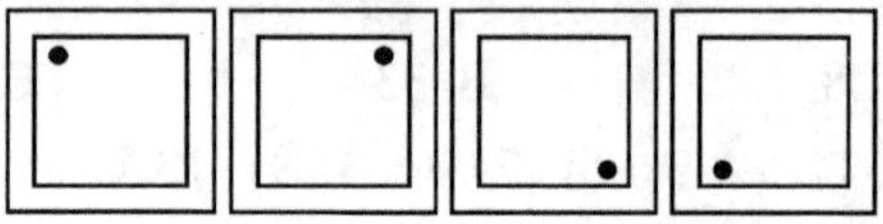 的图片序列：(　　)

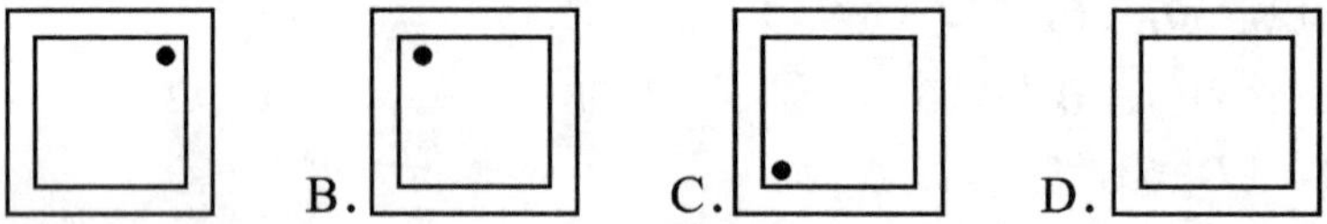

A.　　B.　　C.　　D.

【解答】

正确答案是 B。题干中的黑点在正方形中顺时针移动。在接下来的第 5 个图形中，应该正好移动到左上角。

1. 如果 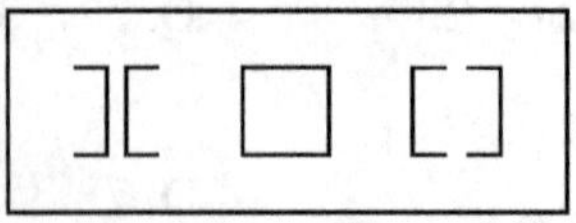，那么 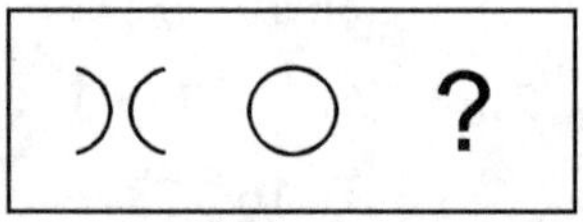，问号处应当是：(　　)

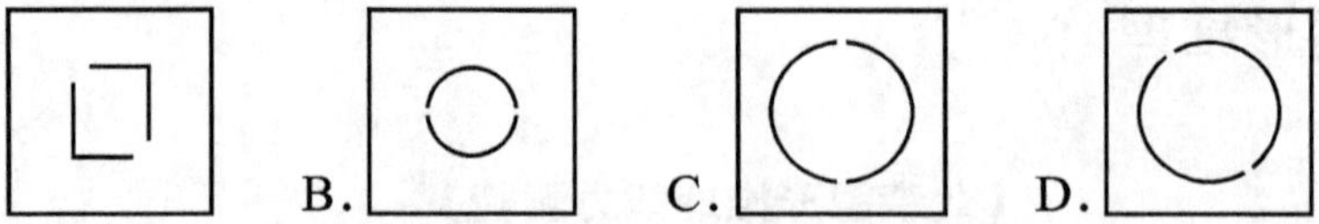

A.　　B.　　C.　　D.

2. 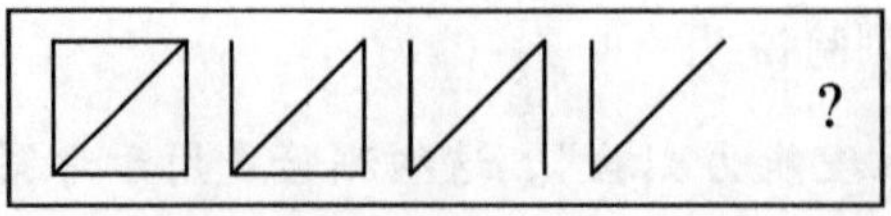 问号处的图片应该是：(　　)

A. B.  C.  D. 

3. 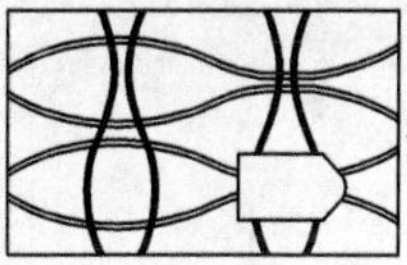 空缺处的图形应当是：（　　）

A. 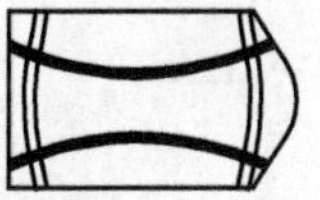 B.  C. 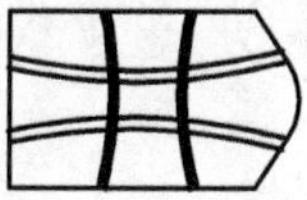 D. 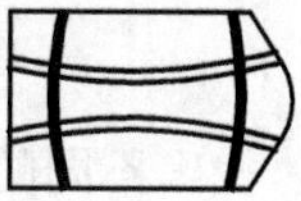

4. 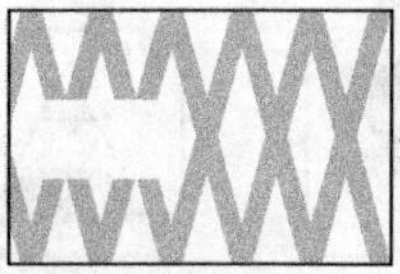 空缺处的图片应该是：（　　）

A.  B.  C.  D. 

5. 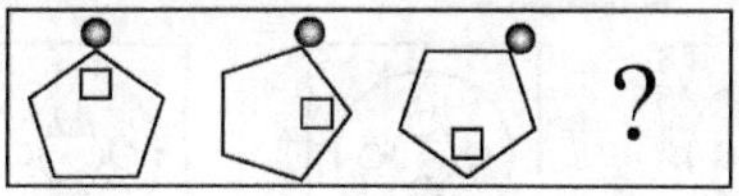 问号处的图片应该是：（　　）

A. 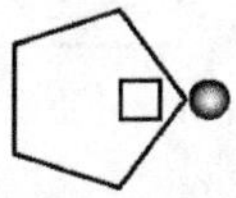 B. 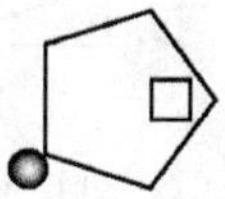 C. 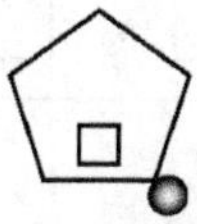 D. 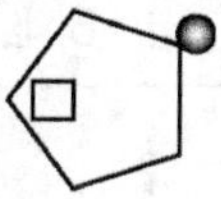

6. 如果 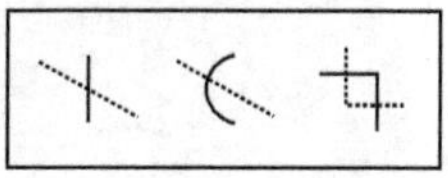，那么 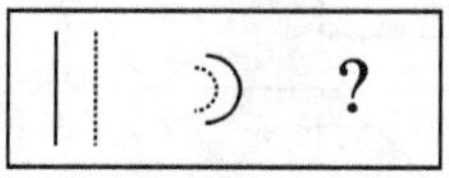，问号处应当是：（　　）

A. 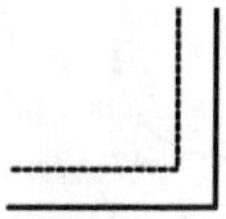 B.  C.  D. 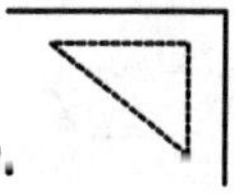

7. 下列哪一个图形是特殊的？（　　）

A.  B.  C.  D.  E. 

8. 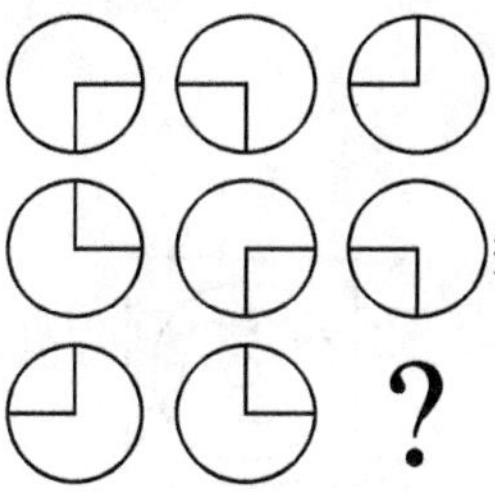 空缺处的图片应该是：（　　）

A. 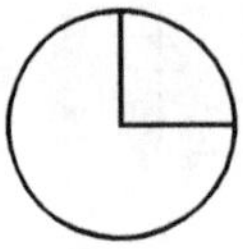 B. 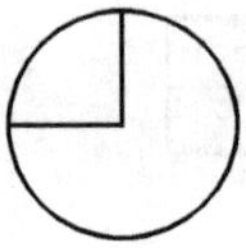 C. 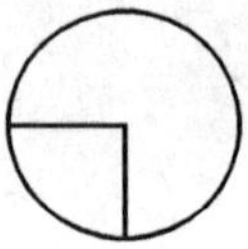 D. 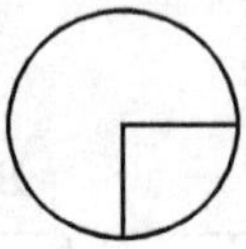

9. 找出不同的一项：（　　）

A. 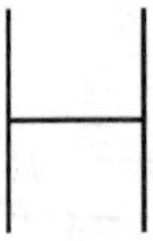 B.  C.  D.  E. 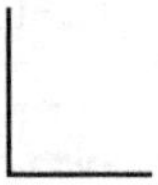

10. 找出不同的一项：（　　）

A.  B.  C.  D.  E. 

11. 如果 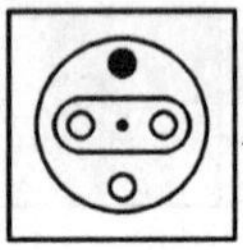 对应 ，那么  对应：（　　）

A.  B.  C. 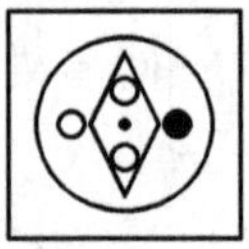 D. 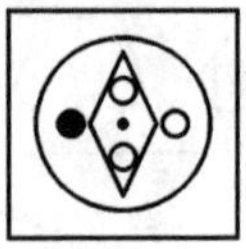 E. 

12. 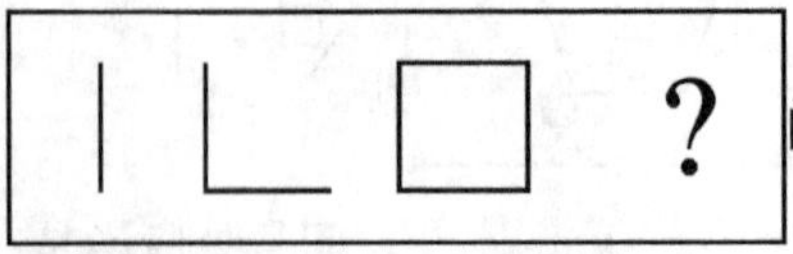

问号处的图形应当是：（　　）

A. 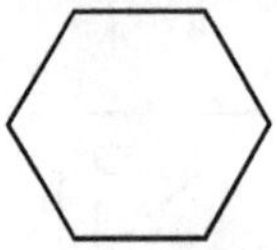 B. 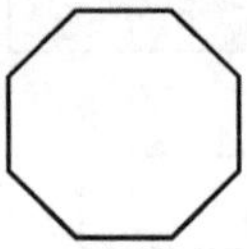 C. 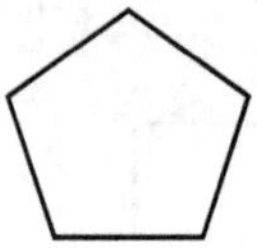 D. 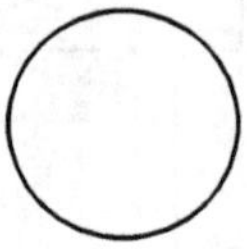

13. 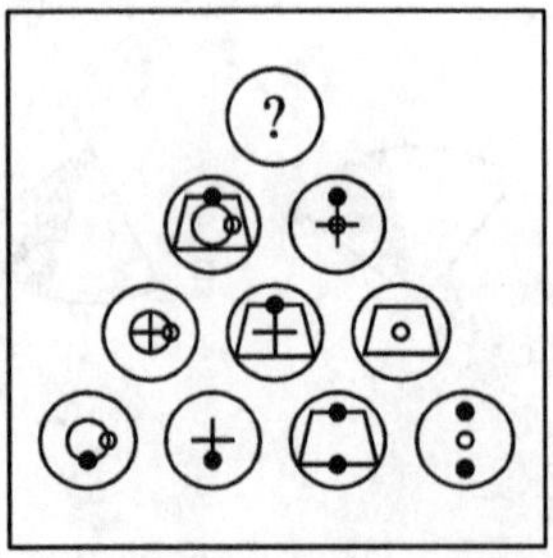

，问号处的图形应该是：（　　）

A. 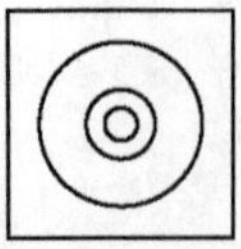 B. 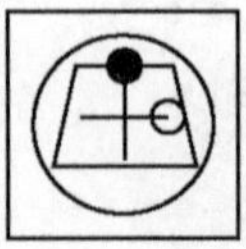 C. 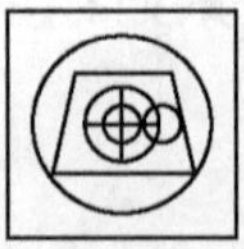 D. 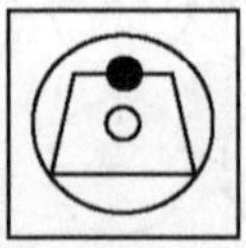

14. 如果 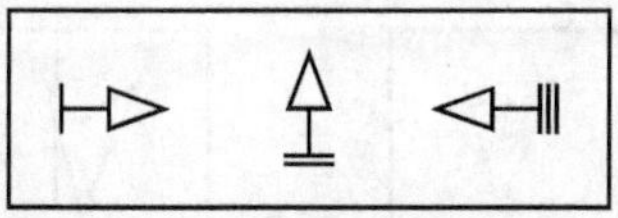，那么 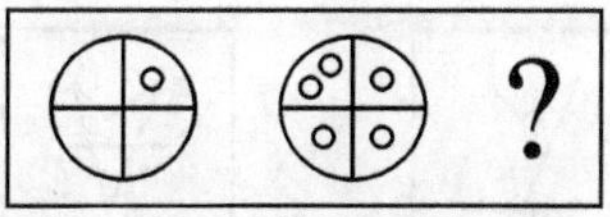，问号处应当是：（　　）

A. 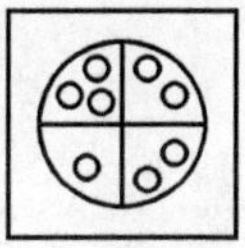 B. 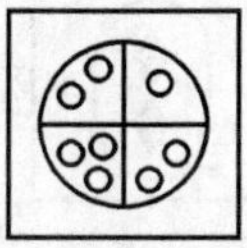 C. 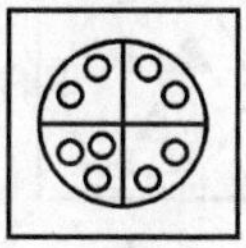 D. 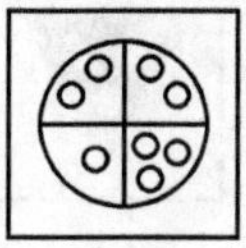

15. 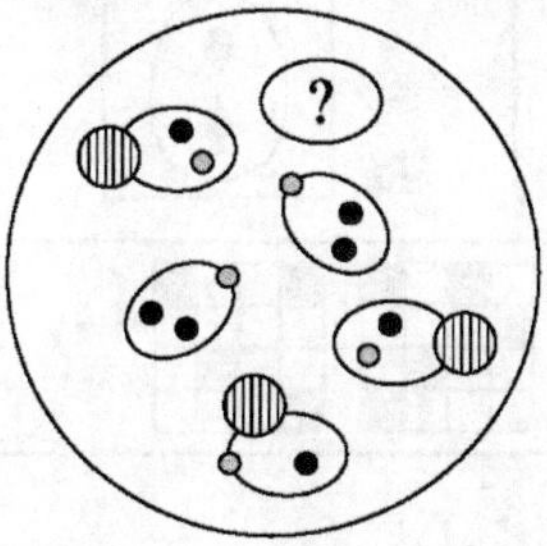 问号处的图形应当是：（　　）

A. 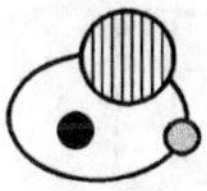 B.  C.  D. 

16. 如果 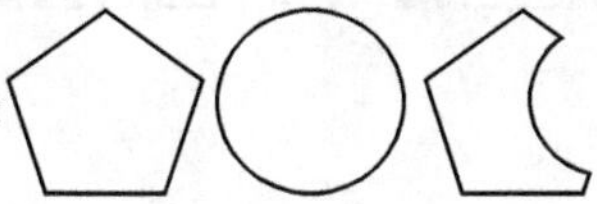，则 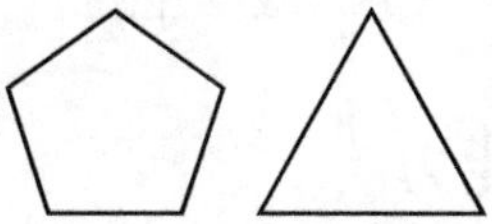 ?，问号处应当是：（　　）

A.  B. 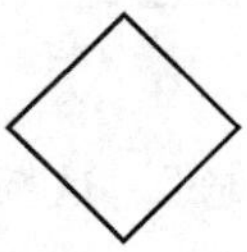 C.  D. 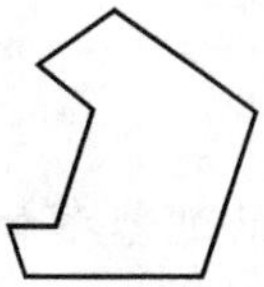

17. 如果 ，那么 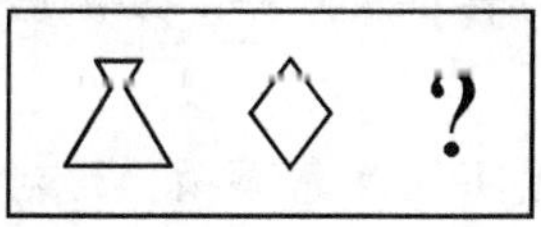，问号处应当是：（　　）

A. 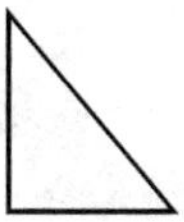 B.  C. 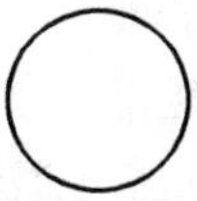 D. 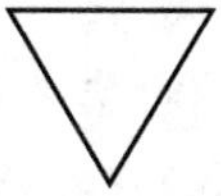

18. 如果 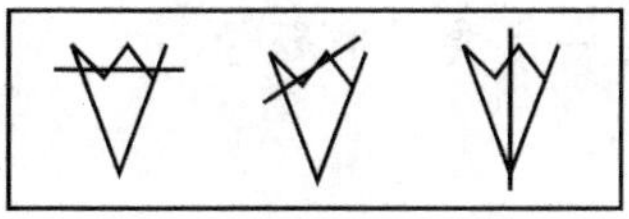，那么 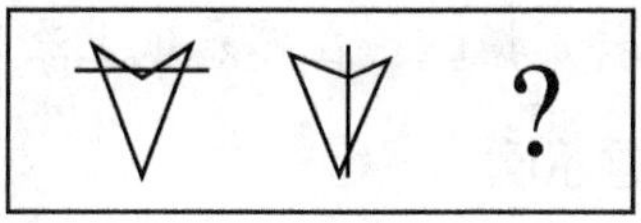，问号处应当是：（　　）

A.  B.  C.  D. 

19. 如果  对应 ，那么  对应：(　　)

A.  B.  C.  D. 

20. 如果 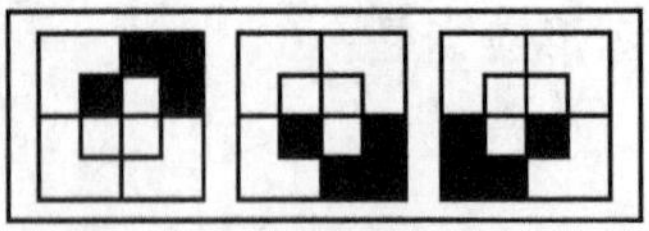，那么 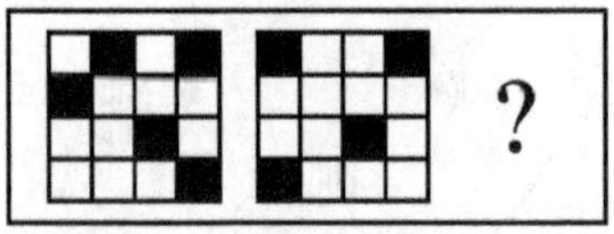，问号处应当是：(　　)

A.  B.  C.  D. 

六、空间能力

【北森空间知觉能力测验】

测验说明

您好！欢迎您参加“北森空间知觉能力测验”。这项测验是用于考察应试者工作的基本能力特征及水平。本测验共 20 道试题，时限为 20 分钟，不能延时作答。

请仔细阅读下面注意事项，这对准确反映您的能力特征是非常重要的。

1. 这项测验的试题均为选择题，每一题目只有一个最为正确或合理的答案。

2. 时限到后，您应立即停止答题。

3. 在测验中，对您来说，可能有一些题目是很容易的，也有一些题目是很难的。因此，您不必在特别难的题目上花很多时间。答错题目不倒扣分。

4. 特别提醒：在答卷纸上涂写答案时一定要对准题号。

试题示例：

请按照每道题目的要求，从所给定的选项中选出最符合题目要求的一个。

【例题】

以下图形中有三个是同一个图形旋转得到的，有一个不是，这个图形是哪个？（　　）

A. 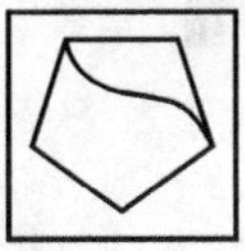 B. 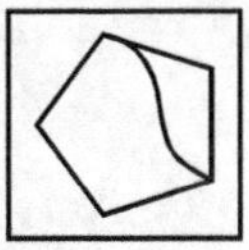 C.  D. 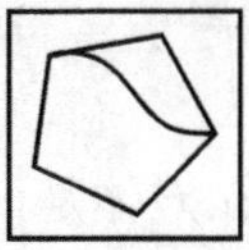

【解答】

正确答案为 A。因为只有图形 A 五边形中的曲线与其他图形的模式不同。事实上，图形 A 是其他图形的镜像。

1. 站在 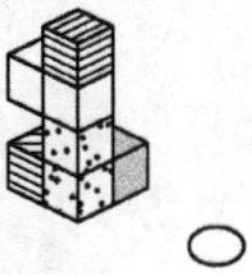 中圆圈标注的位置，看到的积木是什么样子的？（　　）

A. 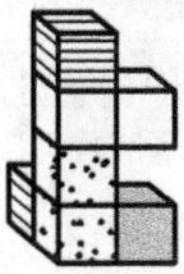 B. 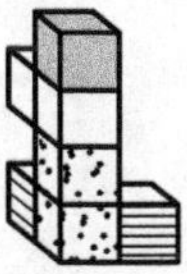 C. 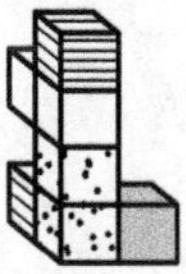 D. 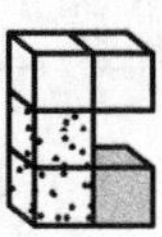

2. 以下图形中有两对是两两相同的，剩下的是哪个？（　　）

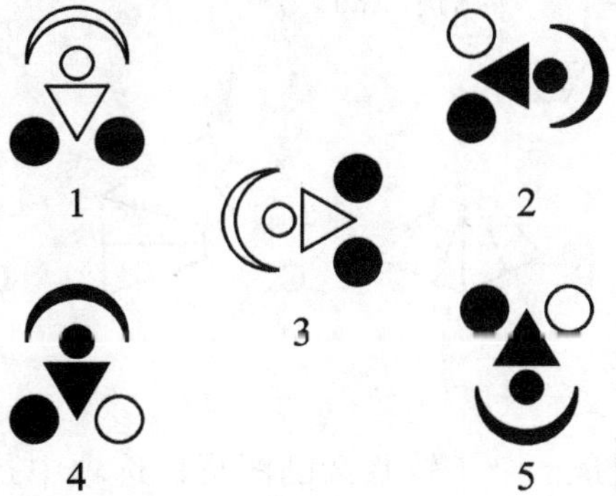

A. 2　　B. 3　　C. 4　　D. 5

3. 现对“点对称图形”做如下定义：以某点为中心旋转 180 度后与原来完全重合的图形，那么哪个图形是点对称？（　　）

A.  B.  C. 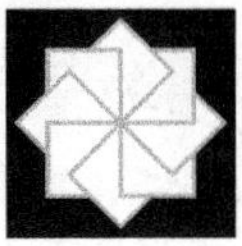 D. 

4. 下面哪个图能和  拼成一个正方形？（ ）

A.  B.  C.  D. 

5. 哪个立方体是 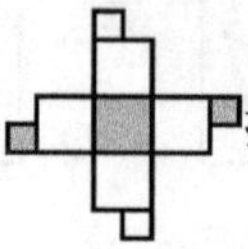 折成的？（ ）

A. 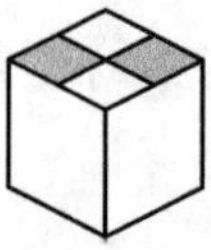 B. 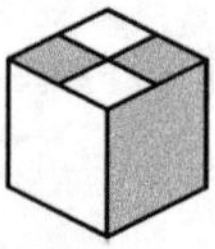 C. 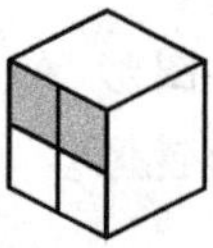 D. 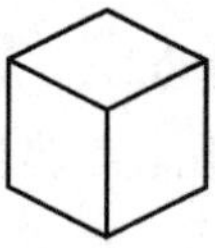

6. 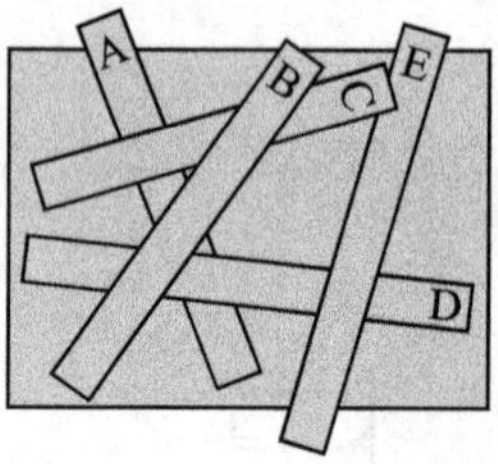

中哪块板在最下面？（ ）

A. A B. B C. C D. D

7. 哪个图形是 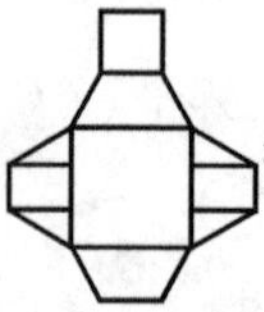 折成的？（ ）

A. 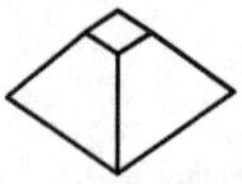 B. 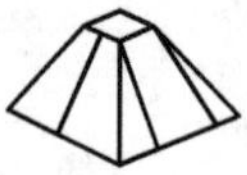 C. 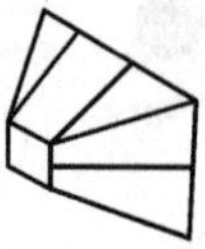 D. 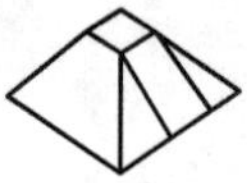

8.  是一个比较复杂的图形，选项中是一些简单图形，请找出这个复杂图形中隐藏着的简单图形（方向相同）。（ ）

A. 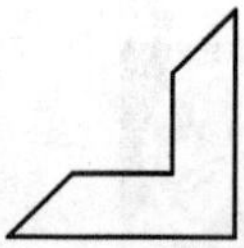 B.  C. 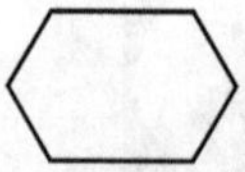 D. 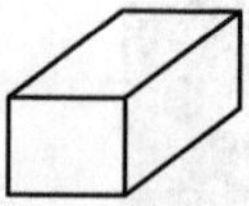

9. 哪些可以由 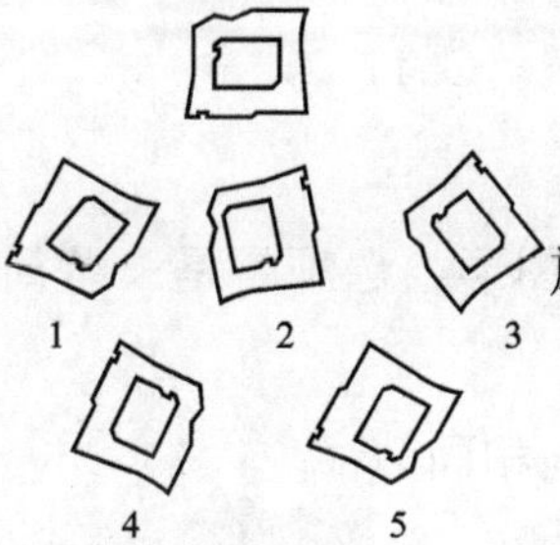 旋转或对称翻转得到？（　　）

A. 3，4　　B. 2，5　　C. 1，2，5　　D. 均可

10. 你面朝北站立，向右转，然后向左转，再向右转，再连续左转三次，这时你面朝哪个方向？（　　）

A. 东　　B. 南　　C. 西　　D. 北

11. 选项中的哪个是 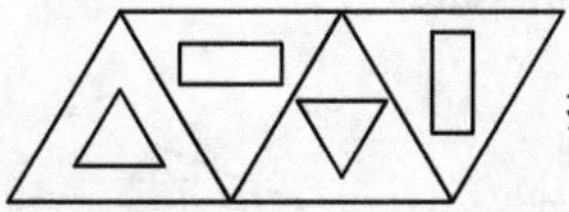 折成的？（　　）

A. 　　B. 　　C. 　　D. 

12. 以下图形中有两对是两两相同的，剩下的是哪个？（　　）

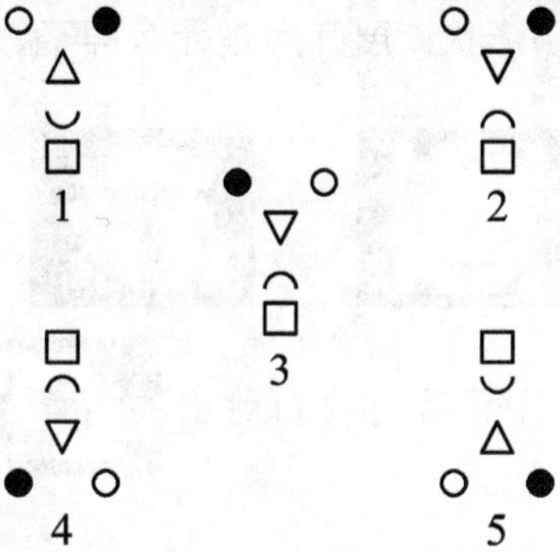

A. 1　　B. 2　　C. 4　　D. 5

13. 哪些可以由  旋转或对称翻转得到？（　　）

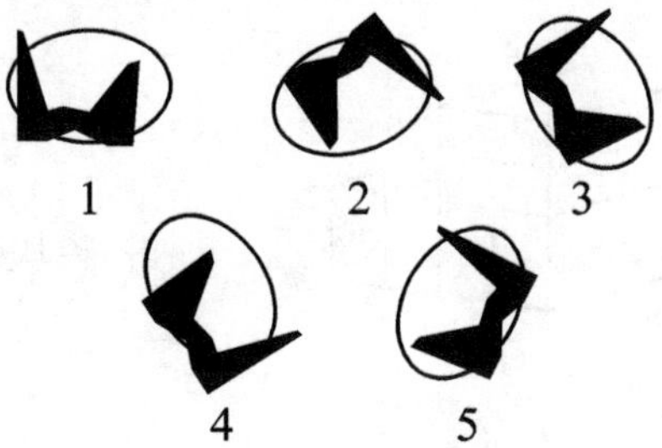

A. 5　　B. 4，5　　C. 1，2，3　　D. 1，3，5

14.  是一个比较复杂的图形，选项中是一些简单图形，请找出这个复杂图形中隐藏着的简单图形（方向相同）。（　　）

A. 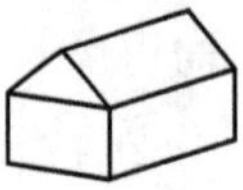　B. 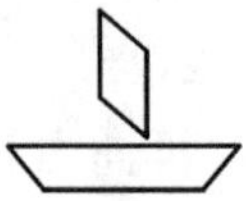　C. 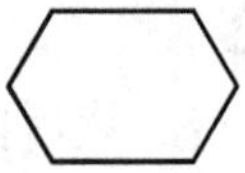　D. 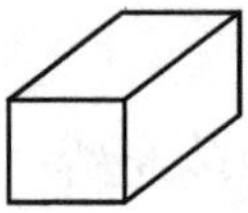

15. 哪个图形是 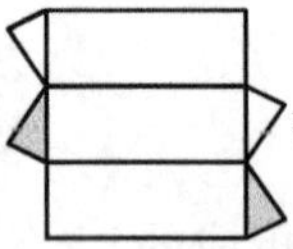 折成的？（　　）

A. 　B. 　C. 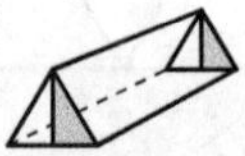　D. 

16. 将正方形纸按照  折叠，折叠好后用剪刀剪出  形状，展开后是什么样子？（　　）

A. 　B. 　C. 　D. 

17. 按上题折叠，折叠好后用剪刀剪出  形状，展开后是什么样子？（　　）

A. 　B. 　C. 　D. 

18. 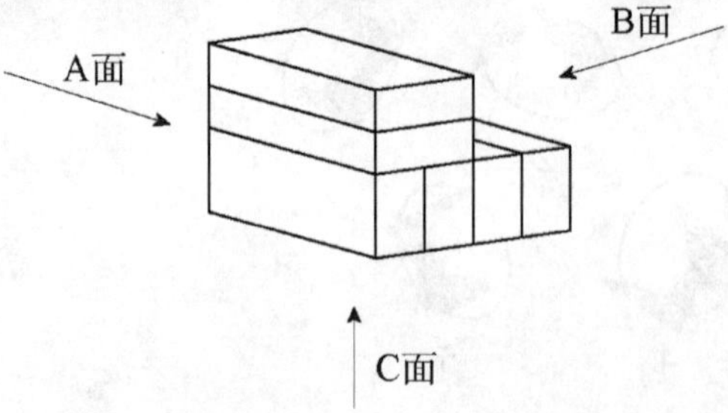

中砖块的大小和形状都完全相

同，你能看到这堆砖块的三个侧面，但是另外的三个侧面隐藏在你的视线之外，请想象从B面看是什么样子的？（　　）

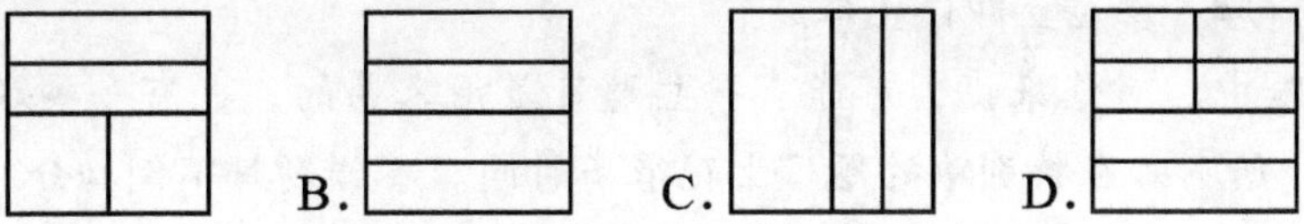

A.　B.　C.　D.

19. 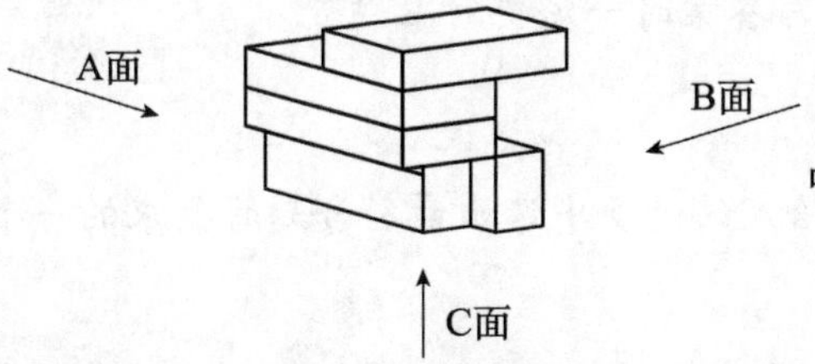

中砖块的大小和形状都完全相同，你能看到这堆砖块的三个侧面，但是另外的三个侧面隐藏在你的视线之外，请想象从C面看是什么样子的？（　　）

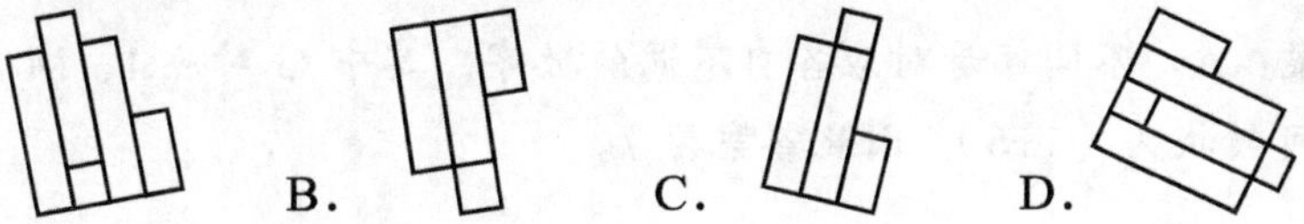

A.　B.　C.　D.

20. 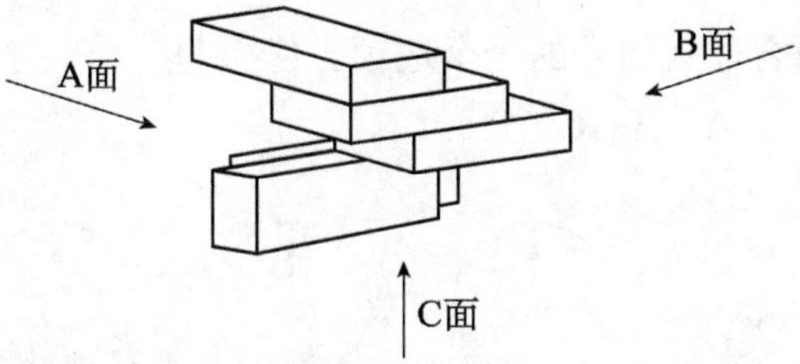

中砖块的大小和形状都完全相同，你能看到这堆砖块的三个侧面，但是另外的三个侧面隐藏在你的视线之外，请想象从B面看是什么样子的？（　　）

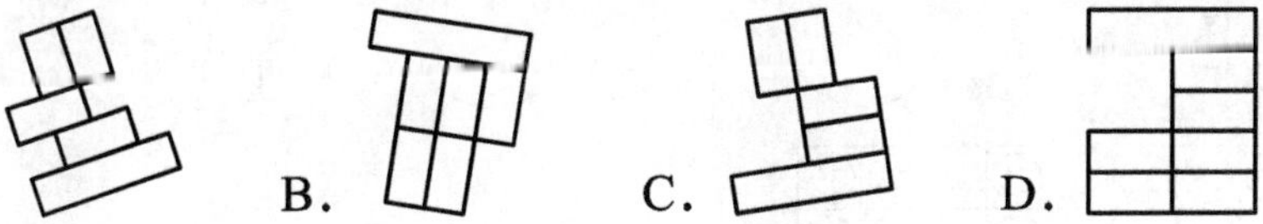

A.　B.　C.　D.

七、抽象推理

【北森抽象推理能力测验】

测验说明

您好！欢迎您参加“北森抽象推理能力测验”。这项测验是用于考察应试者工作的基本能力特征及水平。本测验共20道试题，时限为20分钟，不能延时作答。

请仔细阅读下面注意事项，这对准确反映您的能力特征是非常重要的。

1. 这项测验的试题均为选择题，每一题目只有一个最为正确或合理的答案。

2. 时限到后，您应立即停止答题。

3. 在测验中，对您来说，可能有一些题目是很容易的，也有一些题目是很难的。因此，您不必在特别难的题目上花很多时间。答错题目不倒扣分。

4. 特别提醒：在答卷纸上涂写答案时一定要对准题号。

试题示例：

请认真阅读每道题目，并从给定的选项中选出最符合题目要求的一个。

【例题】

G=1，M=6，则 G+M=（　　）

A. 7　　B. 5　　C. 6　　D. 1

【解答】

正确答案：A。不同字母对应各自不同的数字，其中 G 对应 1，M 对应 6，则（G+M）可转换为（1+6），因此答案为 7。

1. 从下列选项中选出最适合取代问号的一个选项。（　　）

A　B　C　D　?

A. E　　B. F　　C. C　　D. A

2. 哪项是 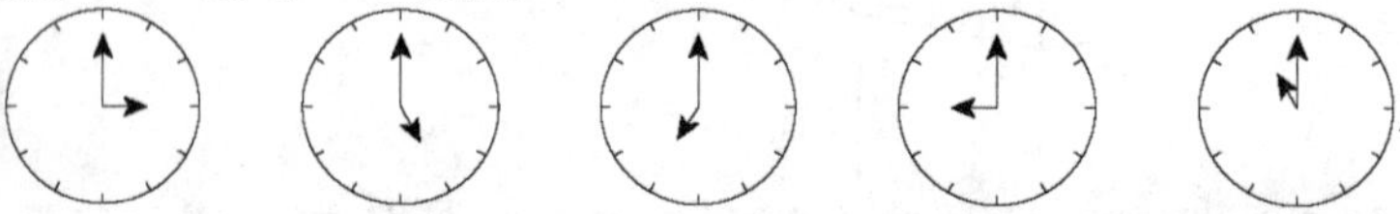 系列钟表的延续？（　　）

A. 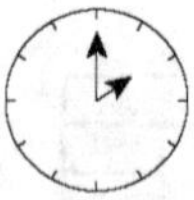　B. 　C. 　D. 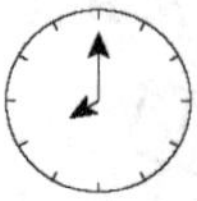

3. 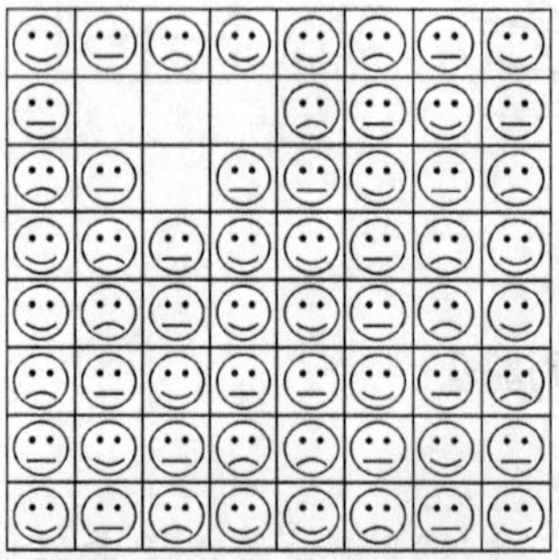 中的这些表情是按照一定的逻辑顺序排列的。

应该在表格的空白处填入哪组表情呢？（　　）

A.  B.  C. 

4. 当 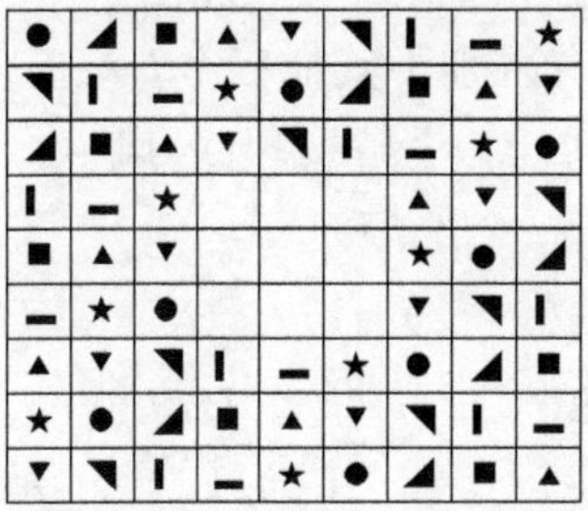 被填满时，要保证不论是从横排看或是纵行看每种图形都只出现一次，那么应该把哪组图形填入空白处？（　　）

A. 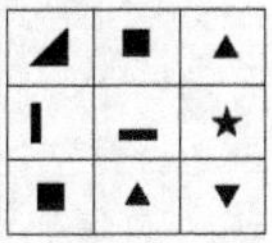 B. 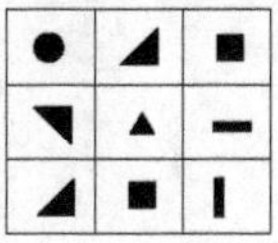 C. 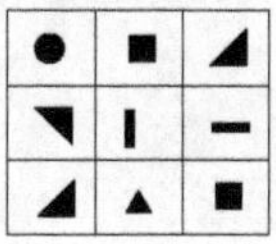 D. 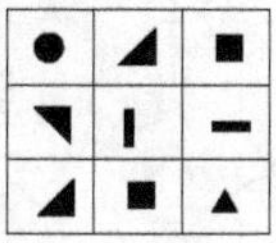

5. 请将数字（这些数字全部小于 10）填入△○□中，以保证跷跷板的平衡。然后请计算出应该用 A 还是 B 还是 C 来代替跷跷板上的问号。（　　）

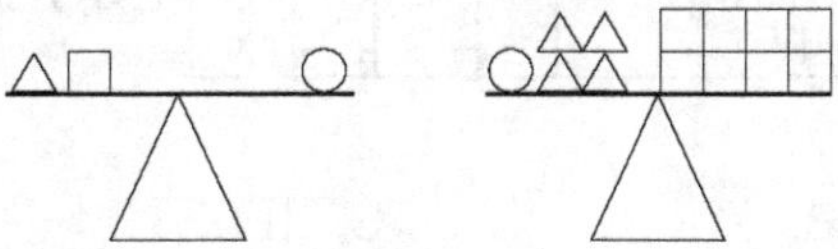

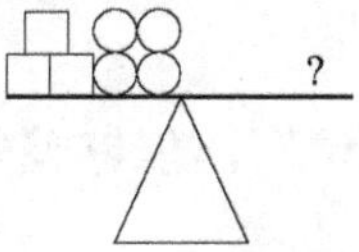

A. 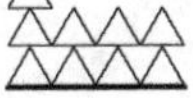 B. 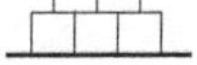 C. 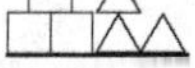

6. 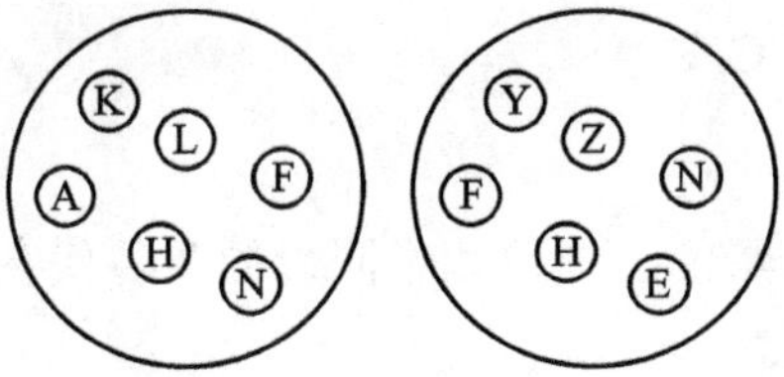

中哪个字母是特殊的？（　　）

A. A　　B. H　　C. L　　D. F

7. ↔ ♣ ◆ & * ↔对应◆ & * ♣ ◆ * ↔就像 RATHER 对应：（　　）

A. THEATRE　　B. THEATER　　C. REATHER　　D. REATHRE

8. 选出最适合取代问号的一个图形，使 T L V N H ? 这两套图形表现出最大的相似性。（　　）

A. A　　B. M　　C. I　　D. E

9. 以下的四个文字中，你认为哪一个最有区别于其他三个？（　　）

A. 区　　B. 五　　C. 口　　D. 风

10. 从下列选项中选出最适合取代问号的一个选项。

P N K ?（　　）

A. G　　B. H　　C. B　　D. F

11. 从列出的四个图形中选出合适的填入问号处：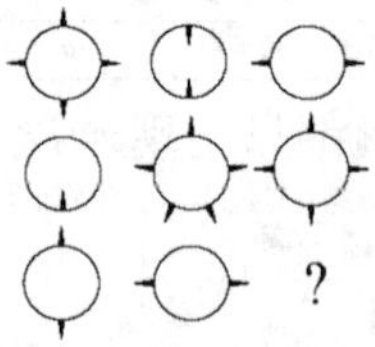（　　）

A. 
B. 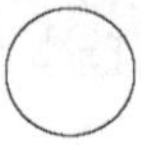
C. 
D. 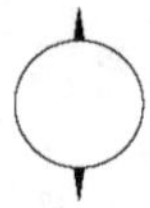

12. 如

1	2	3	4	5	6	7	8	9	10
I		III	IV	V			VIII		X

所示，1~9 诸数各有一个规定的符号。II+IX=（　　）

A. IXII　　B. XI　　C. IIIX　　D. IIX

13. 依据

$D+M=R$

$X-N=C$

$(K+R)\div R=T$

$(B\times W)+E=Y$

$R\times N\times A=H+X$

请写出能够使等式 $(X\div G)+F-K=?$ 成立的一个字母。（　　）

A. A　　B. N　　C. P　　D. H

14. 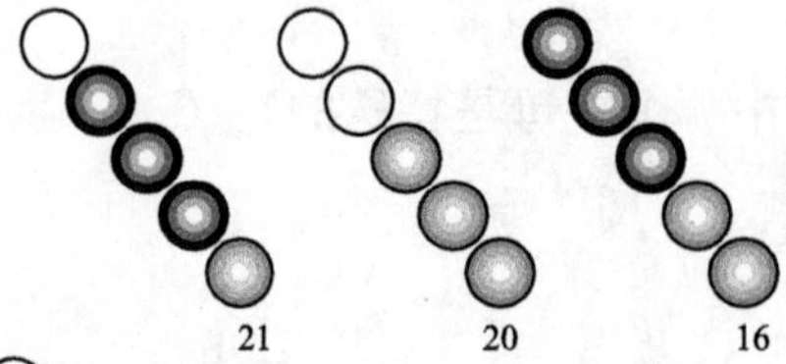

黑色、白色和带阴影的圆各代表不同的数值。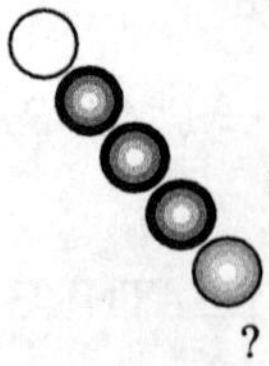

中这组圆的值是多少？（　　）

A. 12　　B. 17　　C. 20　　D. 22

15.

C	C	A	D	=22
C	D	D	A	=20
A	A	D	D	=32
C	B	B	A	=30
‖ 24	‖ 25	‖ 23	‖ 32	

中C代表数值为（　　）

A. 1　　B. 2　　C. 3　　D. 4

16. 天文学家向外太空发送出如

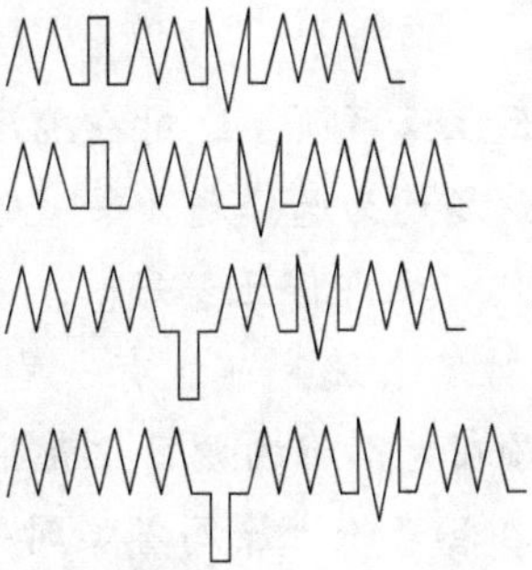

所示的符合数学规则的信号，你能破译这些信息吗？第二组信号代表（　　）

A. 2+3=5　　B. 2+3-1　　C. 3+2-1　　D. 2=5-3

17. 如

1	2	3	4	5	6	7	8	9
（	=	/	×	\	+	－	）	

所示，1～9 诸数各有一个规定的符号。请据此回答×对应的是（　　）

A. 3　　B. 4　　C. 1　　D. 5　　E. 6

18. 选出最适合取代问号的一个选项。（　　）

（　/　\　－　?

A. ÷　　B. +　　C. －　　D. \

19. 选出最适合取代问号的一个选项。（　　）

（　=　×　?

A. ）　　B. \　　C. －　　D. ×

20. 如

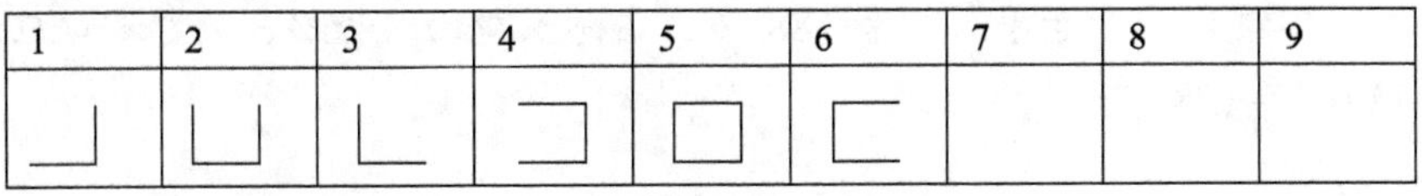

所示，1~9 诸数各有一个规定的符号。请据此回答 7 对应（　　）

A. 　　B. 　　C. 　　D. 

八、资料分析

【北森资料分析能力测验】

测验说明

您好！欢迎您参加“北森资料分析能力测验”。这项测验是用于考察应试者工作的基本能力特征及水平。本测验共 20 道试题，时限为 20 分钟，不能延时作答。

请仔细阅读下面注意事项，这对准确反映您的能力特征是非常重要的。

1. 这项测验的试题均为选择题，每一题目只有一个最为正确或合理的答案。

2. 时限到后，您应立即停止答题。

3. 在测验中，对您来说，可能有一些题目是很容易的，也有一些题目是很难的。因此，您不必在特别难的题目上花很多时间。答错题目不倒扣分。

4. 特别提醒：在答卷纸上涂写答案时一定要对准题号。

试题示例：

本部分测试将呈现一些文字或图表材料，针对每一段文字或每一个图表可能有 3~4 个问题。请根据给定的材料回答题目，选出最恰当的答案。解答问题时可能需要进行简单的计算。

【例题】

请根据如下材料回答问题：

目前，北京市 60 岁以上的老年人口已达 188 万，占总人口的 14.6%。据预测，到 2025 年，全市老年人口将达到 416 万，占总人口的 30%。目前全市养老床位达到 3 万张。

第 1 题：目前，北京市的总人口为多少？

A.188 万 B. 1288 万 C. 1175 万 D. 1346 万

【解答】

答案为 B，老年人口为 188 万，占总人口的 14.6%，故总人口应该为 188 万/14.6%＝1288 万。

2001 年 1 季度，我国国民经济运行相对平稳，一季度国内生产总值为 19 895 亿元，同比增长 8.1%，其中第二产业增加值为 10 972 亿元，同比增长 9.5%，工业企业利润大幅度增大，1~2 月盈亏相抵后利润总额高达 483 亿元，同比增长 45.8%，国有及国有控股亏损企业亏损额下降 18.6%，减亏幅度加大 16.6 个百分点，一季度国内财政收入完成3682亿元，同比增长27.9%。

1. 2001年1季度第二产业增加值占国内生产总值的比重为多大？（　　）

A. 55.1%　　B. 55.2%　　C. 47.8%　　D. 51.6%

2. 2000年1~2月工业企业的利润是多少亿元？（　　）

A. 331.3　　B. 312.7　　C. 359.6　　D. 332.1

3. 2000年1季度第二产业增加值为多少亿元？（　　）

A. 10 972　　B. 10 020　　C. 952　　D. 9870

自1981年至1985年，来中国大陆访问的人数增加得很快。例如，自1981年至1985年，各年度入境访问和旅游的总人数依次为780万、790万、950万、1290万、1780万。其中中国港澳台居民来访人数各年度依次为710万、720万、860万、1170万、1640万。其他来访者主要是西方国家的旅游者。来中国大陆访问者的增加带来了外汇收入的增加。自1981年至1985年，各年旅游依次为7. 9亿美元、8亿美元、9亿美元、11亿美元、13亿美元。

4. 1985年与1981年相比，来中国大陆访问者人数增加了多少？（　　）

A. 12.8%　　B. 128%　　C. 56%　　D. 228%

5. 西方国家旅游者来中国大陆人数增加得最多的是哪一年？（　　）

A. 1982　　B. 1983　　C. 1984　　D. 1985

根据下面的统计表回答问题：

产品计划完成情况统计表　　（单位：吨）

产品名称	产量		产值		
	计划	实际	计划	实际	实际（扣除超产部分）
氢氧化铝	150	150	150 000	150 000	150 000
普通铝锭	100	80	50 000	40 000	40 000
拉丝铝	200	250	400 000	500 000	400 000
稀土铝	550	400	220 000	160 000	160 000
电工铝	—	150	—	150 000	—

6. 实际产量最大的是哪种产品？（　　）

A. 电工铝　　B. 普通铝锭　　C. 拉丝铝　　D. 稀土铝

7. 计划产量与实际产量差异最大的是哪种产品？（　　）

A. 普通铝锭　　B. 稀土铝　　C. 电工铝　　D. 拉丝铝

8. 计划产值与实际产值差异最大的是哪种产品？（　　）

A. 稀土铝　　B. 拉丝铝　　C. 普通铝锭　　D. 电工铝

根据下表，回答问题：

某园 2000 年乡镇企业产品出口行业分类　　（单位：亿元）

行业	全部产值	出口值	出口占全部产值比重（%）
轻工	322.05	28.72	8.92
食品	267.71	27.13	10.13
纺织	462.99	55.92	12.08
服装	102.08	30.17	29.56
工艺品	58.88	37.92	64.40
化工	390.44	15.05	3.90
机械	847.04	11.23	1.33

9. 2000 年食品行业出口值比化工行业出口值高（　　）

A. 27.13 亿元　B. 12.08 亿元　C. 54.37 亿元　D. 10.07 亿元

10. 2000 年乡镇中，产值最高的行业为（　　）

A. 轻工　B. 食品　C. 机械　D. 化工

11. 该年出口值最高的行业是（　　）

A. 纺织　B. 服装　C. 工艺品　D. 轻工

12. 2000 年乡镇企业中，出口值占全部行业产值一半以上的行业为（　）

A. 纺织　B. 服装　C. 机械　D. 工艺品

根据下面的表格资料回答问题：

2000~2004 年某国主要商品出口量统计　　（单位：吨）

品种 \ 年份	2000	2001	2002	2003	2004
鱼类	16 855	18 536	18 252	19 462	17 779
玉米	488	420	158 753	3 128	24 078
小麦及面粉	11 049	8 845	1 793	345	38
园艺产品	93 918	1 193 230	262 931	346 136	274 833
糖	13 343	16 436	18 815	20 519	23 971
咖啡	86 982	63 608	49 479	58 650	50 069

13. 在 2002 年主要商品的出口量中园艺产品的出口量所占的比重为（　　）

A. 0.48　B. 0.516　C. 0.526　D. 0.292

14. 该国 2001 年鱼类的出口量相对于 2000 年的出口量的增长率是（　　）

A. 10%　B. 8.6%　C. 9.58%　D. 11.2%

根据下列统计图回答问题：

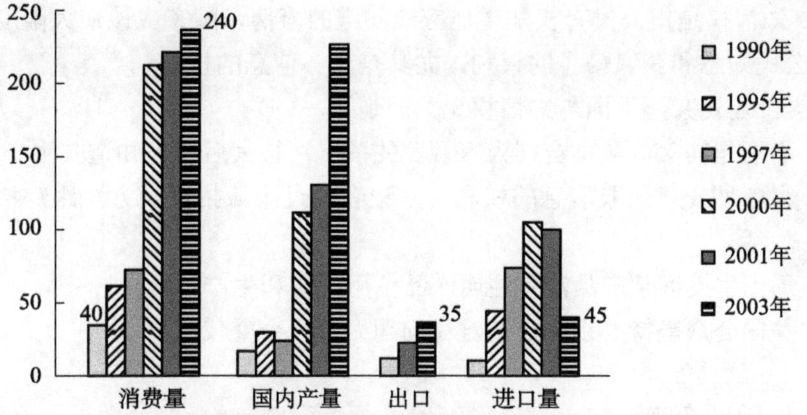

1990~2003年我国铜版纸市场总体走势（万吨）

15. 2003 年我国铜版纸出口量比进口量少（　　）

A. 51%　　B. 40%　　C. 30%　　D. 22%

16. 1990 年我国铜版纸的消费量是 2003 年的（　　）

A. 0.1　　B. 0.134　　C. 0.25　　D. 0.267

根据下面的曲线回答问题：

某省人口出生死亡率情况

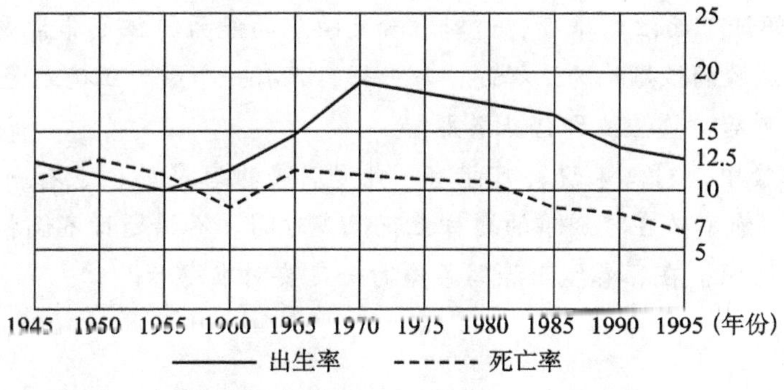

17. 该省人口处于负增长的年份是（　　）

A. 1965 年　　B. 1948~1956 年

C. 1945 年　　D. 1970 年

18. 该省人口出生率在哪一段时间处于增加状态？（　　）

A. 1955~1970 年　　B. 1960~1970 年

C. 1970~1980 年　　D. 1960~1980 年

19. 据该省 1995 年人口自然增长率（出生率减去死亡率）增长了 11 万人，则 1995 年该省有人口（　　）

A. 2000万　　B. 3000万　　C. 4000万　　D. 5000万

20. 知情权是指公民有权知道他应该知道的事情，国家应该最大限度地确认和保障公民知悉和获取信息的权利，尤其是政务信息的权利。

根据上述定义，下面与知情权无关的是（　　）

A. 小丽是其父母从小自别人家领养的孩子，长大后要求知道其生身父母。

B. 为满足公众获取信息的权利，某记者通过隐藏拍摄的方法跟踪拍摄明星生活。

C. 周先生投诉某产品没有注明产品使用说明和生产日期。

D. 美国公众坚持要求政府就难民问题做出一个交代。

九、思维策略

【北森思维策略能力测验】

测验说明

您好！欢迎您参加“北森思维策略能力测验”。这项测验是用于考察应试者工作的基本能力特征及水平。本测验共 20 道试题，时限为 20 分钟，不能延时作答。

请仔细阅读下面注意事项，这对准确反映您的能力特征是非常重要的。

1. 这项测验的试题均为选择题，每一题目只有一个最为正确或合理的答案。
2. 时限到后，您应立即停止答题。
3. 在测验中，对您来说，可能有一些题目是很容易的，也有一些题目是很难的。因此，您不必在特别难的题目上花很多时间。答错题目不倒扣分。
4. 特别提醒：在答卷纸上涂写答案时一定要对准题号。

试题示例：

请认真阅读每道题目，并从给定的选项中选出最符合题目要求的一个。

【例题】

将一张正方形的纸对折一次后打开，纸被折痕分为 2 部分；同样一张纸对折一次后再对折一次打开，纸被折痕分为 4 部分；请问一张纸如上连续对折 5 次后，纸被折痕分为几部分？

A. 10　　B. 16　　C. 32　　D. 36

【解答】

答案 C，当折一次时，折痕数为 2 的 1 次方，折 2 次的时候，折痕数增加一倍，即为 2 的 2 次方，当折 N 次时，折痕为 2 的 N 次方，所以，对折 5 次时，应该是 2 的 5 次方，故答案为 32。

1. 请问一根固定长度的铁丝围成什么形状的时候面积最大？（　　）

A. 正方形　　B. 圆形　　C. 梯形　　D. 矩形

2. 在一个正六边形的花坛边上种树，要保证正六边形的每条边上正好有三棵树，请问最少种多少树才能满足？（　　）

A. 12　　B. 15　　C. 18　　D. 9

3. 假设你从一本书的第 X 页开始阅读，并且在读完第 A 页后停止，那么你一共阅读了多少页？（　　）

A. A−X　　B. X−A　　C. A−X＋1　　D. A−X−1

4. 一个正方形池塘的边长为 8 米，现因故要将池塘的面积缩小。缩小后的池塘仍为正方形，且原四边的中点变为新正方形的四个顶点。请问缩小后的池塘的面积为原来池塘面积的几分之一？

A. 1/2　　B. 1/4　　C. 1/6　　D. 1/8

5. 如图 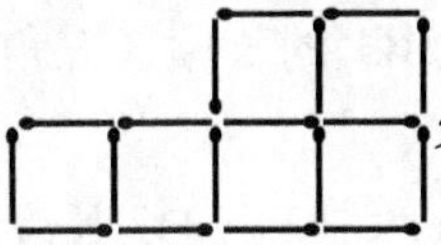 火柴棍拼成 6 个正方形，最少移除几根可以使其变成 5 个正方形？（　　）

A. 5　　B. 2　　C. 3　　D. 4

6. 工人为矿主工作 7 天，矿主准备的工资是一根金条，金条平分成相连的 7 段。矿主必须在每天结束时给工人 1 段金条做报酬。如果只许把金条切成三部分，请问以哪种比例切割才能满足上述条件？（　　）

A. 1∶2∶4　　B. 1∶3∶3　　C. 1∶1∶5　　D. 2∶2∶3

7. 一小时后到午夜 12 点的时间是两小时后到午夜 12 点的时间的两倍，现在是几点？（　　）

A. 16∶00　　B. 20∶00　　C. 21∶00　　D. 22∶00

8. 花园里有紫色、红色和黄色的花，无论何时摘下三朵花，至少有一朵是红色的，一朵是紫色的，请问花园里有几朵花？（　　）

A. 3 朵　　B. 4 朵　　C. 6 朵　　D. 总数不确定

9. 一个长方体形状的盒子长、宽、高分别为 20 厘米、8 厘米和 2 厘米，现在要用一张纸将其六个面完全包裹起来，不得剪裁或粘贴，请问这张纸的尺寸可能是下列哪一个？（　　）

A. 长 25 厘米、宽 18 厘米

B. 长 26 厘米、宽 19 厘米

C. 长 23 厘米、宽 21 厘米

D. 长 18 厘米、宽 27 厘米

10. 在两张纸的中间夹上一张单面复写纸，然后，把这叠纸上下对折，将下半部折向后面。如果在第一张纸的上半部分写下你的名字，那么，你的名字将会复写在第几张纸上？（　　）

A. 第一张纸　　B. 第二张纸　　C. 两张都有　　D. 两张都没有

11. 栽树时，要使树木构成 5 条直线，并且每条线上有 4 棵树，至少要栽多少棵树？（　　）

A. 12　　B. 10　　C. 16　　D. 20

12. 把一个大三角形分割为面积相等的 4 个三角形 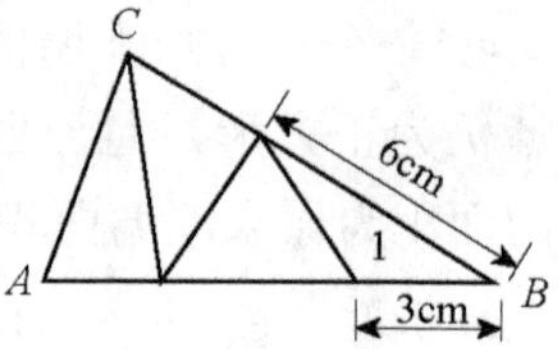

，三角形 1 的两边长分别为 3 厘米和 6 厘米，求 BC 的长度（三角形面积＝1/2(底×高)）（　　）

A. 8　　B. 8.5　　C. 9　　D. 长度不定

13. 现有一盒 6 盘装的蚊香，平均一盘蚊香可以燃烧半个小时。请问如果只能用以点燃蚊香的方法来测量 45 分钟，至少要用掉几盘蚊香？（　　）

A. 1 盘　　B. 1 盘半　　C. 2 盘　　D. 2 盘半

14. 如 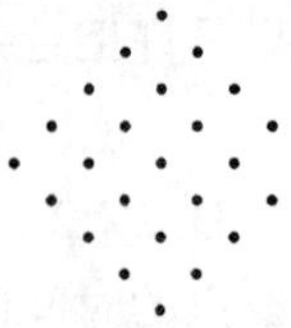 所示，25 个点整齐排列，连接其中一些点可以画出正方形。那么，共有多少种面积不等的正方形？（　　）

A. 4　　B. 5　　C. 6　　D. 7

15. 两个人以相反方向站立，如果要他们互相能看到对方，最少需要几面镜子？（　　）

A. 0　　B. 1　　C. 2　　D. 4

第七章

个人特质测验

第一节　16PF 测验

一、理论基础

心理学认为人格是稳定的、习惯化的思维方式和行为风格，它贯穿于人的整个心理，是人的独特性的整体写照。人格测验是用以测量不同情境中个人典型行为表现的一类心理测量工具的总称。所谓个人典型行为表现，是指一个人在一定条件下经常表现出来的习惯性行为、反应与情感，以及所形成并表现的相对稳定的个性特征和兴趣、态度、价值观、意见等。特质是决定个体行为的基本特性，是人格的有效组成元素，也是测评人格所常用的基本单位。

卡特尔（R. B. Cattell）的人格特质理论模型分为四层，如图 7-1 所示。

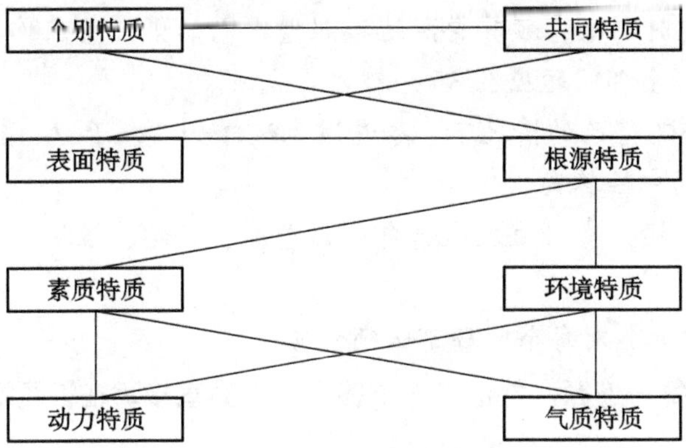

图 7-1　卡特尔人格特质理论模型

卡特尔认为，人的行为之所以具有一致性和规律性，就是因为每一个人都有根源特质。为了测量这些根源特质，他首先从各种字典和有关心理学、精神病学的文献中找出约 4500 个用来描述人类行为的词汇，从中选定 171 项特质名称，让大学生应用这些名称对学生进行行为评定，1949 年，卡特尔用因素分析法提出了 16 种相互独立的根源特质，从而编制了 16PF 测验。他认为，每个人身上都具备 16 种特质，只是在不同的人身上的表现有程度上的差异。

二、北森 16PF 测验概述

北森 16PF 测验是根据卡特尔的人格特质理论编制而成的，题目数量为 181 道题。在 25～30 分钟可以完成。测验采用“迫选”的方式，从三个备选答案中选出最符合自己的一个选项。

采用标准+计分方式，标准+公式的标准差为 2，平均数为 5.5。其中 1～3 分为低分，4～7 分为中等分数，8～10 分为高分。

三、北森 16PF 测验内容

测验说明

本测验包括一些有关个人性格与态度的问题。本问卷中的所有问题都是取自人们的日常生活，您的回答只是表明您通常是如何看待和处理事物的。每个人都有自己的看法，对问题的回答自然不同，所有的问题都无所谓对与错，更无好坏之分。请试着尽量按照自己真实的情况作答。作答的时候，请注意以下四点：

1. 请不要费时斟酌，顺其自然地按照您个人的第一反应作答。通常每分钟可以做 5、6 题，全部问题应在 35 分钟左右完成。

2. 除非在万不得已的情况下，尽量避免选择如“介于 A 与 C 之间”或者“不确定”这样的中性答案。

3. 作答的时候，请坦白表达您自己的态度、兴趣、性格，不必顾忌到他人的意见或者立场。

4. 请不要遗漏，对每个问题都必须作答。

请仔细阅读每一道题，并选出一个答案，答案直接写在答题纸对应的题号处

1. 我了解本测验的说明：（　　）
A. 是的　　B. 不一定　　C. 不是的
2. 我对本测验每一小问题都会按自己的实际情况作答：（　　）
A. 是的　　B. 不一定　　C. 不同意
3. “钟表”与“时间”犹如“裁缝”与：（　　）
A. 服装　　B. 剪刀　　C. 布料
4. 我常常怀疑那些过于友善的人动机：（　　）
A. 是的　　B. 介于A与C之间　　C. 不是的
5. 当我看到亲友邻居争执时，我总是：（　　）
A. 任其自己解决　　B. 置之不理　　C. 予以劝解
6. 我认为对领导的逢迎得当，比工作上的表现更为重要：（　　）
A. 是的　　B. 介于A与C之间　　C. 不是的
7. 我的思维比较有跳跃性：（　　）
A. 是的　　B. 介于A与C之间　　C. 不是的
8. 半夜醒来，我会为种种忧虑而不能入眠：（　　）
A. 常常如此　　B. 有时如此　　C. 极少如此
9. 就寝时，我：（　　）
A. 不易入睡　　B. 介于A与C之间　　C. 极容易入睡
10. 在一个陌生的城市中，我会：（　　）
A. 到处游荡　　B. 不确定　　C. 避免去较不安全的地方
11. 如果薪水相等，我宁愿做：（　　）
A. 化学研究师　　B. 不确定　　C. 旅行社经理
12. 我虽善意待人，却常常得不到好报：（　　）
A. 是的　　B. 不一定　　C. 不是的
13. 在处理一些必须凭借智慧的事务中，我的父母的确：（　　）
A. 较一般人差　　B. 普通　　C. 超人一等
14. 迁居是一件极不愉快的事：（　　）
A. 是的　　B. 介于A与C之间　　C. 不是的
15. 我更愿意做一名：（　　）
A. 商店经理　　B. 不确定　　C. 建筑师
16. 我喜欢独自筹划，避免人家的干涉和建议：（　　）
A. 是的　　B. 介于A与C之间　　C. 不是的
17. 我觉得我有一些别人所不及的优良品质：（　　）

A. 是的　　B. 不一定　　C. 不是的

18. 在一般的困难处境下，我总能保持乐观：（　　）

A. 是的　　B. 不一定　　C. 不是的

19. 人们说要做的事情，通常跟他们实际做的事情有很大的差别：（　　）

A. 是的　　B. 介于 A 与 C 之间　　C. 不是的

20. 我喜欢向朋友讲述一些个人有趣的经验：（　　）

A. 是的　　B. 介于 A 与 C 之间　　C. 不是的

21. 我认为遵守规范是：（　　）

A. 必需的　　B. 介于 A 与 C 之间　　C. 很多时候是没有必要的

22. 我不喜欢喜欢标新立异的人：（　　）

A. 是的　　B. 介于 A 与 C 之间　　C. 不是的

23. 我常被一些无谓的琐事所烦扰：（　　）

A. 是的　　B. 介于 A 与 C 之间　　C. 不是的

24. 下列三个分数中，哪一个与其他两个属于不同类别：（　　）

A. 3/7　　B. 3/9　　C. 3 /11

25. 一个人应该：（　　）

A. 考虑人生的意义　　B. 不确定　　C. 踏踏实实地工作和学习

26. 我觉得当今社会出现的有些奇装异服很难接受：（　　）

A. 是的　　B. 介于 A 与 C 之间　　C. 不是的

27. 对于陌生人，我一般是：（　　）

A. 比较怀疑　　B. 介于 A 与 C 之间　　C. 比较信任

28. 在一生中，我总觉得自己能达到我预期的目标：（　　）

A. 是的　　B. 不一定　　C. 不是的

29. 有度假机会时，我宁愿：（　　）

A. 去一个繁华的都市　　B. 介于 A 与 C 之间　　C. 游览清静而偏僻的郊区

30. 我和异性友伴交谈时，总显得不自然：（　　）

A. 是的　　B. 介于 A 与 C 之间　　C. 不是的

31. 生动的梦境常常干扰我的睡眠：（　　）

A. 时常如此　　B. 偶尔如此　　C. 从未如此

32. 当上司（或老师）召见我时，我：（　　）

A. 总觉得可以趁机提出建议

B. 介于 A 与 C 之间

C. 总怀疑自己做错了什么事

33. 朋友都认为我是一个理想主义者：（　　）

A. 是的　　B. 不确定　　C. 不是的

34. 即使没有别人监督，我也可以自己控制做事的进度：（　　）

A. 是的　　B. 介于A与C之间　　C. 不是的

35. 我做事：（　　）

A. 根据现实的情况　　B. 介于A与C之间　　C. 根据自己的兴趣

36. 我做事严格，凡事都务求尽善尽美：（　　）

A. 是的　　B. 介于A与C之间　　C. 不是的

37. 我爱穿朴素的衣服，而不愿穿华丽的服装：（　　）

A. 是的　　B. 不太确定　　C. 不是的

38. 我很相信权威性人物或者组织的见解：（　　）

A. 是的　　B. 介于A与C之间　　C. 不是的

39. 当有事情令我不愉快时，我的心情很快平静：（　　）

A. 是的　　B. 介于A与C之间　　C. 不是的

40. 我经常能够听出别人的“话外之音”：（　　）

A. 是的　　B. 介于A与C之间　　C. 不是的

41. 在我倾听音乐时，如果人家高谈阔论：（　　）

A. 我仍能够专心听讲，不受影响

B. 介于A与C之间

C. 我会不能专心欣赏而感到恼怒

42. “猫”与“鱼”就如同“牛”与：（　　）

A. 牛奶　　B. 牧草　　C. 盐

43. 朋友们大都认为我是一个说话很风趣的人：（　　）

A. 是的　　B. 不一定　　C. 不是的

44. 下列三个字中哪个字与其他两个字属于不同类别：（　　）

A. 狗　　B. 石　　C. 牛

45. 我不擅长说笑话，讲趣事：（　　）

A. 是的　　B. 介于A与C之间　　C. 不是的

46. 无论在极高的屋顶上或极深的隧道中，我很少觉得胆怯不安：（　　）

A. 是的　　B. 介于A与C之间　　C. 不是的

47. 我不喜欢那些争强好胜的人：（　　）

A. 是的　　B. 介于A与C之间　　C. 不是的

48. 我会把任何心事都告诉我最好的朋友，即使是个人隐私：（　　）

A. 是的　　　B. 介于A与C之间　　C. 不是的

49. 我通常精力充沛，忙碌多事：（　　）

A. 是的　　　B. 不一定　　　C. 不是的

50. A，B，D，G后接的字母应该是：（　　）

A. H　　　B. J　　　C. K

51. 为了培养个人兴趣，我愿意参加：（　　）

A. 摄影组　　　B. 不确定　　　C. 辩论会

52. 和一般人相比，我的朋友的确太少：（　　）

A. 是的　　　B. 介于A与C之间　　C. 不是的

53 我更愿意做一名：（　　）

A. 演员　　　B. 不确定　　　C. 建筑师

54. 我希望把我的家庭：（　　）

A. 建设成适合自身的娱乐与活动的地方

B. 介于A与C之间

C. 成为邻里社交活动的一部分

55. 我喜欢出差机会较多的工作：（　　）

A. 是的　　　B. 介于A与C之间　　C. 不是的

56. 我只要没有过错，不管人家怎样说，我总能心安理得：（　　）

A. 是的　　　B. 不一定　　　C. 不是的

57. 我判断事物最重要的标准就是它是否符合常规：（　　）

A. 是的　　　B. 介于A与C之间　　C. 不是的

58. 如果朋友或者亲人犯了错误，我会：（　　）

A. 想办法为他/她开脱

B. 介于A与C之间

C. 保持客观，就事论事

59. 在逆境中，我总能保持精神振奋：（　　）

A. 是的　　　B. 介于A与C之间　　C. 不是的

60. 我喜欢幻想，经常完全沉浸于自己的世界中：（　　）

A. 是的　　　B. 不确定　　　C. 不是的

61. 与人争辩或险遭事故后，我常发抖、精疲力竭，不能安心工作：（　　）

A. 是的　　　B. 介于A与C之间　　C. 不是的

62. 我觉得自己比较适合“按部就班，井井有条”的生活：（　　）

A. 是的　　　B. 介于A与C之间　　C. 不是的

63. 因为我对于一切问题都有些见解，大家都公认我是一个有头脑的人：（　　）

A. 是的　　B. 介于A与C之间　　C. 不是的

64. 需要当机立断时，我总：（　　）

A. 镇静地运用理智

B. 介于A与C之间

C. 常常紧张兴奋，不能冷静思考

65. “惊讶”与“新奇”犹如“惧怕”与：（　　）

A. 勇敢　　B. 焦虑　　C. 恐怖

66. 我愿意冒险尝试用新的方法来解决问题：（　　）

A. 是的　　B. 介于A与C之间　　C. 不是的

67. 在一个陌生的城市找住址时，我经常：（　　）

A. 找人问路　　B. 介于A与C之间　　C. 参考市区地图

68. 我工作时不喜欢有许多人在场参观：（　　）

A. 是的　　B. 介于A与C之间　　C. 不是的

69. 我在交际场合或在所参加的组织中是一个活跃分子：（　　）

A. 是的　　B. 介于A与C之间　　C. 不是的

70. 与人交往时，我常会无缘无故地产生一种自卑感：（　　）

A. 是的　　B. 介于A与C之间　　C. 不是的

71. 我的确比一般人幸运，因为我能从事自己所乐意的工作：（　）

A. 是的　　B. 不一定　　C. 不是的

72. 最近，在一两件事上，我觉得自己是无辜受累：（　　）

A. 是的　　B. 介于A与C之间　　C. 不是的

73. 在取回或归还东西时，我总仔细检查东西是否还保持原状：（　　）

A. 是的　　B. 介于A与C之间　　C. 不是的

74. 我在待人接物方面，的确不太成功：（　　）

A. 是的　　B. 不尽然　　C. 不是的

75. 我购买东西经常是：（　　）

A. 从实用角度出发　　B. 介于A与C之间　　C. 根据自己的心情而定

76. 很多事情，我总在截至日期快到了才着急去做：（　　）

A. 是的　　B. 介于A与C之间　　C. 不是的

77. 我讲话的声音：（　　）

A. 洪亮　　B. 介于A与C之间　　C. 低沉

78. 我宁可：（　　）
A. 结识很多的人　B. 不一定　C. 维持几个深交的朋友
79. 在工作中，我宁愿：（　　）
A. 和别人合作　B. 不确定　C. 自己单独进行
80. 我非常喜欢尝试新的东西：（　　）
A. 是的　B. 介于A与C之间　C. 不是的
81. 参加竞赛活动时，我看重的是竞赛活动，而不计较其成败：（　　）
A. 总是如此　B. 一般如此　C. 偶然如此
82. 我在小学时候敬佩的老师，到现在仍然值得我敬佩：（　　）
A. 是的　B. 不一定　C. 不是的
83. 在有威望、有地位的长者面前，我总较为局促、谨慎：（　　）
A. 是的　B. 介于A与C之间　C. 不是的
84. 我喜欢到没有去过的地方旅游：（　　）
A. 是的　B. 介于A与C之间　C. 不是的
85. 事情进行不顺利时，我常会急得掉眼泪：（　　）
A. 从不如此　B. 有时如此　C. 时常如此
86. 星火燎原对等于姑息：（　　）
A. 同情　B. 养奸　C. 纵容
87. 我喜欢憧憬未来：（　　）
A. 是的　B. 介于A与C之间　C. 不是的
88. 我认为，没有人会幸灾乐祸地希望我遭遇困难：（　　）
A. 是的　B. 不确定　C. 不是的
89. 当人们表扬我时，我总觉得不好意思：（　　）
A. 是的　B. 介于A与C之间　C. 不是的
90. 我有能力应付各种困难：（　　）
A. 是的　B. 不一定　C. 不是的
91. 我认为目前世界所需要的是：（　　）
A. 多出现一些富有改善世界想法的理想家
B. 不确定
C. 脚踏实地的实干家
92. 万不得已时我才参加社交集会，否则我总是设法回避：（　　）
A. 是的　B. 不一定　C. 不是的
93. 在工厂中，我宁愿负责：（　　）

A. 机械组　　B. 介于A与C之间　　C. 人事组

94. 我的神经脆弱，稍有刺激的声音就会使我紧张：（　　）

A. 时常如此　　B. 有时如此　　C. 从未如此

95. 有人烦扰我时，我：（　　）

A. 能不露声色　　B. 介于A与C之间　　C. 要说给别人听，以泄气愤

96. 我的学习效率多依赖于：（　　）

A. 阅读好书　　B. 介于A与C之间　　C. 参加团体讨论

97. 朋友认为我是一个对自己要求很严格的人：（　　）

A. 是的　　B. 介于A与C之间　　C. 不是的

98. 我经常不能按照计划做事情：（　　）

A. 是的　　B. 介于A与C之间　　C. 不是的

99. 在阅读时，我宁愿选读：（　　）

A. 与太空旅行有关的书籍

B. 不太确定

C. 与家庭教育有关的书籍

100. 我明知自己有缺点，但是不愿意接受别人的批评：（　　）

A. 有时如此　　B. 介于A与C之间　　C. 从不如此

101. 我常绕道，以回避我不愿招呼的人：（　　）

A. 很少如此　　B. 介于A与C之间　　C. 有时如此

102. 如果人们知道我的内心世界，他们都会感到惊讶：（　　）

A. 是的　　B. 不一定　　C. 不是的

103. 那些自以为是，道貌岸然的人使我生气：（　　）

A. 是的　　B. 介于A与C之间　　C. 不是的

104. 在某些心境下，我常因困惑引起幻想而将工作搁置下来：（　　）

A. 是的　　B. 介于A与C之间　　C. 不是的

105. 与初次见面的人交谈，我不会提供很多信息：（　　）

A. 通常是　　B. 介于A与C之间　　C. 通常不是

106. 在各种课程中，我较喜欢：（　　）

A. 语文　　B. 不确定　　C. 数学

107. 每当考虑困难问题时，我总是：（　　）

A. 预先做好准备　　B. 介于A与C之间　　C. 相信到时候会自然解决

108. 我认为传统的很多东西必须进行改革：（　　）

A. 是的　　B. 介于A与C之间　　C. 不是的

109. 业余时间，我总要安排计划，不使时间浪费：（　　）
A. 是的　　B. 介于A与C之间　　C. 不是的
110. 我有时会无端地感到沮丧痛苦：（　　）
A. 是的　　B. 介于A与C之间　　C. 不是的
111. 我总设法使自己不粗心大意，忽略细节：（　　）
A. 是的　　B. 介于A与C之间　　C. 不是的
112. 下列三项记号中，哪一项应紧接X○○○○XX○○○XXX（　　）
A. X○X　　B. ○○X　　C. ○XX
113. 我在日常生活中经常想象一些东西：（　　）
A. 是的　　B. 不确定　　C. 不是的
114. 我爱打抱不平：（　　）
A. 是的　　B. 介于A与C之间　　C. 不是的
115. 我喜欢探索未知的东西：（　　）
A. 是的　　B. 介于A与C之间　　C. 不是的
116. 我在童年时，害怕黑暗的次数：（　　）
A. 极多　　B. 不太多　　C. 没有
117. 我年轻时与异性朋友的交往：（　　）
A. 极多　　B. 介于A与C之间　　C. 比别人冷淡
118. 1，2，2，4 后面应该接的数字是：（　　）
A. 8　　B. 6　　C. 10
119. 我宁愿：（　　）
A. 严格要求自己，不能让别人说闲话
B. 介于A与C之间
C. 不在乎别人怎么说
120. 假使我手持一支装有子弹的手枪，我必须取出子弹后才能心安：（　　）
A. 是的　　B. 介于A与C之间　　C. 不是的
121. 每逢亲人生日，我：（　　）
A. 喜欢互相赠送礼物
B. 不太确定
C. 觉得交换礼物是麻烦多事
122. 我不介意自己的房间很凌乱：（　　）

A. 是的　　　　　　　B. 介于 A 与 C 之间　C. 不是的

123. 我喜欢做戏剧、音乐、歌剧等新闻采访工作：（　　）

A. 是的　　　　　　　B. 不一定　　　　　C. 不是的

124. 我喜欢看电影或参加其他娱乐活动：（　　）

A. 比一般人多　　　　B. 和一般人相同　　C. 比一般人少

125. 在社交场合中，我：（　　）

A. 谈吐自然　　　　　B. 介于 A 与 C 之间　C. 退避三舍，保持沉默

126. 如果有人问我太私人的问题，我会小心地避而不答：（　　）

A. 通常是　　　　　　B. 介于 A 与 C 之间　C. 通常不是

127. 我善于控制我的表情：（　　）

A. 是的　　　　　　　B. 介于 A 与 C 之间　C. 不是的

128. 在社交场合中，如果我突然成为公众注意的中心，我会感到局促不安：（　　）

A. 是的　　　　　　　B. 介于 A 与 C 之间　C. 不是的

129. 我认为，安静的娱乐远胜过热闹的宴会：（　　）

A. 是的　　　　　　　B. 不太确定　　　　C. 不是的

130. 我经常会冒出很多灵感：（　　）

A. 是的　　　　　　　B. 介于 A 与 C 之间　C. 不是的

131. 我宁愿：（　　）

A. 负责领导儿童游戏

B. 不确定

C. 协助钟表修理

132. 即使看到的是关在铁笼内的猛兽，我也会惴惴不安：（　　）

A. 是的　　　　　　　B. 不一定　　　　　C. 不是的

133. 如果我急于想借用别人的东西而物主恰又不在，我认为不告而取也无大碍：（　　）

A. 是的　　　　　　　B. 介于 A 与 C 之间　C. 不是的

134. 我宁愿我的工作有：（　　）

A. 固定可靠的薪水

B. 介于 A 与 C 之间

C. 薪资高低能随我工作的表现而随时调整

135. 我在清早起身时，就常常感到疲乏不堪：（　　）

A. 是的　　　　　　　B. 介于 A 与 C 之间　C. 不是的

136. 我通常喜欢独自计划事情，不喜欢别人打扰或提供意见：（　　）
A. 是的　　B. 介于A与C之间　　C. 不是的
137. 气候的变化并不影响我的情绪：（　　）
A. 是的　　B. 介于A与C之间　　C. 不是的
138. 我做事情经常不顾后果：（　　）
A. 是的　　B. 介于A与C之间　　C. 不是的
139. 根据我的能力，即使让我做一些平凡地工作，我也会安心的：（　　）
A. 是的　　B. 不太确定　　C. 不是的
140. 当我说谎时，我总觉得内心不安，不敢正视对方：（　　）
A. 是的　　B. 不一定　　C. 不是的
141. 我爱做"白日梦"即"完全沉浸于幻想之中"：（　　）
A. 是的　　B. 不一定　　C. 不是的
142. 当诱惑出现在我面前的时候：（　　）
A. 我常难以抵抗　　B. 介于A与C之间　　C. 完全可以控制自己
143. 与人相处时候，最好是：（　　）
A. 有话直说　　B. 介于A与C之间　　C. 喜怒不形于色
144. 如果薪水相等，我宁愿做一个：（　　）
A. 律师　　B. 介于A与C之间　　C. 飞行员或航海员
145. 人们认为我不过是一个能苦干，稍有成就的人而已：（　　）
A. 是的　　B. 介于A与C之间　　C. 不是的
146. 我有时会无故地产生一种面临横祸的恐惧：（　　）
A. 是的　　B. 有时如此　　C. 不是的
147. 下列哪两个词与其余两个不同类：（　　）
A. 季节　　B. 周期　　C. 终点
148. 我喜欢经常改变房间的家具、摆设：（　　）
A. 是的　　B. 介于A与C之间　　C. 不是的
149. 我喜欢从事需要精确技术的工作：（　　）
A. 是的　　B. 介于A与C之间　　C. 不是的
150. "锄头"与"挖掘"犹如"刀子"与：（　　）
A. 雕刻　　B. 切剖　　C. 铲除
151. 纵使我做了一桩贻笑大方的事，我也仍然能坦然处之：（　　）
A. 是的　　B. 介于A与C之间　　C. 不是的
152. 我的思想似乎：（　　）

A. 比较先进　　B. 不太一定　　C. 比较保守

153. 我认为，许多人不敢犯罪，主要原因是怕受到惩罚：（　）

A. 是的　　B. 介于A与C之间　　C. 不是的

154. 我一向重感情而不重理智，因此我的观点常常动摇不定：（　）

A. 是的　　B. 大致如此　　C. 不是的

155. 我不喜欢某个人时，仍然会装作友善，隐瞒他们：（　）

A. 是的　　B. 介于A与C之间　　C. 不是的

156. 在参加讨论以前，我总先把握住自己的立场：（　）

A. 经常如此　　B. 一般如此　　C. 必要时才如此

157. 我所结交的朋友中男女各占一半：（　）

A. 是的　　B. 介于A与C之间　　C. 不是的

158. 我对事情的判断都是以事实为依据：（　）

A. 是的　　B. 不确定　　C. 不是的

159. 我相信许多人都有些心理不正常，虽然他们都不愿意这样承认：（　）

A. 是的　　B. 介于A与C之间　　C. 不是的

160. 我总喜欢参加规模庞大的聚会、舞会或公共集会：（　）

A. 是的　　B. 介于A与C之间　　C. 不是的

161. 我经常管不住自己，乱发脾气：（　）

A. 是的　　B. 介于A与C之间　　C. 不是的

162. 在课堂上，如果我的意见与老师不同，我常：（　）

A. 保持缄默　　B. 不一定　　C. 当场表明立场

163. 我宁愿是一个：（　）

A. 森林管理员　　B. 不一定　　C. 中小学教员

164. 下列数字中，哪个数字与其他两个数字属于不同类别：（　）

A. 5　　B. 2　　C. 7

165. 在各种社交场合中，我都能应付自如：（　）

A. 是的　　B. 介于A与C之间　　C. 不是的

166. 就我来说，在大众面前表演或演讲是一件难事：（　）

A. 是的　　B. 介于A与C之间　　C. 不是的

167. 望子成龙的家长，往往（　）苗助长：（　）

A. 揠　　B. 堰　　C. 偃

168. 我解决问题多数依靠：（　）

A. 个人独立思考　　　B. 介于 A 与 C 之间　C. 与人互相讨论

169. 不知什么缘故，有些人故意回避或冷淡我：（　　）

A. 是的　　　　　　　B. 不一定　　　　　　C. 不是的

170. 我相信“上司不可能没有过错，但他仍有权做当权者”：（　　）

A. 是的　　　　　　　B. 不一定　　　　　　C. 不是的

171. 我很少用难堪的话去伤别人的感情：（　　）

A. 是的　　　　　　　B. 不太确定　　　　　C. 不是的

172. 对我来说，主动与陌生人交谈：（　　）

A. 是一件难事　　　　B. 介于 A 与 C 之间　C. 毫无困难

173. 如果我有一个别人不知道的秘密，那么我总是想告诉他们：（　　）

A. 是的　　　　　　　B. 介于 A 与 C 之间　C. 不是的

174. 我宁为哲学家，而不作机械工程师：（　　）

A. 是的　　　　　　　B. 不确定　　　　　　C. 不是的

175. 不论在什么地方，我仍能清楚地辨别东西南北的方向：（　　）

A. 是的　　　　　　　B. 介于 A 与 C 之间　C. 不是的

176. 我经常一个人发呆：（　　）

A. 是的　　　　　　　B. 不确定　　　　　　C. 不是的

177. 熟悉而且常规性的工作令我：（　　）

A. 感到厌倦　　　　　B. 介于 A 与 C 之间　C. 安心

178. 人们公认我是一个活跃热情的人：（　　）

A. 是的　　　　　　　B. 介于 A 与 C 之间　C. 不是的

179. 我总不敢大胆地批评别人的言行：（　　）

A. 是的　　　　　　　B. 有时如此　　　　　C. 不是的

180. 我喜欢遵从习俗，并避免做别人认为不合常规的事：（　　）

A. 是的　　　　　　　B. 介于 A 与 C 之间　C. 不是的

181. 我保证以上的回答都是真实的：（　　）

A. 是的　　　　　　　B. 不是的

四、16PF 测验的得分解释

1. 乐群性 A

（1）高分解释。外向、热情、乐群；和蔼可亲，容易与人相处，有较强的合作与适应能力。喜欢和别人共同工作，愿意参加或组织各种社团活动。不斤斤计较，容易接受别人的批评；面对人与人之间的复杂情绪或行为问题，仍然能够保持乐观的态度。

（2）平均分解释。对人较为随和，也具有一定的独立性；能够关注到人和事情之间的平衡，对他人的关注和感兴趣程度处于平均水平上。

（3）低分解释。缄默、孤独、固执；较为独立、不合群，喜欢独自工作；吹毛求疵，通常对事而不对人，为人做事的标准常常很高；严谨，不轻易放弃自己的主见；对事物、客观世界的关于程度高于对人的关注程度。

2. 聪慧性 B

（1）高分解释。聪明，富有才识，善于抽象思考；有较强的学习能力，反应迅速、思维敏捷；对于重复、琐碎事务容易产生厌倦。

（2）平均分解释。学习能力中等，对事情的反应速度都较好，可以胜任大多数工作。

（3）低分解释。反应较慢，学识浅薄，抽象思考能力弱；学习与理解能力不强，不能“举一反三”。

3. 稳定性 C

（1）高分解释。情绪稳定而成熟，理智客观面对现实，通常以沉着的态度应付各项问题。行动充满魄力；能维持团体精神，振奋士气，能够自我宽解。

（2）平均分解释。和大多数人一样，可以平静地应付环境的变化；通常较为沉着冷静；有一定的自我控制、心态调整能力。

（3）低分解释。情绪波动较大，易受无关因素影响。容易受环境的支配而心神动摇不定，善变，自我控制能力弱，不能面对现实，容易急躁不安，易疲乏。

4. 影响性 E

（1）高分解释。好强固执，独立积极；通常自视甚高，容易自以为是；愿意将自己的观点强加给他人，较为武断，愿意领导和影响他人。

（2）平均分解释。倾向于以沟通互动的方式与他人讨论自己的观点，并不将自己的观点、看法强加他人，愿意接受不同的、正确的观点。

（3）低分解释。谦逊顺从、通融恭顺，不经常表达自己的看法和观点，经常受别人的指挥。通常行为温顺，迎合别人的意愿。觉得自己受到生活变化的影响很大，难以像大多数人一样沉着应付这些生活要求。

5. 活跃性 F

（1）高分解释。通常轻松兴奋，随遇而安，性格活泼、愉快、健谈；对人对事，热心而富有感情；有时会表现得任性，或者过分冲动，以致行为变化无常。

（2）平均分解释。活泼性处于中等水平，对人对事不是很积极，但是在社交场合也不会感到紧张或者拘束。

（3）低分解释。严肃、谨慎、冷静、寡言，通常做事拘谨，内省而不轻易发言，较消极、忧郁。有时候可能过分深思熟虑，有时又近乎骄傲自满。在职责上，通常是认真而可靠的工作人员；技术、实验等人员可为低的活跃性。

6. 规范性G

（1）高分解释。有恒负责，做事尽职，通常细心周到，有始有终；崇尚社会强制性标准和规则，愿意遵从它们；所结交的朋友多为努力苦干的人，不十分欣赏诙谐有趣的场合。

（2）平均分解释。愿意接受环境强制性标准和规则，但并不僵硬地遵从。认为制度是为人和事情服务的，能够在适当情况下灵活运用。经常有效地解决实际问题，而不过多受规则限制浪费时间与精力。

（3）低分解释。不喜欢遵从严格的规则和外在的强制性指导；做事容易敷衍，对自己没有太高要求，通常没有较高的目标和理想，责任感较弱。

7. 敢为性H

（1）高分解释。冒险敢为，少有顾忌，在各种工作情景中通常表现自如，较其他人更少地感到他人的威胁；不掩饰，不畏缩，有敢做敢为的精神；有时可能粗心大意，忽视细节，遭受无谓的打击与挫折。

（2）平均分解释。和大多数人一样，在社会环境中通常感到较为轻松；在人群中通常表现得不卑不亢，但不愿过分突显。

（3）低分解释。畏怯退缩，缺乏自信心；不愿和陌生人交谈。通常在不熟悉的人群中羞怯、紧张，有不自然的姿态，凡事采取观望的态度，不愿被他人关注。

8. 情感性I

（1）高分解释。敏感、情感丰富、感情用事；对事务的判断较容易受到自己的情感和价值观影响，通常不能冷静地进行逻辑分析，通常耽于幻想；更关注自己的感觉、品位，有时过分不务实际，缺乏耐性与恒心。

（2）平均分解释。判断和决策时会考虑到事情的实用意义，也能意识到问题的情绪性后果。通常判断事情会在人和事之间、主客观之间寻找平衡。

（3）低分解释。理智，注重现实，关注事情；多以客观、坚强、独立的态度处理当前问题；重视文化修养，反对一些主观和感情用事的看法，可能过分骄傲，显得不近人情。

9. 怀疑性 L

（1）高分解释。怀疑、刚愎、固执己见；认为他人言行背后隐藏着某种动机，通常多怀疑，不信任别人；与人相处，常斤斤计较，不顾念别人的利益。

（2）平均分解释。通常认为他人是值得信任和真诚的；可能会对值得怀疑的目的较为警觉，但当完全了解他人后会乐于接受他们。

（3）低分解释。信任他人的真诚，较少产生怀疑；信赖随和，易与人相处，顺应合作，善于体贴人；通常无猜忌，不与人角逐竞争。

10. 想象性 M

（1）高分解释。有想象力，爱幻想，狂放不羁；勤于思考，不拘泥于细节，以本身的动机、兴趣等主观因素为行为的出发点；可能富有创造力，有时也过分不务实际，近乎冲动；容易因观点超前；被人不理解或误解。

（2）平均分解释。想象能力处于中等水平，做事情即能关注事物事实和细节，又会从广阔的思路去考虑。

（3）低分解释。现实而且脚踏实地的人，合乎成规；做事通常先要斟酌现实条件和是否符合常规，不鲁莽从事；有时可能过分重视现实，为人索然寡趣。

11. 世故性 N

（1）高分解释。精明能干、世故，通常处世老练，行为得体；不愿轻易透露个人信息，是爱保守个人秘密的人。

（2）平均分解释。和大多数人一样，愿意较为公开地展现自我；有天真、直率的一面，但很多情况可以表现或处理得精明、得体。

（3）低分解释。坦白、直率、天真。通常思想简单，感情用事；与人无争，自诩，心满意足。

12. 忧虑性 O

（1）高分解释。忧虑抑郁，烦恼自扰；通常觉得世道艰辛，人生常有不如意事，甚至沮丧悲观；时时有患得患失之感。

（2）平均分解释。对自己的优点和缺陷有较现实的认识；能为自己的失误承担责任；能够对失败客观分析，并吸取教训。

（3）低分解释。沉着、自信，很少自我怀疑，对变化能较快适应；做事有信心，不轻易动摇；但有时因缺乏同情心引起别人的反感。

13. 变革性 Q1

（1）高分解释。自由开放、喜欢尝试，不拘泥于现实。对新观念和经验有强烈的兴趣，可能广见多闻，愿意充实自己的生活经验。

（2）平均分解释。对新观念和经验的开放程度与绝大多数人一样；在遵循常规的基础上保持一定的开放性。

（3）低分解释。组织的忠诚维护者；较为保守、尊重传统观念与行为标准；通常习惯性地接受社会中许多相沿已久而有权威性的见解；不愿冒险、较少尝试新的做法与观念，墨守陈规。

14. 独立性 Q2

（1）高分解释。自立自强、当机立断；有自己的主见，独立完成工作、解决问题，做出自己的选择和决定；不依赖人，也不受社会舆论的约束，同样也无意控制或支配别人。

（2）平均分解释。独立性不是很强，但也不经常依赖他人；力求在融合于群体及独立于群体这两个极端中寻找平衡。

（3）低分解释。希望成为组织中的一员，热爱组织活动；通常喜欢与人共同工作，而不愿独立孤行；有较强的依赖性，需要团体的支持以维持其自信心；常常放弃个人的主见，附和众议；多数不能胜任需要随机应变能力的职务。

15. 自律性 Q3

（1）高分解释。自律严谨，通过对事情的事先计划和准备对事情进行控制。有十分清晰的个人标准，言行一致，能够合理地支配自己的情绪和行动；为人处世，总能保持其自尊心，赢得人的尊重，有时却不免太固执己见。

（2）平均分解释。对事情进行事先计划和组织的倾向同于多数人。通常可以较好地控制、安排事情，但有时也较为放任。

（3）低分解释。对事情的控制、事先计划和组织的愿望不强。通常被动态度任由事情变化，可以容忍某种程度的无组织性。自律性较低者在生活适应性上容易有问题。

16. 紧张性 Q4

（1）高分解释。遇到问题容易感到高度紧张；通常缺乏耐心，经常感到不满和厌烦；容易兴奋也容易感到疲乏。

（2）平均分解释。耐心和躯体紧张水平与大多数人相同；通常心态较为平和放松，但也有时感到紧张、不满和厌烦。

（3）低分解释。心平气和，闲散宁静，通常知足常乐，对待事情较为放松。较少感到对别人不耐烦和不满。也可能过分疏懒，缺乏进取心。

五、应用案例

16PF 测验是评估 16 岁以上个体人格特征的最普遍使用的工具之一，适用于各类人员，对受测者的职业、级别、年龄等方面均无限制，具有中学以上文化程度者都可以使用，广泛应用于人格测评、人才选拔、心理咨询和职业咨询等领域。

16PF 测验在企业中主要用于人员的招聘，不同的岗位需要不同的性格类型相匹配，这样员工才能在固有的岗位上发挥自己的优势和特长，工作起来更有积极性。下面以中国电信为例来说明卡特尔 16PF 测验的应用。

如何从众多应聘者中挑选出最合适的人选，是众多招聘人员最头疼的问题。中国电信在招聘的过程中，有效运用了 16PF 测验这一工具，选择出了最合适的人选。

招聘前，通过对需求岗位进行分析，明确岗位所需的素质、能力，然后从性格、能力、专业知识三方面考查应聘者。应聘者首先通过网上测评才有可能进入下一轮的考试。网上测评主要是 16PF 测验，辅以一般能力测试、职业倾向能力测试。应聘者在网上做完测试后，会生成 16PF 测验报告。招聘人员根据生成的报告对应聘者的思维风格、沟通社交、团队协作、心理适应性等因素进行分析，从中选出优秀者进行笔试和结构化面试，再确定结果及是否录用。这在一定程度上降低了招聘成本，使应聘者能与工作岗位相匹配，较大地提高了生产效率，也在一定程度上降低了人才流失率，促进了企业的稳定发展。

第二节 性格测验

一、理论基础

性格也称为人格特质，是一个人在生活中对人、对事、对自己、对外在环境所表现出来的一致性反应方式。每个人在其成长经历中，可能受到遗传、生理、家庭教养、文化、生活经历等因素的综合作用所影响，而形成自己独特的性格，在不同情境中表现出特定的反应方式。

嘉芙莲·谷嘉·碧瑞斯（Katharine Cook Briggs）和她的女儿伊莎贝·碧瑞斯·麦尔（Iasbel Briggs Myers）是潜心研读瑞士著名心理学家卡尔·荣格（Carl

Jung）的著作——《心理类型》，进行了二十年研究，发展和完善了心理学类型理论，并且编制了相应的测量工具——MBTI。

MBTI 从四个方面来反映人的性格，进而反映在四个维度上，每个维度都有两个相反的方向，即外向（extroversion）-内向（introversion）、感觉（sensing）-直觉（intuition）、思维（thinking）-情感（feeling）、判断（judging）-知觉（perceiving）。

二、北森性格测验概述

北森性格测验基于 MBTI 理论开发，用于帮助受测者了解自己的深层人格特征，在此基础上分析受测者的思维模式、行为风格及其偏好的环境特点，同时也能从企业的角度辅助做出科学的用人决策。

该测验包括 88 道题目，答题时间为 15～20 分钟，包含四个维度，每个维度有两个相反的偏好：与世界相互作用的方式（外向-内向）、获取信息的主要方式（感觉-直觉）、决策方式（思维-情感）、做事方式（判断-知觉），题目采用“迫选式”设计，即每个题目有 A 和 B 两个选项，受测者选出其中更符合自己的一个。

每个题目都测量四个维度中的一个，两个选项分别对应于此维度的两个相对的偏好，根据受测者的选择在相应的偏好上记分。每个维度包含 22 道题目，受测者在任意维度上均获得两个分数，两个分数相减确定受测者的类型，差值的大小反映了偏好的强度。

三、北森性格测验内容

测验说明

了解自己的爱好和行为习惯，了解自己的所思所想，这将有助于您更清晰地认识自己，把握自我。

每个人都与其他人不同。每个人都有自己看待事物、分析事物以及行动的独特方式。正是由于人们在思想、感情、行动诸多方面各具特色，存在着这样或那样的差别，这个世界才表现得如此多姿多彩，变化万千；正是因为每个人各不相同，我们才期望了解自己、了解他人、了解世界，更好地把握自我，生活得更加美好。

每个人都与其他人不同。这并不是说人是不可理解的，相反，人们是可以相互理解的，是可以彼此认识的。每个人的思想与感情都表现在其行为中。对人的行为、习惯、态度的逐步认识可以帮助我们了解自己、了解他人。本问卷正是基于这一思想设计的。

本问卷中的所有问题都是取自人们的日常生活。您的回答只是表明您通常是如何看待和处理事物的。所有的问题都无所谓对与错，更无好坏之分。

请仔细阅读每一道题，并选出一个符合自己实际情况的答案，答案直接写在答题纸对应的题号下。不要在卷子上做任何记号！

在答题时不必对每个题多加考虑，您只要按感觉判断进行作答即可。当然，如实作答是最基本的要求。

请在答案纸上填写您的姓名及其他要求您填写的项目，并在 20 分钟内将题答完，并务必完成所有问题。

1. 通常，别人说我是一个（　　）

A. 有逻辑头脑的人　　B. 情感丰富的人

2. 在做决定时，我更在意（　　）

A. 良师益友的忠告　　B. 权威人士的意见

3. 我认为更糟的缺点是（　　）

A. 没有同情心　　B. 不讲道理

4. 当要做别人也做的事时，我更愿意（　　）

A. 用大家所接受的方法做　　B. 用自己想出的方法做

5. 我对自己物品的摆放通常是（　　）

A. 在意的　　B. 随便的

6. 我做事更倾向于凭借（　　）

A. 分析　　B. 喜好

7. 当不得不主动同生人打交道时，我（　　）

A. 感到自信并且轻松　　B. 有点儿担心别人不愿被打搅

8. 我更难以接受的是（　　）

A. 生活的节奏单一不变　　B. 稳定有序的生活被打乱

9. 我认为更重要的是（　　）

A. 能够预见一件事情　　B. 能够适应现实条件

10. 我有（　　）

A. 广泛的社会关系　　B. 为数不多的好朋友

11. 我做出结论的根据是（　　）

A. 不带情绪色彩的逻辑分析和谨慎的推理

B. 以往经验中对生活的体验和人们的普遍看法

12. 我更愿意（　　）

A. 同少数几个人维持深厚的友谊　　B. 同各种人维持广泛的交往

13. 我通常（　　）

A. 能很容易地同绝大多数人进行交谈

B. 仅在一定条件下或同一定的人才有话可说

14. 我喜欢（　　）

A. 抽象的、概括性的观点　　B. 具体的、真实的叙述

15. 我被认为是一个（　　）

A. 爱思考的人　　B. 重感情的人

16. 当被事先规定好你要在某个时刻做某件事情，我（　　）

A. 很高兴，可以按计划行事　　B. 有些不高兴，因被束缚了

17. 对我更具吸引力的人是（　　）

A. 聪明而反应敏捷的人　　B. 稳重而脚踏实地的人

18. 我更看重（　　）

A. 潜在的可能性　　B. 真实的情况

19. 当要去见陌生人时，我通常（　　）

A. 不感到难为情　　B. 多少有些不情愿

20. 我对事物（　　）

A. 有整体而非片面的看法　　B. 以事实和细节做依据，不做臆断

21. 我更喜欢（　　）

A. 事情按计划进行　　B. 意料之外的事情带来的乐趣

22. 我认为我是一个（　　）

A. 硬心肠的人　　B. 软心肠的人

23. 通常，我更倾向于（　　）

A. 牺牲完美追求效率　　B. 牺牲效率追求完美

24. 大多数时候，我（　　）

A. 自己的思想和感情一概不外露　　B. 随时和别人沟通自己的思想和感情

25. 我更容易（　　）

A. 预见将要发生的事情　　B. 应付现实情况

26. 我更喜欢（　　）

A. 理智、公正的人　　B. 情感丰富的人

27. 在群体中，我（　　）

A. 愿意安静地默默工作　　B. 是个很好的协调者

28. 选择你较喜欢的词（　　）

A. 坚定　　B. 忠诚

29. 选择你较喜欢的词（　　）

A. 收益　　B. 祝福

30. 选择你较喜欢的词（　　）

A. 实干家　　B. 创新者

31. 选择你较喜欢的词（　　）

A. 静　　B. 动

32. 选择你较喜欢的词（　　）

A. 制作　　B. 发明

33. 选择你较喜欢的词（　　）

A. 富于想象　　B. 讲求实效

34. 选择你较喜欢的词（　　）

A. 强调　　B. 鼓励

35. 选择你较喜欢的词（　　）

A. 思想　　B. 感情

36. 选择你较喜欢的词（　　）

A. 平静　　B. 活跃

37. 选择你较喜欢的词（　　）

A. 有条不紊　　B. 机动灵活

38. 选择你较喜欢的词（　　）

A. 提前安排　　B. 不断体验

39. 选择你较喜欢的词（　　）

A. 理论　　B. 经验

40. 选择你较喜欢的词（　　）

A. 聚会　　B. 看书

41. 选择你较喜欢的词（　　）

A. 令人信服　　B. 令人感动

42. 选择你较喜欢的词（　　）

A. 调解员　　B. 裁判员

43. 选择你较喜欢的词（　　）
A. 勤勉　　B. 聪明
44. 选择你较喜欢的词（　　）
A. 同情心　　B. 判断力
45. 对周末或假日，我喜欢（　　）
A. 提前安排好约会、社交聚会等　　B. 随心所欲，临时决定做什么
46. 我更愿意在这种人手下工作（　　）
A. 总是友好的　　B. 总是公正的
47. 在日常工作中，我（　　）
A. 从最后关头的压力中得到动力　　B. 避免出现燃眉之急的压力
48. 在工作中，我（　　）
A. 尽量避免定一个最后期限
B. 安排好了的事情，就不再轻易改动
49. 很多人在一起时，我倾向于（　　）
A. 和我熟悉的人交谈　　B. 和大家一起聊天
50. 当有很多事情要做时，我（　　）
A. 边做边规划　　B. 先规划再做
51. 在购物的时候，我通常会（　　）
A. 比较所有可选的物品后再决定购买
B. 只要符合了心目中的标准就购买
52. 通常情况下，我（　　）
A. 常会想一些不存在的东西　　B. 喜欢查看事物的细节
53. 我更喜欢（　　）
A. 热闹　　B. 安静
54. 在日常生活中，对一些要做的小事，我通常（　　）
A. 能清楚地记得　　B. 会忘记它们
55. 通常情况下，我（　　）
A. 崇尚现实主义与常识　　B. 崇尚想象力和新事物
56. 我更倾向于重视（　　）
A. 人情　　B. 原则
57. 在社交性或娱乐性聚会上，我（　　）
A. 常常觉得不自在　　B. 一般总是很高兴
58. 我更愿意交的朋友是（　　）

A. 总有新主意的人　　B. 脚踏实地的人

59. 和朋友相比，我的消息（　　）

A. 很闭塞　　B. 很灵通

60. 我通常（　　）

A. 避免成为注意的焦点　　B. 希望成为注意的焦点

61. 我认为“严格按计划做事”是（　　）

A. 良好的做事方式　　B. 即使必要也令人很不舒服

62. 空闲时，我喜欢（　　）

A. 一个安静地思考问题　　B. 找人聊天、参加娱乐活动

63. 我通常（　　）

A. 在做完决定后感到快乐　　B. 因保留有选择的余地而快乐

64. 相比之下，我倾向于重视（　　）

A. 人际关系　　B. 事情本身

65. 我可以（　　）

A. 很容易和别人建立关系

B. 和别人建立关系的过程比较长

66. 我喜欢（　　）

A.谈话　　B.聆听

67. 在乘火车旅行时，我总是（　　）

A. 很有兴致与别人交谈　　B. 做自己的事，不与人攀谈

68. 和我相处得好的人通常是（　　）

A. 富于想象的人　　B. 注重现实的人

69. 相对之下，我更相信（　　）

A. 确定而有形的事物　　B. 灵感和推理

70. 我更经常（　　）

A. 让感情支配理智　　B. 让理智支配感情

71. 在项目或任务中，我更大的优势在于（　　）

A. 事先制定完备计划　　B. 遇到问题时灵活应对

72. 我更愿意被看作是（　　）

A. 务实的人　　B. 有头脑的人

73. 选择你较喜欢的词（　　）

A. 一丝不苟　　B. 不拘小节

74. 选择你较喜欢的词（　　）

A. 准时　　B. 闲适、悠然

75. 选择你较喜欢的词（　　）

A. 严谨　　B. 热心

76. 选择你较喜欢的词（　　）

A. 想象　　B. 实际

77. 选择你较喜欢的词（　　）

A. 条理的　　B. 随意的

78. 选择你较喜欢的词（　　）

A. 分析　　B. 体贴

79. 选择你较喜欢的词（　　）

A. 捕捉　　B. 总结

80. 选择你较喜欢的词（　　）

A. 内　　B. 外

81. 选择你较喜欢的词（　　）

A. 已知　　B. 未知

82. 选择你较喜欢的词（　　）

A. 过程　　B. 结果

83. 选择你较喜欢的词（　　）

A. 可能性　　B. 现实性

84. 选择你较喜欢的词（　　）

A. 具体　　B. 抽象

85. 选择你较喜欢的词（　　）

A. 调整　　B. 规划

86. 选择你较喜欢的词（　　）

A. 演说　　B. 写作

87. 选择你较喜欢的词（　　）

A. 平静的水面　　B. 汹涌的波涛

88. 选择你较喜欢的词（　　）

A. 软　　B. 硬

四、应用案例

MBTI 能够让人们更好地认识和了解自己，可以帮助人力资源部门对不同类型的员工进行更好的组合。目前，MBTI 已成为世界上应用最广泛的识别人与人差异的测评工具之一。MBTI 主要用于了解受测者的处事风格、特点、职业适应性、潜质等，从而提供合理的工作及人际决策建议。

在美国每年约有 300 万人以上参加 MBTI 的测评和培训，在世界 500 强企业，如迪斯尼、百事可乐、西南航空公司等，约有 80%以上的高层管理者使用过 MBTI。MBTI 是当今世界上应用最广泛的性格测试工具，已经被翻译成近 20 种世界主要语言。

IBM 公司是成功运用 MBTI 的公司之一。IBM 公司曾准备在印度市场拓展业务，但由于对印度缺乏了解和文化的偏见，没人愿意前往。IBM 相关部门负责运用 MBTI 对候选人进行了性格类型的针对性研究，“一把钥匙开一把锁”，对于 IFSE（内向情感带外向实感）型的人，采用情绪渲染的手段，说明在印度工作不仅有自我发挥的巨大空间还可以领略印度灿烂的古代文明，是一种难得的人生体验。而针对 ETNI（外向思考带内向直觉）型的人就用晋升、加薪和新工作富于挑战性和提升自身能力等手段来进行游说，最终顺利地完成了这项工作。

IBM 还成功运用 MBTI 帮助员工选择更好的职业发展途径。Alan 是 IBM 公司 MBTI 战略中的典型一员：Alan 与下属沟通不畅，完成任务也有些困难。通过 MBTI 的测试，Alan 是 ENTP（外向直觉带思考知觉）型的人，而他的下属是 ISTP（内向感觉带理智知觉）型的，Alan 的领导风格倾向于一种互动的领导行为，更具创造性和应对变化的能力，不可避免地会与下属存在分歧。Alan 更适合于创造性较强的领域，因此建议他选择品牌经理这个上升通道，这样更利于他的职业发展。

第三节 智维测验

一、理论基础

北森智维通用人才选拔系统以西方经典的人格理论 CPI 为基础，结合国内企业的胜任力模型，运用“实证标准法”确定量表的 12 个维度，能在较短时间内对企业应聘者及在职人员的思维风格、人际交往、个性成熟度、性格特征等方面有一个全面客观的了解。

“智维通用人才选拔系统”包含三个组成部分，十二个维度以及一个社会称许指标，具体如表 7-1 所示。

表 7-1　智维通用人才选拔系统维度

	分维度	维度定义
成熟度与自我管理	进取心	测量与获取地位有关的一些个人品质和因素，包括毅力、自主、进取心和自信等
	责任心	评价对工作认真负责、可靠、理智、自控等品质
	自我控制	评价自我控制和调节，避免冲动性的程度
	自信心	评价自我价值感，自我接纳，独立思考和行动的能力等
思维与行为风格	洞察力	评价对他人行为的洞察力，准确地感知他人的内在需要与动机的品质
	创造性	评价从新的角度去认识、组织事物和信息，形成新的观点和方法
	灵活性	评价灵活、适应的能力和思想、行为、脾性等的可塑性程度
	独立性	评价能够在没有外界监控和帮助的条件下开展工作的倾向
人际处理与个性特质	支配愿望	测量领导能力和社会主动性，包含支配和影响他人、控制情境的能力，以及自信心、主动性、说服力
	社交能力	测量一个人在社会交往中泰然自若的程度，以及自信心、交往中的热情和主动性
	宽容性	测量一个人宽容和接纳他人的程度
	敏感性	评价对别人情绪、情感、评价的敏感及在意程度

二、北森智维测验概述

根据西方经典人格问卷的维度划分以及国内企业员工胜任力的要素，北森智维测验确定了 12 个核心的维度，根据实证标准法的原则围绕维度的核心特质编制题目。问卷初稿定为 212 题。经过数据收集和初步分析，删除了 75 道题，最终确定智维通用人才选拔问卷的终稿为 137 题，作答时间在 15 分钟左右。

三、北森智维通用人才选拔系统

测验说明

本测验测试的是你在实际生活中的某些特点和表现，涉及您的工作、生活和价值观等方面。对于这些问题，每个人的看法都会不尽相同，任何基于真实情况的回答都是你的个性特征的反映，目的是帮助您了解“真实的自我”，为您选择工作、制定职业生涯发展规划提供依据。

本问卷中的所有问题都是取自人们的日常生活。您的回答只是表明您通常是如何看待和处理事物的。所有问题的回答都是一种主观判断，所有的问题都无所谓对与错，更无好坏之分。因此，为了让您对自己有真实的认识，请您尽可能如实地回答下列这些问题。

请仔细阅读每一道题，并选则对应的选项，答题原则是：

非常不符合=1，比较不符合=2，不好确定=3，比较符合=4，非常符合=5

答题时请注意以下几点：

1. 每一个测试题只能选择一个选项，不要漏掉任何一道题。
2. 答题依据：根据您的日常实际表现真实作答，不是您期望的理想表现！
3. 有些题目可能您从未碰到过或者难以选择，不要过多思考，凭第一感觉做答即可。
4. 尽量不要选择中性答案，也就是尽量少选“3”。
5. 保证环境安静，不要受环境干扰或他们观点的影响。
6. 请在半小时内一次性完成所有题目，最好不要间断！

1	2	3	4	5
非常不符合	比较不符合	不好确定	比较符合	非常符合

1. 朋友说我的思维很有跳跃性
2. 如果他人对我有成见，我会尽量避免和他接触
3. 我的心情容易受到周围人的影响
4. 我总会尽力说服他人接受我的意见
5. 我喜欢在日常生活中体验到新奇与改变
6. 在做某些事之前我常要考虑别人会有何想法
7. 别人拿我开玩笑时，我会觉得很窝火
8. 我喜欢造型奇特的装饰物
9. 有时我做了一件傻事，很久都在担心
10. 我解决问题多依靠与人讨论
11. 朋友说我爱钻牛角尖
12. 我从来没有违反过交通规则
13. 聚会中，我喜欢待在一旁看别人活动
14. 看别人做事时，我总忍不住说出自己的意见
15. 别人常常说我冲动
16. 别人的批评和训斥，使我不舒服

17. 做事时如果落在最后，常叫人提不起干劲
18. 我喜欢把一切安排得整整齐齐、井然有序
19. 我喜欢探求伟人们对我所感兴趣的问题的看法
20. 自己一个人做事时，我常觉得没什么把握
21. 我从来没有强烈地讨厌过别人
22. 如果感到受辱，我会采取措施给予还击
23. 只要发现可能的机会，不论成败，我都会主动采取行动
24. 在正式的聚会上，我总感到紧张和不自在
25. 在周末或者假日，我喜欢随心所欲，临时决定做什么
26. 我讨厌别人帮我做的决定
27. 我喜欢在交谈中主导大家的话题
28. 我有时觉得自己是别人的负担
29. 我认为所有问题都有固定答案
30. 有时我也占别人便宜
31. 需要经过许多争辩，才能使大多数人相信事实真相
32. 遇到不顺心的事，我会忍不住大发牢骚
33. 我喜欢想一些新点子，即使用不着也没关系
34. 朋友常常说我做事很让人放心
35. 我非常渴望在事业上取得成就
36. 一想到别人不赞同我，我就会感到紧张和焦虑
37. 有时候，我常为一些实际上无关紧要的事而忧虑重重
38. 我喜欢把自己的时间安排得满满的
39. 遇到令人烦恼的事，我习惯独自处理
40. 有时我会有一些不好的念头，难于启齿
41. 我不喜欢别人指挥我做事情
42. 不论何人，只要他有能力并且愿意勤奋工作，就很有成功的希望
43. 有时我做了错事，却不想承担责任
44. 天气的好坏对我的情绪影响很大
45. 我有时做事不认真
46. 每隔一段，我便心境不佳，并且谁也无法使我高兴
47. 如果有人认为我正在做的事是不值得的，我就很容易放弃
48. 我无法忍受自己的计划被一些意外的事情扰乱
49. 从小我的事情就是自己做决定的

50. 单独走进别人正在聚集聊天的房间，我会有点犯怵
51. 有时我会把今天应做的事拖到明天
52. 看到别人成功，我会觉得自己做得不够好
53. 我常被一些无谓的琐事所烦扰
54. 假如在某个群众团体工作，我喜欢担任组织工作
55. 一件小事也能让我想到很多方面的东西
56. 有时候我真想摔点东西来出出气
57. 即使我肯定自己是对的，也常常做出让步
58. 环境的微小变化我也能观察到
59. 我喜欢成为人们注意的中心
60. 集体讨论中当我提出自己的观点时候，很害怕会遭到别人的质疑或者反对
61. 我有时也不说实话
62. 某人为我做了件好事，我常常自问其背后隐藏的动机是什么
63. 报纸上唯一有趣的内容是“奇谈趣闻”
64. 我常因一点小事而触动我回忆起以前的事情
65. 我的物品摆放总是非常随便
66. 我容易对事情耿耿于怀
67. 别人说话的时候我常常走神
68. 我不愿意玩一些游戏是因为我玩得不好
69. 我喜欢快些用完餐，而不愿多花时间在餐桌旁闲谈
70. 我认为大多数事情并不像表面上的那样
71. 我生来就有影响别人的天赋
72. 他人的评价会影响我对自己的看法
73. 谈话时我能够很快地察觉对方的意图
74. 我感到很难主动同陌生人交谈
75. 我总有一种创造新事物的冲动
76. 有时没有任何理由，我也会生气
77. 不知什么缘故，有些人故意回避或冷淡我
78. 事情进展到快末尾的时候，我的精神就容易松懈
79. 有时我觉得一切都糟糕得不愿张口提及
80. 很多事情我愿意和别人一起干而不愿意独自承担
81. 我对事情一般都有自己独到的见解
82. 我的情绪波动很大

83. 有时我真想讲粗话
84. 独当一面的工作让我更有干劲
85. 身边的人有时候会成为我的“出气筒”
86. 即使是同样的事情，我也会尝试用不同的方法来做
87. 我很容易接受他人的歉意
88. 我对某些问题很容易动火，简直无法提及它们
89. 我经常在旅行中结识新朋友
90. 大多数人的内心并不喜欢为帮助别人而自找麻烦
91. 我觉得我的性情适宜于过按部就班的生活
92. 我经常提出与别人不一致的观点
93. 我喜欢探寻事情发生的原因
94. 我不能容忍他人对事不认真的态度
95. 我认为我对是非曲直比大多数人都认真
96. 有几次，我对某个人很刻薄
97. 我喜欢问一些别人没有想到的问题
98. 我经常怀疑别人在讨论我
99. 我不喜欢那些不确定和不可预料的事
100. 我很难改变自己固有的一些行为方式
101. 身体不舒服的时候，我容易烦躁和生气
102. 当别人对我的观点提出质疑时，我会产生动摇
103. 大多数人交朋友是因为朋友会对他们有用
104. 事情过去就过去了，我不会斤斤计较的
105. 许多人最大的毛病在于他们对事物不够认真
106. 当我与陌生人在一起时，难以表现得自然
107. 我很容易激动
108. 我在学校时总是尽力争取获得最好的成绩
109. 对于自己所犯的错误，我很少找借口推卸责任
110. 假如因撒谎能得到好处，大多数人都会说点谎话
111. 我会极力向别人推荐我认为好的东西
112. 独自一个人的时候，我发现自己常常在琢磨一些抽象的问题
113. 必须承认，在我表态之前总想知道别人的看法
114. 在取回或归还东西时，我总仔细检查东西是否还保持原状
115. 即使犯过错的人，我也能和他友好相处

116. 我总担心自己的缺点会造成过失
117. 我喜欢和别人辩论
118. 我认为自己比大多数人都是非分明些
119. 我喜欢对别人加以指点，把工作开展起来
120. 当别人妨碍我的日常活动时会使我感到气愤
121. 我很容易地能看出别人做事的动机
122. 我羡慕公认的权威
123. 碰到困难的问题，我往往容易打退堂鼓
124. 朋友都说我是一个健谈的人
125. 我对自己的生活感到很满足
126. 我听了下流的笑话会发笑
127. 对我来说有足够的朋友和社交生活是不可缺少的
128. 我很容易原谅别人
129. 我总是尽力做得至少比别人所期望的要好一点
130. 做事情时我不喜欢受规则的限制
131. 我感到难以对别人谈及自己
132. 我觉得我有很多别人比不上的品质
133. 当我被批评的时候，防御性就会变得很强
134. 即使在我陷入困境时，我仍尽力做好自己的工作
135. 我的想法和情绪很容易感染他人
136. 我很少过度放纵自己
137. 凡事都预先安排周详，反而会失去人生情趣

四、得分解释

1. 责任心（responsibility）

评价受试者对工作认真负责、可靠、理智、自控等品质。

（1）高分者：做事负责，严肃认真，谨慎，理智，可靠，值得信赖，会为了群体的利益牺牲个人的利益，肯为自己的行为结果负责，有社会责任感，遵守自己做出的承诺，勤勉努力，敬业，做事有效率。

（2）平均水平：在大多数情况下能够恪尽职守，按时完成预定的任务，对自己的职责有比较明确的认识，但有时目标意识较为淡薄，有时无法区分事情的轻重缓急，对自我行为的管理和控制可能有所欠缺。

（3）低分者：行为冲动，不负责任，马虎，懒散，敷衍，缺乏自律，易于疏忽和遗漏要做的事，有时不能恪守职责，遇到问题时逃避责任，不能保证按时完成预定任务。

2. 自我控制（self-control）

评价受试者自我控制和调节，避免冲动性的程度。

（1）高分者：行为有清晰的目的性，情绪控制良好，自律，审慎，有耐心，不冲动，沉着，处事不惊，善于调整自己的状态。

（2）平均水平：在大多数场合能很好地控制自己的行为和情绪，表现得宽容得体，做事比较谨慎细致，但有时也有情绪化的倾向，容易影响工作的状态。

（3）低分者：情绪不稳定，容易激动，急躁不安，高度紧张，行事容易冲动，仓促做决定，有强烈的情绪和感情，不掩饰，难以控制情绪，常常以自我为中心，喜欢追求个人快乐。

3. 进取心（capacity for status）

评价受试者个人品质和因素，包括毅力、自主、进取心和自信等。

（1）高分者：进取，自信，雄心勃勃，善于抓住机遇，追求成就，自主，聪慧，有洞察力，多才多艺，有独立的见解和广泛的兴趣，主动性强，果断，富于想象力。

（2）平均水平：进取心一般，具有一定程度的目标导向，相当高的成就动机，愿意在某种程度上改变和调整自己的生活以获取地位。

（3）低分者：缺乏自主性，不愿做出较大的自我牺牲以获得权力、声望或高的收入，精力不足，刻板，不灵活，兴趣狭窄，对周围环境缺乏兴趣和好奇心，不愿参与竞争，遇到困难时容易放弃和退缩，思维简单、没有新意，缺乏想象力，怯懦，安静。

4. 自信心（self-acceptance）

评价受试者自我价值感，自我接纳，独立思考和行动的能力等。

（1）高分者：自我评价较高，自信，独立，进取，易交往，健谈，果断，认为自己是有能力的、对他人有吸引力的，自我接纳的人无论交往中是否主动，都具有自我价值感和自我确定感。

（2）平均水平：自信心一般，大多数时对自己的能力和情况比较满意，能够接受生活中的挑战，正确面对自己的优势和劣势，但偶尔也会有自卑感，怀疑自己的决定。

（3）低分者：做事时缺乏自信，经常自我怀疑，放大自己的缺点，生活中缺乏安全感，退缩，拘谨，不敢接受挑战，遇到挫折时容易自责，认为别人比自己强，别人的评价会影响对自己的判断。

5. 洞察力（insight）

评价受试者对他人行为的洞察力，准确地感知他人的内在需要与动机的品质。

（1）高分者：喜欢推断别人做事的动机，对抽象的事物感兴趣，能较好地判断他人的需要和情感，人际敏感性较高。

（2）平均水平：平时比较注意观察周围的人和事，能较好地判断他们的需要和情绪，但有时看问题只能看到表面现象。

（3）低分者：对具体的实际的事物比对抽象的事物更感兴趣，更关注人们如何去做的而不是人们的想法和内心的感受，判断事物往往只依靠表面现象。

6. 创造性（creativity）

评价从新的角度去认识、组织事物和信息，形成新的观点和方法。

（1）高分者：喜欢挑战和创新，不喜欢墨守成规；有丰富的想象力、敏锐的直觉，有创造的内驱力和旺盛的求知欲，以及强烈的好奇心，对事物的运作机制有深究的动机；有高度的自觉性和独立性；能排除外界干扰，长时间地专注于某个感兴趣的问题上。

（2）平均水平：平时比较循规蹈矩，尊重传统观念与行为标准，一般是依靠现成的方法做事，有时也有创造和学习新东西的愿望，但很少倾向于冒险尝试新的做法与观念。

（3）低分者：工作作风保守，强调按既定方法行事的重要性,喜欢常规性的工作，不喜欢不确定和经常变化的东西，认为每个事物都有固定的解决办法和答案。行为经常受规则的束缚和他人看法的影响；对于创造和学习新的东西没有强烈的愿望。

7. 灵活性（flexibility）

评价受试者灵活性、适应性和思想、行为、脾性等的可塑性程度。

（1）高分者：灵活多变，不喜欢将一切安排得非常有条理，不拘泥于常规，对例行的常规性事物感到厌烦，容易不耐烦，追求个人享乐和消遣，可能会情绪不稳定，难以接受外界的准则。

（2）平均水平：工作时追求事物的条理性和稳定性，做事有计划性，喜欢有规律的生活，不善于解决突发状况。

（3）低分者：灵活性低的人做事比较规范和刻板，缺乏变通性，容易依从权威、习俗和传统，可能有些固执，有时容易钻牛角尖。并且很难改变自己固有的行为模式，对新的环境和事物适应较慢。

8. 独立性（independence）

评价受试者是否能够在没有外界监控和帮助的条件下开展工作。

（1）高分者：倾向于独立解决问题和做出自己的选择和决定，他们喜欢独立面对和解决困难，喜欢在能够激励自由和突出个人成就的地方工作，能够独立承担整个事情；喜欢独自筹划和决策，不喜欢别人的干涉和包办。

（2）平均水平：一般情况能够独立解决问题和做出自己的选择和决定，喜欢在能够激励自由和突出个人成就的地方工作，但有时不愿意承担需要独自完成的任务，希望参考别人的意见。

（3）低分者：缺乏自信和独立性，容易依赖他人，遇到困难时喜欢寻求别人的支持，在没有明确规定，缺乏明确的方法的地方难以做好工作。他们不愿意承担需要独自完成的任务，希望成为组织中的一员，常常不能独立地做出决定，非常依赖于别人的意见。

9. 支配愿望（dominance）

评价受试者的领导能力和社会主动性，包含支配和影响他人、控制情境、自信、主动、言语流畅、说服等特征。

（1）高分者：愿意做领导者而不是追随者，能够在群体中自然而然地充当领导者，自信，倾向于用自己的思想影响他人，主动参与活动并成为核心人物，具有清晰的目标导向，设置团队工作的目标，有计划性，果断，清晰而直接地表达自己的需求和观点，有进取性，有闯劲。

（2）平均水平：有充当领导者的潜质，但在通常情况下，并不刻意寻找做领导的机会。

（3）低分者：是很好的服从者，愿意充当跟从者的角色，在被要求充当领导角色时会感到不舒服，他们比较顺从，希望被别人控制和指引，自信心不足，回避需要做出决断的场合。

10. 社交能力（sociability）

评价受试者在社会交往中泰然自若的程度，以及自信心、交往中的热情和主动性等。

（1）高分者：爱交际，喜欢人多的场合，在社交场合下不拘束，自信，合群，开朗坦率，通常有很好的社交技能并给人留下较好的印象，有进取心，主动，精力旺盛，健谈。

（2）平均水平：自信开朗，合群，人际关系融洽，在社交场合大多数情况下能够泰然自若，有一定的社交技能，但有时在公开场合有些紧张和不安。

（3）低分者：倾向于独处，不希望成为众人注意的中心，在陌生的社交场合下会感到焦虑和不安，缺乏自信，回避社交情境，退缩，羞怯。

11. 宽容性（tolerance）

评价受试者宽容和接纳他人的程度。

（1）高分者：对人宽容大度，能够相信他人，容易接受不同的观念和方式，兴趣广泛，公正，不带有偏见，很容易原谅别人。

（2）平均水平：属于中等水平，对人和事均比较宽容，能够接受不同的观念和价值观，但有时对人和事接纳度不高。

（3）低分者：多疑，不易接纳和原谅他人，有时待人苛刻，刻薄，武断，带有偏见，不容易接受意见不同的人和事。

12. 敏感性（sensitive）

评价受试者对别人情绪、情感、评价的敏感在意程度。

（1）高分者：你比较有同情心，但周围的人和事比较敏感，做事时较为情绪化，情绪波动比较大，倾向于用个人观点解释事物，情感丰富且比较脆弱，比较在意别人的评价。

（2）平均水平：比较关心周围的人和事，对事物的变化比较敏感，有时容易受事情的触动，情绪易被影响。

（3）低分者：做事时理智、果断，一般以行动和结果为导向，很少受情绪和别人评价的影响，注重实际，不易屈服，宽容大度，冷静，不易动感情。

五、应用案例

基于 20 世纪 40 年代后期美国加利福尼亚大学心理学家高夫（Harrison G. Gough）博士的人格理论（CPI）发展的一些心理测验应用范围较为广泛，并且是为正常人所用的人格测量工具，多为大学生或青年人咨询所用。这些测验的变量大部分与人际交往有关，因此测验在反映人际关系特征方面是比较理想的测量工具。

在培训和人才配置方面，可用于对被试者成就、创造性潜能的预测，并可以为专业选择提供指导；在选拔管理者方面，可以用于对应聘者的管理潜能，工作效绩的预测提供参考。目前，在国外大型企业，该类人格量表还经常与 360

度反馈调查以及 MBTI 共同被引入领导力的发展培训中，它能反映“如果个人的潜力被充分发掘之后，那么他的优势和最适合他的发展领域是什么”。

北森智维通用人才选拔系统也是以 CPI 理论为基础发展而来的，并结合了国内企业的胜任力模型，运用“实证标准法”确定了量表的维度，能在较短时间内对企业应聘者及在职人员的思维风格、人际交往、个性成熟度、性格特征等方面有一个客观的了解。企业在应用时多将智维和能力、兴趣等其他测评结合起来使用，保证对候选人有更全面的了解。

第四节　艾森克个性测验

一、理论基础

心理学家对人格有多种定义，不同定义的人格概念包括的内容也是不一样的，广义的人格是所有这些概念的综合。艾森克将人格定义为“生命体实际表现出来的行为的模式的总和”，包括智力、性格、气质和体格四个主要方面。

艾森克的人格概念一般被认为等同于个性概念，他所编制的 Eysenck personality questionnaire 也被译作“艾森克个性测验”。

艾森克的人格研究从最基础的行为开始，采用因素分析方法层层归纳区分出不同的描述水平。如图 7-2 所示，最低的是特殊反应水平，是个体对一次实验性试验的反应或在日常生活；其上为习惯反应水平，即在相似的情境中会发生相似的反应模式，属特殊因素；再上为特质水平，是观察一些不同习惯反应间的共同联系而得出的，属群因素；最上层的类型水平，是观察一些不同特质间的共同联系而得出的，属一般因素。

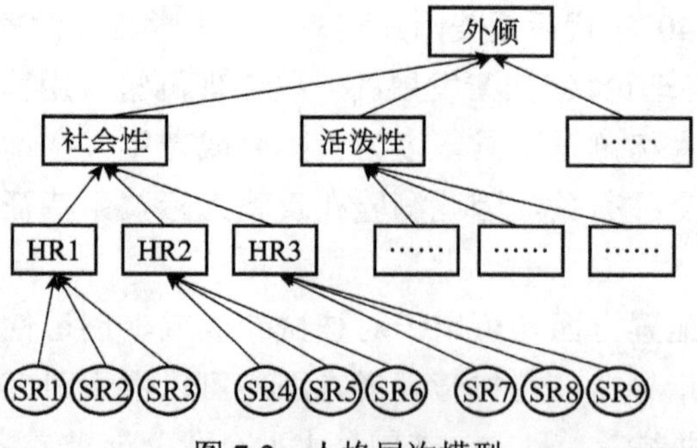

图 7-2　人格层次模型

艾森克认为，维度是代表一个连续的尺度，每个人都可以被测定在这个连续的尺度上锁占有的特定位置，即测定每一个人具有该维度所代表的某一特质的多少。多个维度交叉后便可以区分出具体的人格类型。他用来描述人格的基本维度便是人格层次理论中的类型，即内外倾、神经质、精神质，每个维度蕴含着相应的特质集合体。

二、艾森克个性测验概述

艾森克个性测验（Eysenck personality questionnaire，EPQ），是艾森克教授（H. J. Eysenck）编制的一个专用于人格测量的心理测量工具，经过 50 年来的发展和反复修订，在世界各国得到了广泛应用，现已成为心理门诊、精神病院、教育、人才招聘选拔、职业规划等领域应用广泛的心理测验工具。

该测验包括 88 道题目，答题无时间限制。其包含 4 个维度：内外倾向性、神经质、精神质和掩饰性。维度是一个连续的尺度，两边为不同的人格类型。试题采用“迫选式”设计，即每个题目有 A 和 B 两个选项，受测者选出其中相对而言更符合自己的一个。每个题目都测量四个维度中的一个，两个选项分别对应此维度的一端，一端计 0 分，一端计 1 分，根据受测者的选择在相应的选题上记分。

每个题目包含维度不均，内外倾维度 21 题，神经质 24 题，精神质 23 题，掩饰性 20 题，部分题目反向计分。

三、艾森克个性测验内容

测验说明

您好！欢迎您参加艾森克个性测验。这项测验用于考察应试者个性特征类型。本测验共 88 道试题。

请回答下列问题。回答“是”时，就在“是”上打“√”；回答“否”时就在“否”上打“√”。每个答案无所谓正确与错误。这里没有对您不利的题目。请尽快回答，不要在每道题目上思索太多。回答时不要考虑应该怎样，只回答你平时是怎样的。每题都要回答。

特别提醒：在答卷纸上涂写答案时一定要对准题号。

1. 你是否有许多不同的业余爱好？ 是 否
2. 你是否在做任何事情以前都有要停下来仔细思考？ 是 否
3. 你的心境是否常有起伏？ 是 否
4. 你曾有过明知是别人的功劳而你去接受奖励的事吗？ 是 否
5. 你是否健谈？ 是 否
6. 欠债会使你不安吗？ 是 否
7. 你曾无缘无故觉得真是难受吗？ 是 否
8. 你曾经贪图过分外之物吗？ 是 否
9. 你是否在晚上小心翼翼地关好门窗？ 是 否
10. 你是否比较活跃？ 是 否
11. 你在见到一小孩或一动物受折磨时是否会感受到非常难过？ 是 否
12. 你是否常常为自己不该做而做了的事，不该说而说了的话而紧张吗？ 是 否
13. 你喜欢跳降落伞吗？ 是 否
14. 通常你能在热闹联欢会中尽情地玩吗？ 是 否
15. 你容易激动吗？ 是 否
16. 你曾经将自己的过错推给别人吗？ 是 否
17. 你喜欢会见陌生人吗？ 是 否
18. 你是否相信保险制度是一种好办法？ 是 否
19. 你是一个容易伤感情的人吗？ 是 否
20. 你所有的习惯都是好的吗？ 是 否
21. 在社交场合你是否总不愿崭露头角？ 是 否
22. 你会服用有奇异或危险作用的药物吗？ 是 否
23. 你常有厌倦之感吗？ 是 否
24. 你曾拿过别人的东西（哪怕一针一线）吗？ 是 否
25. 你是否常爱外出？ 是 否
26. 你是否从伤害你所爱的人中而感到乐趣？ 是 否
27. 你常为有罪恶之感所苦恼吗？ 是 否

28. 你在谈论中是否有时不懂装懂？ 是 否
29. 你是否宁愿去看些书而不愿去多见人？ 是 否
30. 你有要伤害你的仇人吗？ 是 否
31. 你觉得自己是一个神经过敏的人吗？ 是 否
32. 对人有所失礼时，你是否经常要表示歉意？ 是 否
33. 你有许多朋友吗？ 是 否
34. 你是否喜欢讲些有时确能伤害人的玩笑？ 是 否
35. 你是一个多忧多虑的人吗？ 是 否
36. 你在童年时是否按照吩咐要做什么便做什么，毫无怨言？ 是 否
37. 你认为你是一个乐天派吗？ 是 否
38. 你很讲究礼貌和整洁吗？ 是 否
39. 你是否总在担心会发生可怕的事情？ 是 否
40. 你曾损坏或遗失过别人的东西吗？ 是 否
41. 交新朋友时一般是你采取主动吗？ 是 否
42. 当别人向你诉苦时，你是否容易理解他们的苦衷？ 是 否
43. 你认为自己很紧张，如同拉紧的弦一样吗？ 是 否
44. 在没有废纸篓时，你是否将废纸扔在地板上？ 是 否
45. 当你与别人在一起时，你是否言语很少？ 是 否
46. 你是否认为结婚制度是过时了，应该废止？ 是 否
47. 你是否有时感到自己可怜？ 是 否
48. 你是否有时有点自夸？ 是 否
49. 你是否很容易将一个沉寂的集会搞得活跃起来？ 是 否
50. 你是否讨厌那种小心翼翼开车的人？ 是 否
51. 你为你的健康担忧吗？ 是 否
52. 你曾讲过什么人的坏话吗？ 是 否
53. 你是否喜欢对朋友讲笑话和有趣的故事？ 是 否
54. 你小时候曾对父母粗暴无礼吗？ 是 否
55. 你是否喜欢与人混在一起？ 是 否

56. 如果你知道自己工作有错误，这会使你感到难过吗？ 是 否

57. 你患失眠吗？ 是 否

58. 你吃饭前必定洗手吗？ 是 否

59. 你常无缘无故感到无精打采和倦怠吗？ 是 否

60. 和别人玩游戏时，你有过欺骗行为吗？ 是 否

61. 你是否喜欢从事一些动作迅速的工作？ 是 否

62. 你的母亲是一位善良的妇人吗？ 是 否

63. 你是否常常觉得人生非常无味？ 是 否

64. 你曾利用过某人为自己取得好处吗？ 是 否

65. 你是否常常参加许多活动，超过你的时间所允许？ 是 否

66. 是否有几个人总在躲避你？ 是 否

67. 你是否为你的容貌而非常烦恼？ 是 否

68. 你是否觉得人们为了未来有保障而办理储蓄和保险所花的时间太多？ 是 否

69. 你曾有过不如死了为好的想法吗？ 是 否

70. 如果有把握永远不会被人发现，你会逃税吗？ 是 否

71. 你能使一个集会顺利进行吗？ 是 否

72. 你能克制自己不对人无礼吗？ 是 否

73. 遇到一次难堪的经历后，你是否在一段长时间内还感到难受？ 是 否

74. 你患有神经过敏吗？ 是 否

75. 你曾经故意说些什么来伤害别人的感情吗？ 是 否

76. 你是否与别人的友谊容易破裂，虽然不是你的过错？ 是 否

77. 你常感到孤单吗？ 是 否

78. 当人家寻你的差错，找你工作中的缺点时，你是否容易在精神上受挫伤？ 是 否

79. 你赴约会或上班曾迟到过吗？ 是 否

80. 你喜欢忙忙碌碌和热热闹闹地过日子吗？ 是 否

81. 你愿意别人怕你吗？ 是 否
82. 你是否觉得有时浑身是劲，而有时又是懒懒洋洋的吗？ 是 否
83. 你有时把今天应做的事拖到明天去做吗？ 是 否
84. 别人认为你生气勃勃的吗？ 是 否
85. 别人是否对你说了许多谎话？ 是 否
86. 你是否对某些事物容易冒火？ 是 否
87. 当你犯了错误时，你是否常常愿意承认它？ 是 否
88. 你会为一动物落入圈套被捉拿而感到很难过吗？ 是 否

四、应用案例

艾森克个性测验从人格特质转向人格维度，提出了人格的三个基本维度，即内外向、神经质、精神质。这不仅为实验室内许多实验所证实，且得到数学统计和行为观察之佐证。相对于其他以因素分析法编制的人格问卷而言，艾森克个性测验涉及的概念较少，施测方便，有较好的信度和效度，因此在人格测验中影响很大，并在许多国家得到修订和应用。我国早在 20 世纪 80 年代初即有陈仲庚、龚耀先和刘协和等分别进行了艾森克个性测验中国版的修订，1997~1998 年钱铭怡等研究者又修订了艾森克个性测验的简式量表。

经过多年的发展，艾森克个性测验现已成为心理门诊、精神病院、教育、人才招聘选拔、职业规划等领域应用广泛的心理测验工具，其价值已得到医学心理、心理咨询、婚恋家庭、社会科学、人才测评等应用领域心理学工作者的肯定。

第八章

职业适应性测验

第一节 动 力 测 验

一、理论基础

动机是指引起、维持和指引人们从事某种活动的内在动力，是人类行为动力中调控机制的重要组成部分，是人类行为的原动力。

由于先天和后天环境的交互作用，每个人的动机水平都不相同，通常稳定在一个恒定的水平和模式上。这会在很大程度上影响到个体在什么样的工作环境中能够感到愉悦和胜任。

哈佛大学的戴维·麦克莱兰（David McClelland）提出了一个分类框架，强调了三种在工作情境中最主要的动机：成就动机、亲和动机和权力动机。

（1）成就动机（achievement motivation）：是一些人所具有的试图追求和达到目标的内在动力。拥有这种动机的个体希望能够达到目标，并且向着成功前进。成就动机理论包括两个最基本的概念，一个是追求成功的动机，意为追求目标的最大化；一个是回避失败的动机，意为回避风险和困难的倾向性。成就动机高的人往往比成就动机低的人获得更大的成就。

（2）亲和动机（affiliation motivation）：是争取与人社会性交往的内在动力。具有强烈亲和需要的管理者很难成为有效的管理者。

（3）权力动机（power motivation）：是试图影响他人和改变环境的内在动力。具有权力动机的人希望制造对组织的影响，并且愿意为此承担风险。

对于管理工作来说，那些权力动机超过成就动机的管理者，尤其是具有很强的权力动机和抑制力，以及较弱的亲和动机的经理人通常是最优秀的。

二、北森动力测验概述

北森动力测验用于评估受测者的深层动机模式与特征，在此基础上分析受测者对成就的期望、对权力的需求、在压力下的表现，以及在人际合作中的特点，从而辅助对受测者做出科学的用人决策，也可为受测者提供职业发展的相关信息。

动力测验的设计理念，就是以麦克莱兰的动机理论为基础，从成功愿望、影响愿望、挫折承受、人际交往四个维度来考察测试者的心理动力模式。

北森动力测验共 99 道题目，作答时间为 15～20 分钟。采用 5 级量表作为应答形式，受测者判断每道题目的陈述与自己的符合程度，并选择一个数字表示这种符合程度，1～5 代表符合程度一次增加（A 代表完全不符合，B 代表基本不符合，C 代表说不清楚，D 代表基本符合，E 代表完全符合）。

三、北森动力测验内容

测验说明

了解您自己的爱好和行为习惯，了解您自己的所思所想，这将有助于您更清晰地认识自己，把握自我。

每个人都与其他人不同。每个人都有自己看待事物、分析事物以及行动的独特方式。正是由于人们在思想、感情、行动诸多方面各具特色，存在着这样或那样的差别，这个世界才表现得如此多姿多彩，变化万千；正是因为每个人各不相同，我们才期望了解自己、了解他人、了解世界，更好地把握自我，生活得更加美好。

每个人都与其他人不同。这并不是说人是不可理解的，相反，人们是可以相互理解的，是可以彼此认识的。每个人的思想与感情都表现在其行为中。对人的行为、习惯、态度的逐步认识可以帮助我们了解自己、了解他人。本问卷正是基于这一思想设计的。

本问卷中的所有问题都是取自人们的日常生活。您的回答只是表明您通常是如何看待和处理事物的。所有的问题都无所谓对与错，更无好坏之分。

请仔细阅读每一道题，并根据题目描述与自己的符合程度，从 A，B，C，

D，E 中选择一个最能反映您真实感受的答案，答案直接写在答题纸对应的题号下。不要在卷子上做任何记号！

在答题时不必对每个题多加考虑，您只要按感觉判断进行作答即可。当然，如实作答是最基本的要求。

请在答案纸上填写您的姓名及其他要求您填写的项目，并在 20 分钟内将题答完，并务必完成所有问题。

A	B	C	D	E
完全不符合	基本不符合	说不清楚	基本符合	完全符合

1. 我很注意下属是否领会了我的工作意图
2. 我常常担心不能完成工作任务并为此而感到焦虑
3. 做没有成功把握的工作，我感到紧张
4. 别人能够准确地理解我所表达的意思
5. 别人乐于和我一起分担某项工作
6. 工作中的挫折使我感到沮丧、失望
7. 我认为，只要努力，没有做过的工作我也能够做好
8. 如果周末不愉快，星期一便很难集中精力工作
9. 干任何工作我都能找到好办法
10. 我做任何事情都非常认真
11. 在进行任何工作之前，我特别注意组织工作
12. 我不愿在会上表述自己意见
13. 即使工作应聘失败，我仍然会继续尝试
14. 我很少为昨天发生的事情烦心
15. 在群体决策时，我希望自己能发挥重要的作用
16. 我希望我的副手总是支持我的决策
17. 我能自如地表达自己的感情
18. 失败之后，我总结了经验教训，信心更强
19. 工作之前，我总是希望得到别人的指点
20. 别人似乎不喜欢听我说话
21. 我一定要做到工作成绩比别人突出
22. 落在最后，常让人提不起干劲
23. 我很少去想别人的感受会是什么
24. 我的生活中，常常有些令人沮丧气馁的日子

25. 如果可能的话，我希望按照自己的想法重组领导班子
26. 每当我有了特定的工作目标时，我就干得最起劲
27. 碰到失败时，我迫切希望得到别人的鼓励
28. 从事一项新的工作时，我总感到没有成功的把握
29. 一般情况下，我不随便改变自己的意见
30. 我对他人的恨会维持很久
31. 遭遇到的每一次否定都使我更进一步接近肯定
32. 我只喜欢与同我谈得拢的人接近
33. 我不喜欢做复杂、困难的工作
34. 我一定要在工作中取得突出成绩，这是人生价值的体现
35. 没有百分之八十以上成功把握的事情，我就不愿意干
36. 别人完成不了的任务，我也去试试
37. 我认为只要努力，就能够把工作做成一流的
38. 在工作中，我很注意培养骨干力量
39. 如果碰到失败的可能，我特别希望有人帮我一把
40. 我从来不说谎话
41. 有时，别人不能理解我的兴趣和想法
42. 我善于把工作分解开寻找合适的人一起做
43. 在面对困难的时候，我常常感到不安、烦躁
44. 我非常喜欢我认识的每一个人
45. 我能准确地理解别人跟我说的话的一些隐含的意思
46. 我能很好地识别别人的情绪状态
47. 我从未产生令人难以启齿的不好的念头
48. 我没有在背后议论过别人
49. 我喜欢完成有重大意义的工作
50. 我能很快和新朋友建立稳固的关系
51. 我觉得生活中没有事情值得让自己生气
52. 我从不大发脾气
53. 我更愿意选择必须竭尽全力才能实现的目标
54. 我很少心灰意冷
55. 别人越是说我不行，我越是要干
56. 只有对少数人，我可以无拘束地袒露真实想法
57. 参加集会，我总是坐在熟人旁边

58. 我希望自己能够取得大的成功
59. 我很注意贯彻上级的意图，并尽量与自己的意图统一起来
60. 我希望有一批得力的助手
61. 当我的工作开始不顺利，我就容易一溃千里
62. 每当快要实现目标时，我就最具有拼搏精神
63. 我希望得到别人的有力支持
64. 我总有一种开创新局面、创造新事物的冲动
65. 我希望能在人群或组织中发挥领导的作用
66. 想到可能无法完成某项重要的事情，会使我不寒而栗
67. 我的观点往往能得到大多数人的认同
68. 我从不把今天应做的事拖到明天
69. 在结果尚不清楚的情况下，我总担心工作不能成功
70. 我喜欢告诉别人怎样做他们的工作
71. 通过与他人的交往，我得到了很多帮助和支持
72. 我非常重视下属提出的意见和要求
73. 无论干什么事情，我都充满信心
74. 白天工作不顺利，会影响我整个晚上的心情
75. 失败会使我觉得很难堪
76. 从和他人的交往之中我获得了很多的快乐
77. 我总不忘过去的错误
78. 与生人一起讨论我会放不开
79. 我羡慕公认的权威
80. 如果在工作中出现差错，我会非常担心
81. 和别人发生争执时，我能克制自己
82. 我有一个在别人看来是高不可攀的目标，并时刻为之奋斗
83. 我总是试图了解每个人在组织中的水平
84. 失败并不可怕，我可以吸取教训从头再来
85. 我感到与周围人的关系和谐
86. 困难越大，挑战性越强的工作，越能激起我的斗志
87. 只要我继续努力，我便会得到应有的报偿
88. 我愿意和别人一起干而不愿意独当一面
89. 在小组讨论时我感到紧张不安
90. 我非常难以接受失败

91. 我希望有详细的条例来规定自己每个人的职权范围
92. 我想，我一定受不了被解雇的羞辱
93. 别人乐于向我诉说不幸
94. 我同别人的友谊发展，多数是别人采取主动态度
95. 我希望上级指导而不干预我的工作
96. 如果某人擅自动用我的东西，我会气上一段时间
97. 我相信自己能给他人带来快乐
98. 当我感到失败要来临时，我总是采取有力的挽救措施
99. 我喜欢参加小组讨论

四、应用案例

麦克莱兰经过大量的深入研究发现，从根本上影响个人绩效的并非人们通常所认为的智商、技能或经验，而是诸如“成就动机”“人际理解”“团队影响力”等一些可被称为资质的东西。1973 年，麦克莱兰发表了题为“测量资质而非智力”的文章。他注重研究人的高层次需要与社会性的动机，强调采用系统的、客观的、有效的方法进行研究，提出了个体在工作情境中有三种重要需要，即成就动机、权力动机和亲和动机。

企业中常常应用动机测验了解员工的动机水平，较好地掌握工作情境中不同需要对于一个人的重要程度，为企业进行员工激励提供了很好的参考。

麦克莱兰的动机理论在众多领域获得了广泛的应用，他从心理学和企业管理的角度入手，把激励理论广泛地推演到整个人类社会的层面，并用以观察、分析和改造社会。

例如，在进行高职教育时，教师便应用麦克莱兰的动机理论，提高学生的成就动机。为学生确定渐进的优异目标，第一次目标定得不能太高，一旦学生达到目标以后，往往就会产生追求成功的自信心，然后教师再将目标逐步提高，充分发挥目标的激励作用，一步步将学生引向优异，同时对学生进行成就训练和独立训练，教师采用鼓励性评价等，结合多种方式提升学生的成就动机，促使学生的外在动机转化为内在动机，最终获得成功。

第二节　职业兴趣测验

一、理论基础

美国心理学家霍兰德（John L. Holland）一生都在研究职业兴趣以及相对应的职业类型划分，他的广为人知的职业兴趣六边形模型（RIASEC）奠定了他在职业咨询和发展领域的卓越贡献，在工业组织心理学领域也产生了深远影响。

1959 年，霍兰德提出了他的职业兴趣理论，将职业环境和人格以同样的维度分为六个类型，即现实型（realistic）、研究型（investigative）、艺术型（artistic）、社会型（social）、企业型（enterprising）和常规型（conventional）。

一个人的职业是否成功，是否稳定，是否顺心如意，在很大程度上取决于其人格类型与职业类型之间的匹配情况。

霍兰德的职业兴趣六边形模型如图 8-1 所示，其将六种类型的职业兴趣放在一个正六边形的六个顶点上，以顶点之间的位置关系来标示类型之间的相似程度。霍兰德认为，每个人都是这六种类型的不同组合，只是占主导地位的类型不同（对 R，I，A，S，E，C 六个方面的得分从大到小排序，排在首位的就是被试者的占主导地位的类型）（图 8-1）。

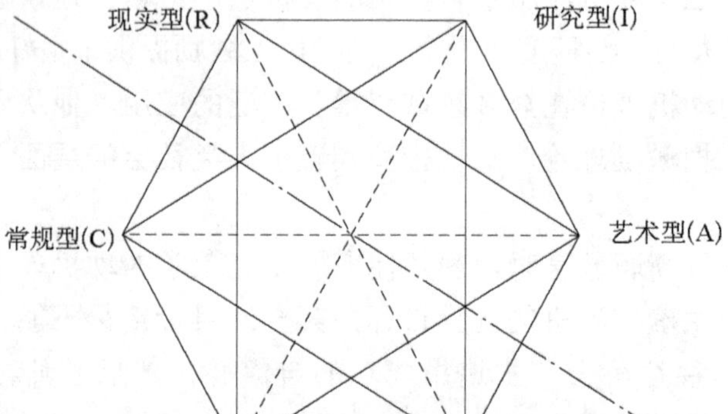

图 8-1　六边形模型

二、北森职业兴趣测验概述

北森职业兴趣测验基于霍兰德职业兴趣理论编制，主要用于考查受测者对特定工作、职业的兴趣和偏好。测验能够提供受测者对现代各类职业的喜好程度、职业兴趣分布情况，帮助受测者澄清自己的职业兴趣所在，认识自己的职业兴趣分布是否过于集中或分散，并能从侧面提供一定的个性方面的信息。

该测验包含 25 道题目，答题时间约为 30 分钟，测量了受测者在现实型、研究型、艺术型、社会型、企业型、常规型六个方面的兴趣程度。题目采用情境题的形式，每道题目描述了一个具体的情境，并设有 6 个备选项，分别对应 6 种职业兴趣。

三、北森探鼎职业兴趣测评内容

测验说明

兴趣是指一个人力求认识、掌握某种事物并经常参与该种活动的心理倾向。本测验是帮助您了解自己的兴趣特点。您的回答无正误好坏之分，只是帮助您更好地了解自己。请根据您对每一题目的第一印象回答，不要过多思考，不要遗漏题目。

回答本量表时，请您考虑：

1. 您是否在这些活动中找到乐趣？
2. 您是否经常参加这些活动？
3. 您是否投入时间精力提高自己在这些方面的能力？

测验中每一个题目都给出A、B、C、D、E、F六种活动或职业，请您选出您最喜欢的三种，并按“最喜欢”“比较喜欢”“稍微喜欢”进行排序。最喜欢的写在最前面。

【例题】

你平常最喜欢做的事情是：(　　)

A．弹琴　　B．研读专业书　　C．修理东西

D．照顾小孩子　　E．排版　　F．组织大型活动

你的回答：

最喜欢	比较喜欢	稍微喜欢
A	C	D

请仔细阅读每一道题，并选出你的答案，答案直接写在答题纸对应的题号下。不要在卷子上做任何记号！请在答案纸上填写您的姓名及其他要求您填写的项目，并在20分钟内将题答完，并务必完成所有问题。

1. 假如拍摄一场历史剧的话，你最喜欢参与的工作是：（　　）
A. 总导演　　B. 音乐创作　　C. 灯光摄影
D. 协调演职人员　　E. 财务工作　　F. 剧情的历史顾问
2. 在一个企业的各部门工作中，你喜欢的是：（　　）
A. 行政工作　　B. 研发工作　　C. 技术支持
D. 售后服务　　E. 销售工作　　F. 产品包装设计
3. 运营一个游乐场，你希望做的工作是：（　　）
A. 开发新的游乐项目　　B. 游乐场管理
C. 解说　　D. 售票
E. 设计游乐场的吉祥物　　F. 操控游乐机器
4. 业余时间，下列事情你最喜欢做的是：（　　）
A. 修理家里的东西　　B. 写写原创小说　　C. 算算家里的理财收支
D. 读读科技图书　　E. 和朋友一起出游　　F. 和朋友讨论工作进展
5. 公司计划推出一款新产品时，你喜欢参与的工作是：（　　）
A. 研发新产品　　B. 广告设计
C. 撰写商贸信函　　D. 制订产品生产、推广的整个计划
E. 协调部门之间的配合、沟通　　F. 调试或试验新产品
6. 你的理想是成为：（　　）
A. 科学家　　B. 企业家
C. 慈善家　　D. 高级工程师
E. 信息检索方面的专家　　F. 艺术家或者作家
7. 在学校时，你喜欢上的课有：（　　）
A. 基础知识课　　B. 艺术课　　C. 公共关系课
D. 手工制作课　　E. 演讲训练课　　F. 速记练习课
8. 下列团体你最希望参加的是：（　　）
A. 舞蹈、绘画等艺术培训班　　B. 文秘实务培训班
C. 创业者协会　　D. 无线电协会
E. 自然科学兴趣小组　　F. 咨询、公关方面的培训班
9. 下列活动，你喜欢做的是：（　　）
A. 按说明书组装物品　　B. 阅读科普书籍
C. 设计家具、服装或海报　　D. 参加学校组织的集体活动
E. 制订计划，参加会议　　F. 整理报告、记录等
10. 在一个团队的工作中，你喜欢担任的角色是：（　　）

A. 管理人员　　B. 技术人员　　C. 美工
D. 质检人员　　E. 研究开发人员　　F. 外联人员

11. 下列工作能够最能吸引你的是：（　　）
A. 从事管理性的工作　　B. 从事创作、表演的工作
C. 从事与人打交道的工作　　D. 从事观念性的思维工作
E. 从事程序性的工作　　F. 从事与机械有关的工作

12. 闲暇的时候，你经常翻阅的书籍是有关：（　　）
A. 商贸、公务信函的撰写方法　　B. 人际交往技巧
C. 自动化设备　　D. 服装设计
E. 科普知识　　F. 营销

13. 下列词语，你最喜欢的是：（　　）
A. 谈判　　B. 搏击　　C. 聚会
D. 统计　　E. 研究　　F. 艺术

14. 如果你的课题项目可以自由选题，你会选择：（　　）
A. 企业管理方面的　　B. 人际关系方面的　　C. 财务分析报告方面
D. 基础科学方面的　　E. 文学创作方面的　　F. 机械制造方面的

15. 民俗表演需要制造一辆彩车，你最喜欢参与的环节是：（　　）
A. 彩车的结构设计　　B. 制造彩车
C. 购买彩车所需的材料　　D. 彩车的彩绘设计
E. 各部分工作之间的协调　　F. 挑选人员，组建彩车工作小组

16. 下列类型的工作你最想做的是：（　　）
A. 和动物、工具或机械打交道的　　B. 研究科学上的问题的
C. 写作、戏剧、素描等艺术活动　　D. 能够帮助人的事情
E. 能够领导和说服别人的　　F. 和数字、记录等打交道的

17. 现在有一项实验研究要进行，你最喜欢参与的部分是：（　　）
A. 收集/核查资料以辅助研究　　B. 为开展研究工作而调配人员
C. 操作实验仪器做具体的实验　　D. 提出研究内容和设计
E. 为研究结果绘出漂亮明了的说明　　F. 做出项目安排、计划

18. 你最常关注以下哪个方面的信息发布：（　　）
A. 文艺演出的信息　　B. 经济动态
C. 新兴技术　　D. 最新的科研成果
E. 国家福利保险的最新条例　　F. 西部支教、志愿者等活动

19. 下列活动，你最喜欢做的是：（　　）

A. 组织各种社团或俱乐部的活动　　B. 改装模型
C. 结交新朋友　　D. 整理房间
E. 摄影　　F. 阅读学术研究方面的书籍

20. 组织野营活动的时候，下列活动你最喜欢做的是：（　　）
A. 考察周围的地理环境　　B. 动手搭帐篷
C. 整理安排物品　　D. 照顾体弱的同伴
E. 设计好玩的小游戏，增加活动乐趣　　F. 整个活动的筹备组织

21. 假如在一个出版社里工作，你最喜欢做的工作是：（　　）
A. 编制图书分类目录　　B. 为出版物设计封面或插图
C. 选择、决定出版何种刊物　　D. 印刷部门的工作
E. 读者服务部的工作　　F. 评估新刊物的价值

22. 召开学术会议时，你最喜欢参与的筹备工作是：（　　）
A. 调试电脑、幻灯、投影仪等　　B. 主持大会
C. 联系接待参会人员　　D. 拟定各分会场的研究主题
E. 会议时间、日程的安排　　F. 制作会议的会标、宣传材料

23. 下列活动，你最喜欢：（　　）
A. 做财务预算　　B. 操作制造和生产设备
C. 在大型酒店从事接待工作　　D. 在团队中担任领导职务
E. 研究自己选择的特殊问题　　F. 练习乐器、参加乐队

24. 下列职业，你最想做：（　　）
A. 幼儿园老师　　B. 机械工程师　　C. 大学教授
D. 漫画家　　E. 律师　　F. 编辑

25. 下列形容词，你最喜欢：（　　）
A. 有爱心的　　B. 有说服力的　　C. 善于钻研的
D. 有美感的　　E. 严谨细心的　　F. 技艺精湛的

四、应用案例

1953 年，霍兰德编制职业偏好量表，提出职业兴趣理论，将对于职业兴趣的测试和个体分析有机地结合在一起。此后，这一理论不断完善，经过几十年的验证，体系完善，有广泛的应用实例，成为人才测评中的重要理论。

如今，职业兴趣测验已经在教育、培训、企业管理等众多领域有了越来越多的应用。很多学校通过职业兴趣测验帮助学生进行职业规划，对于个人升学

就业均有重要指导作用，已经成为众多职业咨询机构的重要工具。在企业人力资源管理中，职业兴趣也发挥了重要作用，例如，招聘时通过测试应聘者的职业兴趣，决定录用的职位；在日常管理中根据员工的职业兴趣，安排匹配的岗位。下面的案例就是企业实际应用的一个例子：

某公司频繁接到顾客对一线员工的投诉，总经理要求人力资源部门介入调查。人力资源部经过初步调查，发现一个奇怪的现象：公司销售部、售后服务部、咨询部共 300 多名一线员工中，上级主管考评与顾客评分之间实际上并无明显联系。得到上级主管好评的，大部分的顾客评分都较低；相反，顾客评分较高的一线员工，大部分的上级主管评分较低。为什么上司喜爱的员工却受到客户的抱怨呢？

人力资源部采用霍兰德职业兴趣测试工具和性格测试工具对每个员工进行了测试，再一对一地面谈，以掌握每个人的“霍兰德密码”和性格特点。调查结果显示，得到顾客较高评分的员工中，表现出社会型的员工占 96%，表现出企业型的员工占 89%；而得到上级主管较高评分的员工中，表现出常规型的员工占 98%。按照霍兰德的职业性向理论不难理解：社会型的人有自己的主见和特长，喜欢从事为他人服务的工作；企业型的人善交际，口才好，能影响他人；而常规型的人尊重权威，习惯接受他人指挥和领导，工作踏实，忠诚可靠，上级主管当然喜欢。同时，人力资源部还发现了另一个有趣的现象：负责招聘的主管人员倾向于聘用与自己同类型的人。

至此，人力资源部胸有成竹地提出了调整招聘制度和绩效管理制度的建议报告：①摒弃主管考评制度，代之以比较客观的业绩评估顾客满意度评分的绩效管理制度。②把职业兴趣为社会型或企业型作为招聘服务顾客的一线员工的标准。③将招聘程序改为：首先通过人力资源中心测试，挑选出社会型或企业型的候选人，然后由人力资源部将这些候选人推荐给部门经理，再由部门经理确定最后的人选。改革半年后，该公司社会型和企业型的一线员工的比例增加了 26%，平均顾客评分提高了 21%。该公司的人力资源部成功地运用“职业兴趣理论”解决了顾客满意度持续偏低的问题。

第三节 职业锚测验

一、理论基础

职业锚测评系统是基于埃德加·施恩（Edgar Schein）教授经过近 20 年的

追踪研究而提出的职业锚理论编制的，根据对几百个不同行业、不同职业发展阶段的人进行的纵向研究和访谈，施恩教授将职业锚分成八种类型：技术/职能型、管理型、自主/独立型、安全/稳定型、创造/创业型、服务/奉献型、挑战型和生活型。

施恩教授的职业锚理论对于我们发现"真正的自我"、发掘自身的真实需求，有着里程碑式的重要意义。该理论可用于帮助个人洞察自我，也可用于帮助组织更好地理解员工。施恩的早期著作《职业动力论》首次对职业锚理论进行了系统的论述，提出了五种职业锚的概念，即管理型、技术/职能型、安全型、创造型、自主/独立型。这个观点对全球范围的学术界、职业咨询公司产生了非常深远的影响。

20 世纪 90 年代以后，施恩教授在应用反馈及深入研究的基础上，将职业锚的类型修订为八种，修订后的理论具有更强的个体针对性和更好的人群覆盖性，迄今为止，还没有发现这八种职业锚类型以外的其他职业锚类型。

二、北森职业锚测验概述

根据施恩教授的理论，北森测评技术公司开发了"职业锚测验"，目的在于帮助测试者探索自己的能力、动机及价值观，从而找出影响其做出职业决策的最重要的因素。

该测验一共 60 道题，每个题目有 6 级判断，分别表示"非常不同意、不同意、不太同意、有点同意、同意、非常同意"。所有选项均没有对错、好坏、高低之分，与生活和工作也没有任何利害关系。

三、北森职业锚测验内容

测验说明

职业锚本问卷的目的在于帮助您思索自己的能力、动机及价值观，从而找出影响您做出职业决策的最重要的因素。

下面给出了一系列描述，每个题项有 6 级判断，分别表示"非常不同意、不同意、不太同意、有点同意、同意、非常同意"。请对每个选项进行 6 级评判，在答题纸上写上相应的答案。

例题：我希望工作能为我带来很高的收入。

A	B	C	D	E	F
非常不同意	不同意	不太同意	有点同意	同意	非常同意

如果你对此描述有点同意，则请在答纸上写上D。

注意：所有选项均没有对错、好坏、高低之分，与您的生活和工作也没有任何利害关系，请放心根据您自己的实际情况和真实想法作答，不要考虑应该选择什么或别人希望自己选择什么。

A	B	C	D	E	F
非常不同意	不同意	不太同意	有点同意	同意	非常同意

1. 我的目标是成为某专业领域内的专家。
2. 对我工作表现的最佳认可，是赋予我更大的管理责任。
3. 如果工作中有过多的约束或限制，我会难以接受。
4. 安全感与稳定感是我选择单位时的重要标准。
5. 我的目标是创建属于自己的产品或公司。
6. 帮助他人成长、进步，我会感到很有成就感。
7. 不管参与什么样的竞赛，我都力争胜出。
8. 我不愿从事需要经常出差的工作。
9. 对我来说，掌握对组织有关键影响的决策权至关重要。
10. 我争取专业领域内的每一次学习机会。
11. 理想的职业应该给予员工较大的自主与自由。
12. 用自己的姓名给公司命名是个很好的选择。
13. 职业成功就是不断战胜挑战的过程。
14. 我选择的工作应当具有很高的社会价值。
15. 工作之余，应当有充足的时间享受生活。
16. 经常变换工作会使我没有安全感。
17. 得到同行或专业人士的认可让我很有成就感。
18. 我的职业目标就是管理更多下属，影响更多的人。
19. 不管从事什么工作，我都希望有明确的工作内容和要求。
20. 工作固然重要，但不能因为工作而影响家庭生活。
21. 如果工作中没有挑战自我的机会，我会感到厌烦。
22. 我喜欢参与社区义工、保护环境等公益活动。
23. 我希望能开发出新产品，并拥有该产品的专利。
24. 我不喜欢严格的规章制度。

25. 工作的乐趣就在于解决专业或技术上的难题。
26. 组织应当允许员工自主地决定工作内容与过程。
27. 我非常担心失业。
28. 对我来说，为他人提供服务是个人价值的最好体现。
29. 工作就是挑战自我的平台。
30. 对我而言，开发新产品或新业务比改进现有产品或业务更有吸引力。
31. 如果工作与家庭产生冲突，我会以家庭为重。
32. 获取更多的领导机会意味着更大的成就。
33. 作为某专业组织的成员，我为此感到骄傲。
34. 频繁的临时变动使我感到紧张、烦躁。
35. 自己创建的产品或公司得到公众的认可才有价值。
36. 不断有新的难题出现才能维持我对工作的兴趣。
37. 我一直寻求如何将工作与生活之间的冲突最小化。
38. 我希望利用自己的才能给别人带来帮助。
39. 我希望按照自己的方式来完成工作。
40. 说服别人按照我的想法做事让我很有成就感。
41. 工作任务越艰难，就越能激起我的斗志。
42. 只有通过自己的努力创建属于自己的产品、公司，才能获得职业上的成就感。
43. 长期而稳定的工作使我感到安全。
44. 要获得事业上的成功，就必须不断提升自己的专业水平。
45. 成功的职业要对社会有所贡献。
46. 组织要尊重个人及其家庭的需要。
47. 成为某大型组织的中高层管理者，才算达到事业上的成功。
48. 有没有自主权是我做出职业决策时的重要依据。
49. 如果一个难题没有得到妥善解决，我就不甘心。
50. 在工作中，我希望自己的技术、专业等级能够得到提升。
51. 稳定而可靠的组织对我很有吸引力。
52. 我希望从事对他人、社会有帮助的工作。
53. 组织应当提供弹性工作制，以减小工作与生活之间的冲突。
54. 职位高低是衡量职业成败的重要标准。
55. 工作时我讨厌别人对我指手画脚。
56. 公司必须提供良好的退休金计划和福利体系。

57. 若能在工作中施展我的技术才能，我会感到很高兴。
58. 我喜欢解决那些看似无法解决的问题。
59. 工作与生活之间必须很好地加以平衡。
60. 组织可以提供明确的工作目标，但却不能限制完成工作的方式。

四、应用案例

职业锚理论产生于在职业生涯规划领域具有“教父”级地位的美国麻省理工大学斯隆商学院、美国著名的职业指导专家施恩教授领导的专门研究小组，是对该学院毕业生的职业生涯研究中演绎成的。经过近 30 年的发展，职业锚已成为许多个人职业生涯规划的必选工具和公司人力资源管理的重要工具，是一种职业生涯规划咨询、自我了解的工具，能够协助组织或个人进行更理想的职业生涯发展规划。

职业锚在员工的工作生命周期中，在组织的事业发展过程中，发挥着重要的功能作用。个人在进行职业规划和定位时，可以运用职业锚思考自己具有的能力，确定自己的发展方向，审视自己的价值观是否与当前的工作相匹配。尝试各种具有挑战性的工作，在不同的专业和领域中进行工作轮换，对自己的资质、能力、偏好进行客观的评价，是使个人的职业锚具体化的有效途径。

对于企业而言，通过雇员在不同的工作岗位之间的轮换，了解雇员的职业兴趣爱好、技能和价值观，将他们放到最合适的职业轨道上去，可以实现企业和个人发展的双赢。

例如，日本丰田公司在运用员工的“职业锚”方面给了我们有益的借鉴。丰田对于岗位一线工人采用工作轮调的方式来培养和训练多功能作业员，这样既提高了工人的全面操作能力，又使一些生产骨干的经验得以传授。员工还能在此过程中发现自己的优势在哪里，从而进行准确定位，找到真正适合自己的岗位。一旦员工确立了自己的职业锚，工作起来将会更具积极性和主动性，效率将会有很大提高。丰田采取 5 年调换一次工作的方式对各级管理人员进行重点培养。每年 1 月 1 日进行组织变更，一般以本单位相关部门为调换目标，调换幅度在 5%左右。短期来看，转岗需要有熟悉操作的适应过程，可能导致生产效率的降低，但对企业长久发展来看则是利大于弊。经常的有序换岗还能给员工带来适度的压力，促使员工不断学习，使企业始终保持一种生机勃勃的氛围。

第四节 SCL-90 心理健康测验

一、理论基础

1. 奥尔波特的心理健康理论

奥尔波特（G. W. Allport）认为，健康的人并不被潜意识所控制和支配，而是在理性的和有意识的水平上进行活动；健康的心理不受过去的压抑，而是受当前以及指向未来的期望所指引。

奥尔波特的健康人格观点主要体现在成熟人格标准上，即自我感的扩展、与人保持亲密关系、具有自我安全感、客观看待外界、对工作投入、客观认识自我、具有统一的人生观。

2. 马斯洛的心理健康理论

马斯洛认为，自我实现者是心理健康者，他们已经满足了较低层次的需要，即生理、安全、归属和爱以及尊重的需要。

马斯洛认为心理健康者具有一些共同的特点，综合起来分为四个方面：对自己的认识、态度和活动；对他人的态度和情感；对工作的投入；对社会生活的人事。

二、SCL-90 心理健康测验概述

症状自评量表（Symptom Checklist 90，SCL-90）心理健康测验最原始的版本是由德若伽提斯（L. R. Derogatis）在他编制的 Hopkin's 症状清单（HSCL 1973）的基础上，于 1975 年编制而成的。曾有 58 项题目的版本和 35 项题目的简本，现在普遍得到应用的是由 90 个自我评定项目组成的版本。

该测验共 90 道题目，在 15 分钟左右可以完成。测验采用自我评定的方式，个体根据自己最近一个星期的情况，对心理健康状况，职业按照自己真实情况作答即可。

三、SCL-90 心理健康测验内容

测验说明

您好！欢迎您参加“SCL-90 心理健康测验”。这项测验是用于考察测试者

的心理健康状况。需要注意的是，一个人偶尔出现一些不健康的心理和行为，并不意味着心理不健康。心理不健康是指个体在较长一段时间内持续的不良心理状态，如焦虑、忧郁、过度紧张等。另外，心理不健康是动态可变的，只要经过良好的心理调适，得到恰当的心理卫生服务，便可以重获健康的心理。因此，了解自己的心理健康状况，有助于保持状况良好的方面，改善状况不良的方面。

测验共90道题，总时限为15分钟。

请仔细阅读下面注意事项，这对准确反映您的心理健康状况是非常重要的。

1. 这项测验的试题考察的是您最近一周的状况。

2. 本测验的目的是帮助您了解自己的心理健康状况，请根据真实情况作答，不用考虑太多。

下面列出了有些人可能会有的问题，请仔细地阅读每一条，然后根据最近一星期以内下述情况影响您的实际感觉，在每个问题后选择该题的程度得分(在相应的数字上画圈：②)。其中，"没有"选1，"很轻"选2，"中等"选3，"偏重"选4，"严重"选5。

题号	题目	没有	很轻	中等	偏重	严重
1	头痛	1	2	3	4	5
2	神经过敏，心神不定	1	2	3	4	5
3	头脑中有不必要的想法或字句盘旋	1	2	3	4	5
4	头晕或昏倒	1	2	3	4	5
5	对异性的兴趣减退	1	2	3	4	5
6	对旁人责备求全	1	2	3	4	5
7	感到别人能控制您的思想	1	2	3	4	5
8	责怪别人制造麻烦	1	2	3	4	5
9	忘记性大	1	2	3	4	5
10	担心自己的衣饰整齐及仪态的端正	1	2	3	4	5
11	容易烦恼和激动	1	2	3	4	5
12	胸痛	1	2	3	4	5
13	害怕空旷的场所或街道	1	2	3	4	5
14	感到自己精力下降，活动减慢	1	2	3	4	5
15	想结束自己的生命	1	2	3	4	5
16	听到旁人听不到声音	1	2	3	4	5
17	发抖	1	2	3	4	5

续表

题号	题目	没有	很轻	中等	偏重	严重
18	感到大多数人都不可信任	1	2	3	4	5
19	胃口不好	1	2	3	4	5
20	容易哭泣	1	2	3	4	5
21	同异性相处时感到害羞不自在	1	2	3	4	5
22	感到受骗，中了圈套或有人想抓住您	1	2	3	4	5
23	无缘无故的突然感觉到害怕	1	2	3	4	5
24	自己不能控制的大发脾气	1	2	3	4	5
25	怕单独出门	1	2	3	4	5
26	经常责怪自己	1	2	3	4	5
27	腰痛	1	2	3	4	5
28	感到难以完成任务	1	2	3	4	5
29	感到孤独	1	2	3	4	5
30	感到苦闷	1	2	3	4	5
31	过分担忧	1	2	3	4	5
32	对事物不感兴趣	1	2	3	4	5
33	感到害怕	1	2	3	4	5
34	您的感情容易受到伤害	1	2	3	4	5
35	旁人能知道您的私下想法	1	2	3	4	5
36	感到别人不理解您不同情您	1	2	3	4	5
37	感到人们对您不友好，不喜欢您	1	2	3	4	5
38	做事情必须做得很慢以保证做得正确	1	2	3	4	5
39	心跳得厉害	1	2	3	4	5
40	恶心或胃不舒服	1	2	3	4	5
41	感觉比不上别人	1	2	3	4	5
42	肌肉酸痛	1	2	3	4	5
43	感到有人在监视您、谈论您	1	2	3	4	5
44	难以入睡	1	2	3	4	5
45	做事必须反复检查	1	2	3	4	5
46	难以做出决定	1	2	3	4	5
47	怕乘电车、公共汽车、地铁或火车	1	2	3	4	5
48	呼吸困难	1	2	3	4	5
49	一阵阵发冷或发热	1	2	3	4	5

续表

题号	题目	没有	很轻	中等	偏重	严重
50	因为感到害怕而避开某些东西、场合或活动	1	2	3	4	5
51	脑子变空了	1	2	3	4	5
52	身体发麻或刺痛	1	2	3	4	5
53	喉咙有梗塞感	1	2	3	4	5
54	感到前途没有希望	1	2	3	4	5
55	不能集中注意	1	2	3	4	5
56	感到身体的某一部分软弱无力	1	2	3	4	5
57	感到紧张或容易紧张	1	2	3	4	5
58	感到手或脚发重	1	2	3	4	5
59	想到死亡的事	1	2	3	4	5
60	吃得太多	1	2	3	4	5
61	当别人看着您或谈论您时感到不自在	1	2	3	4	5
62	有一些不属于您自己的看法	1	2	3	4	5
63	有想打人或伤害他人的冲动	1	2	3	4	5
64	醒得太早	1	2	3	4	5
65	必须反复洗手、点数目或触摸某些东西	1	2	3	4	5
66	睡得不稳不深	1	2	3	4	5
67	有想摔坏或破坏东西的想法	1	2	3	4	5
68	有一些别人没有的想法或念头	1	2	3	4	5
69	感到对别人神经过敏	1	2	3	4	5
70	在商场或电影院等人多的地方感到不自在	1	2	3	4	5
71	感到任何事情都很困难	1	2	3	4	5
72	一阵阵恐惧或惊恐	1	2	3	4	5
73	感到在公共场合吃东西很不舒服	1	2	3	4	5
74	经常与人争论	1	2	3	4	5
75	单独一个人时神经很紧张	1	2	3	4	5
76	别人对您的成绩没有做出恰当的评价	1	2	3	4	5
77	即使和别人在一起也感到孤独	1	2	3	4	5
78	感到坐立不安心神不定	1	2	3	4	5
79	感到自己没有什么价值	1	2	3	4	5
80	感到熟悉的东西变陌生或不像真的	1	2	3	4	5
81	大叫或摔东西	1	2	3	4	5

续表

题号	题目	没有	很轻	中等	偏重	严重
82	害怕会在公共场合昏倒	1	2	3	4	5
83	感到别人想占您的便宜	1	2	3	4	5
84	为一些有关“性”的想法而很苦恼	1	2	3	4	5
85	您认为应该因为自己的过错而受到惩罚	1	2	3	4	5
86	感到要赶快把事情做完	1	2	3	4	5
87	感到自己的身体有严重问题	1	2	3	4	5
88	从未感到和其他人很亲近	1	2	3	4	5
89	感到自己有罪	1	2	3	4	5
90	感到自己的脑子有毛病	1	2	3	4	5

四、应用案例

SCL-90 由德若伽提斯于 1975 年编制，含有 90 个项目，每项 5 级评分。该量表的制定可以追溯到在 Cornell Medical Index（CMI）基础上，由 M. B. Parloff 制定的评定心理治疗并经 J. D. Frank 修改的不适量表（Discomfort Scale）。后来德若伽提斯以他编制的 Hopkin's 症状清单（HSCL 1973）为基础制定 SCL-90。

SCL-90 作为经典的心理健康测验，在长时间的实践中被证明能够有效区分出心理健康状况不良的人，有助于测试者有针对性地改善自我的心理健康状况。

SCL-90 为学校的心理健康教育提供了有益的参考，很多高校都将 SCL-90 作为对学生进行心理健康状况筛查的重要辅助工具，为学生建立心理健康档案等。

员工心理健康问题在企业中也普遍引起关注，很多企业开始采用员工援助计划（employee assistance program，EAP），即通过专业人员对企业进行诊断、建议，并对员工及其直属亲人提供专业指导、培训和咨询，旨在帮助员工及其家庭成员解决各种心理和行为问题，以提高员工的工作绩效以及改善企业气氛和管理，使企业获得很大收益。美国哈佛大学人力资源管理心理学研究专家在 1998 年对全美国大中型企业实施 EAP 效应调查时发现，实施 EAP 项目可以为企业节省大量费用支出。大约每 1 美元 EAP 费用支出可以节省 5～16 美元开支。美国通用汽车公司的 EAP 实施后，每年为公司节约 37 000 万美元的开支，平均每名员工节省 3700 美元的费用开支。美国一家拥有 7 万员工的信托银行引进 EAP 之后，仅仅一年，它们在病假的花费上就节约了 739 870 美元的成本。2004 年，Marsh&McLennon 公司对 50 家企业做过调查，在引进 EAP 之后，员工的缺勤率降低了 21%，工作的事故率降低了 17%，而生产率提高了 14%。日本 Motorola 公司在引进 EAP 之后，平均降低了 40%的病假率。

第九章

管理行为测验

第一节　领导力测验

一、理论基础

保罗·赫塞（Paul Hersey）和肯尼思·布兰查德（Kenneth Blanchard）提出的情境领导（situational leadership）模型认为，领导者应该根据具体情境运用相应的领导方式。

这里的“领导”被定义为影响个人或团体行为而做出的任何努力。

情境领导模型认为，领导者的行为可分为两种——工作（任务）行为和关系行为。

工作（任务）行为是指领导者清楚地说明个人或组织的责任，这种行为包括告诉下属做什么、如何做、什么时候做、在哪里做，以及由谁来做，并且密切监督下属的工作表现。

关系行为是指领导者与（多个）下属进行双向沟通或者多向沟通。这种行为包括倾听、鼓励、协助、提供工作说明以及给予社会方面的支持等。

情境领导模型通过组合工作（任务）行为和关系行为将领导风格分为四种，如图 9-1 所示。

指导型（S1，directing）：高工作、低关系。领导者为下属制定角色、安排任务，并给以具体指示和严格监督。所有决定由领导者做出，沟通是单方面的。

教练型（S2，coaching）：高工作，高关系。仍然由领导者为下属制定角色、安排任务，但允许讨论，并听取下属的意见和建议。最终决策仍由领导做出，但增加了双向沟通。

图 9-1　四种领导风格

支持型（S3，supporting）：低工作，高关系。领导者将例行的决策权力如工作安排、流程部署交予下属。领导者协调促进下属展开决策讨论，并协助其自行决策。

授权型（S4，delegating）：低工作，低关系。领导者仍然参与下属的讨论，但控制权由下属掌握。由下属决定在何时、何种情况下领导者需要参与决策讨论。

情境领导模型认为，被领导下属的准备水平是由下属的能力和意愿共同决定的，共有 4 个水平：R1 没能力、没意愿、不自信；R2 没能力、有意愿、自信；R3 有能力、没意愿、不自信；R4 有能力、有意愿、自信。领导者能够根据员工所处的准备水平（R1~R4），调整和运用自己的领导方式（S1~S4），以达到期望的结果。具体如表 9-1 所示。

表 9-1　领导风格与下属准备读水平的配对

下属准备度	领导风格	描述	示例
R1 没能力 没意愿 不自信	S1 高工作 低关系	进行详细指示并密切监督绩效	一线领导负责管理没有经验的新员工，他们发现命令和严格的监督是最有效的领导策略
R2 没能力 有意愿 自信	S2 高工作 高关系	解释决策并给予澄清的机会	那些渴望提高技能的员工对领导的指导和支持反应强烈
R3 有能力 没意愿 不自信	S3 高关系 低工作	交换意见并辅助下属制定决策	那些具备工作所必需的知识和技能，但不敢于承担责任并缺乏信心的员工，喜欢领导者给予鼓励和支持
R4 有能力 有意愿 自信	S4 低关系 低工作	交出决策权和执行权	对于那些经验丰富并乐于承担责任的员工，如果领导者能够放手让他们自己去做，总能取得理想的结果

二、北森领导力测验概述

领导力测验以情境领导模型为基础，对受测者领导行为的两个方面加以考察：一是恰当运用不同领导风格的能力，即领导力；二是受测者对指导型、教练型、支持型、授权型四种领导风格运用的偏好，即领导风格。

北森领导力测验用于评估受测者在不同的情境中灵活运用不同领导风格的能力，以及对各种领导风格的使用偏好。这里所测量的领导力适用于但不局限于组织中的领导者，同时也适用于父母、教师等所有对他人产生影响的角色。测验可用于企业的招聘、选拔、培训等人力资源环节。

北森领导力测验共 12 道题目，作答时间为 10~20 分钟。题目采用情境题的形式，每道题目描述了一个具体的领导情境，并设有 4 个备选项，分别在 4 种领导风格上记分，同时，选择不同的选项在领导力的记分是不同的，也就是说，每个情境中都对应一个最适宜的领导风格。

三、北森领导力测验内容

测验说明

假设您自己处于以下描述的 12 种情景之中，仔细阅读每一项题目，想象您在每一种情景下可能做出的反应，然后选择最接近您此情景下行为方式的一项。

● 在进行选择时，你应该根据自己在以往类似情况下所做出的反应或者在以后出现类似情况下可能做出的反应进行选择，不要根据你心目中领导应该做出的反应进行作答。

● 在阅读每项情景时，根据你自己认为最经常担任领导角色的情景思考其中的关键概念。例如，当选项中提到下属这一概念时，你认为自己担任最多的领导角色是企业经理，那么请把公司的职员当作是下属。如果你认为自己担任领导角色最多的是父母，那么请把自己的孩子想象成为下属。如果你是一名教师，就把学生当作是下属。请不要在各选项之间更换自己的情景参考依据。

● 按顺序依次进行选择；也就是说，做完第一题后进入第二题，依此类推。不要回头检查自己的答案；坚持你最初的选择。

● 不要花费过多的时间；对每项题的作答都当作是对生活中真实情景的反应。

1. 下属的工作绩效正在迅速下降，当你试图与他们进行友好的交谈，并表现出对他们的关心时，他们反应漠然。面对这种情景，你会：（　　）

A. 向他们强调完成任务的必要性，并通过标准的工作程序推动他们。

B. 参与下属关于工作的讨论或会议，但并不参与具体实施过程。

C. 与下属进行交谈，然后帮助他们设定工作目标。

D. 不介入此情景中，他们可以自己解决。

2. 团队的工作绩效正在上升。你确信团队成员都知道自己应该担负的责任，以及需要达到的业绩标准。这时，你应该：（　　）

A. 让团队成员互相影响，但要确保团队成员清楚自己需要承担责任和需要达到的业绩标准。

B. 不采取明确的行动。

C. 想方设法使团队成员都感受到自己非常重要，团队业绩有自己的一份功劳。

D. 向团队强调任务的最后期限及重要性。

3. 团队的工作绩效及人际关系非常好，当团队成员碰到自己无法解决的问题时，作为领导，你会：（　　）

A. 加入团队中，与他们一起工作，共同解决问题。

B. 让团队成员自己解决问题。

C. 迅速、坚定地纠正团队的错误，重新指导他们。

D. 鼓励团队成员去解决问题，并对他们的努力给予支持。

4. 你正在考虑进行一次重要的变革，你的下属有良好的业绩记录，他们也理解这次变革的必要性。此时，你会：（　　）

A. 让团队成员参与到变革的设计，同时避免过多的指导。

B. 宣布改革内容，严格监督执行。

C. 让团队自己设计并执行变革。

D. 吸收团队成员的建议，自己指导进行变革。

5. 团队的业绩在最近的几个月内连续下降，他们似乎不关心是否达成目标。重新分工并明确责任的方法曾起到过作用，团队需要不断提醒才能按时完成任务。此时，你：（　　）

A. 允许团队自己去解决问题。

B. 吸收团队成员的建议，但要确保任务完成。

C. 重新分工并明确责任，仔细监督执行。

D. 让团队成员参与重新分工和明确责任，但是要避免过多的指导。

6. 你进入一家在前任主管严格控制下高效运作的组织，你希望继续维持高效率的运营状态，但同时又想使整个管理变得更加人性化。此时，你：（　　）

A. 尽可能使团队成员都感受到自己的重要性，具有一种参与意识。

B. 强调最终期限和任务的重要性。

C. 有意地不予干涉。

D. 让团队成员参与决策过程，但要确保工作任务的完成。

7. 你正在考虑改变团队的组织结构，团队成员提出了一些变革建议。团队的工作效率一直很高，而且在工作中表现出很高的灵活性。此时，你：（　　）

A. 详细说明要进行的变动，并仔细地监督执行。

B. 与整个团队一起共同设计变动，但是让团队自己组织执行。

C. 愿意根据建议进行变动，但是要控制变动的实施。

D. 避免冲突，任事情自然发展。

8. 团队的工作绩效和人际关系表现良好，但你有些不确定是否对团队缺乏指导。你需要：（　　）

A. 对团队不予干涉。

B. 与团队成员讨论目前的情况，然后进行必要的变动。

C. 采取措施对下属的工作进行明确的指导。

D. 支持并鼓励团队讨论目前的情况，但避免过多的指挥。

9. 你被委派你去领导一个小组，你要求大家提出变革的建议，但迟迟没有回应。该小组没有清晰的工作目标，会议考勤一直较差，会议甚至变成了社交场所。但是，小组成员的潜质非常好。此时，你应该：（　）

A. 让团队自己解决自己的问题。

B. 吸收团队的建议，同时确保他们实现工作目标。

C. 重新明确目标，仔细监督执行。

D. 让团队参与目标的设定，但不要强迫他们。

10. 通常情况下，你的下属能够承担起自己的责任，但是最近，大家对你重新明确的工作标准却反应漠然。此时，你会：（　　）

A. 让团队成员参与重新明确工作标准，不控制他们的活动。

B. 重新明确标准，仔细监督执行。

C. 为避免冲突，不向团队施加压力，任事情自然发展。

D. 汲取团队建议，同时确保他们达到新的标准。

11. 你刚被提升到一个负责一个团队。该团队前任主管很少参与团队的工作。该团队能够完成任务，团队成员人际关系良好。此时，你要：（　　）

A. 采取措施对下属的工作进行明确的指导。

B. 使下属们参与到决策过程中来，巩固提高已取得的良好成绩。

C. 与团队讨论过去的工作表现，然后检查是否需要改变以往的一些做法。

D. 继续让团队自由发展。

12. 最近的信息表明你的下属遇到一些内部困难。该团队有着杰出的业绩纪录。成员们有效地坚持长远的目标，在过去一年内，他们和谐相处，相互合作。所有这些方面都有利于工作任务的完成：（　　）

A. 与下属讨论你提出的解决方案，检查是否需要改变以往的一些做法。

B. 让团队成员们自己解决这些困难。

C. 采取迅速有力的措施，纠正错误，并指导他们。

D. 参与下属们关于困难的讨论，并给予他们必要的支持。

四、应用案例

领导风格一般指习惯化的领导方式所表现出的种种特点。习惯化的领导方式是在长期的个人经历、领导实践中逐步形成的，并在领导实践中自觉或不自觉地稳定起作用，具有较强的个性化色彩。每一位领导者都有其与工作环境、经历和个性相联系的与其他领导者相区别的风格。领导风格研究的理论价值和实践意义在于它更能反映现实的领导活动，解释领导有效性的差异。

北森领导力测验是以著名的情境领导模型为基础编制的。该领导风格模型在组织行为学领域具有广泛的影响力，根据情境领导模型，领导者应该根据具体情境运用相应的领导方式（领导风格），才能达到最好的影响效果。北森领导力测验对领导者灵活运用不同领导方式的能力加以评估，并测量了领导者惯常使用的领导方式，帮助领导者根据不同情境采取因人而异的领导风格。

北森领导力测验既适用于企业中的领导者，同时也适用于父母、教师等对他人产生影响的角色。测验可用于企业的招聘、选拔、培训等人力资源环节，对受测者的领导力加以评估，辅助相关决策。领导力测验可以为受测者本人提供有价值的信息，帮助受测者了解自己通过灵活运用不同的领导方式影响他人的能力，以及自己常用的领导方式。

领导力的发展和培养是各大公司非常关注的问题，2009 年合益咨询发布了中国最佳领导力发展公司前 20 强，前 10 名依次是华为技术有限公司、联想集团有限公司、中国粮油食品集团有限公司、华润集团有限公司、招商银行股份有限公司、万科企业股份有限公司、海尔集团公司、青岛啤酒股份有限公司、阿里巴巴中国网络技术有限公司、苏宁电器集团。

第二节　TKI 冲突测验

一、理论基础

冲突（conflict）是指发生在同一空间两个或以上事物的互相对抗过程。在任何情境下，当人和人的想法和愿望出现不一致时，就产生了冲突。

德国社会学家齐美尔（Georg Simmel）最早将冲突作为一种互动类型来研究，他将冲突划分为四种类型：①战争，即群体之间的冲突；②派别斗争，即群体内部的冲突；③诉讼，即通过法律途径处理的冲突；④非人格的冲突，即思想观念上的冲突。

Kenneth Thomas 受到 Blake-Mouton 的管理方格图的影响，在自己的著作《工业和组织心理学》中提出了“冲突和冲突管理”的模型，1976 年，由 Marvin Dunnette 改变呈现在广为流传的二维冲突应对模型——Thomas-Kilmann 冲突模式（the Thomas-Kilmann conflict mode instrument），如图 9-2 所示。

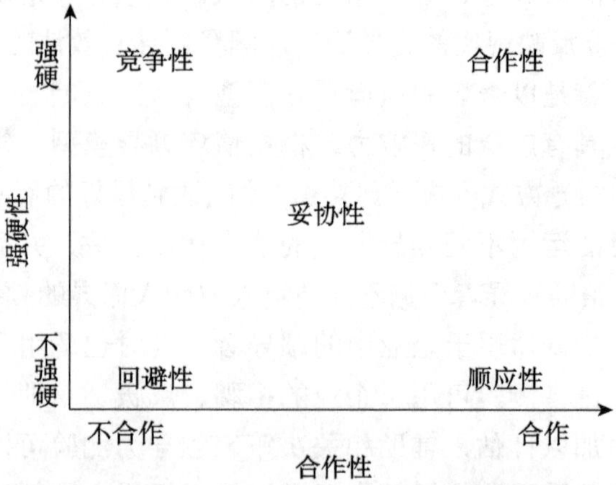

图 9-2　Thomas-Kilmann 冲突应对模式

Thomas-Kilmann 冲突模式工具是为了评估个体在冲突情境下的行为而设计的，可以从两个基本的维度描述一个人的行为：强硬性和合作性。强硬性是个体试图满足自己的关注点的程度；合作性是个体试图满足他人的关注点的程度。

一种特定的冲突应对风格的有效性取决于特定冲突情境的要求以及使用模

式时所用的技能。五种常见的冲突应对风格如下：

（1）竞争性（competing）：高强硬性，低合作性。

个体的目标是“取胜”，是以他人的代价来追求自己的需要。这是一种权力定位的模式，在此模式下，人们使用一切看似恰当的手段以处于优势地位，如争辩能力、头衔或经济制裁。竞争性可能意味着维护自己的权力，捍卫他们认为正确的立场，或仅仅是设法取胜。

（2）合作性（collaborative）：高强硬性，高合作性。

与回避性相对。个体目标是“找到一种取胜的方式”。合作性涉及一种努力，即试图与他人合作以找到能充分满足双方关注点的解决办法。这意味着深入研究问题以识别出两人的潜在关注点，并且找到能满足双方关注点的办法。两人间的合作可能采取的形式有：①探索分歧以相互学习对方的见识，一致解决某个情形，否则，它将引起他们争夺资源或发生冲突；②尽力找到创造性解决人际问题的方法。

（3）妥协性（compromising）：中等强硬性，中等合作性。

个体的目标是“找到一个中间地带”，当合作或竞争不成功时，作为备用方法。妥协的目的是找到能部分满足双方的、有利的、双方均能接受的办法。它居于竞争性和顺应性的中间。妥协性放弃的多于竞争性，但少于顺应性。同样，它处理问题比回避性更直接，但不如合作性探索得深入。妥协性可能意味着折中、相互妥协，或者寻找一个快速、中间的立场。

（4）回避性（avoiding）：低强硬性，低合作性。

个体的目标是“能推就推”。这种处理冲突风格的个体不直接追求自己或他人的关注。他们不着力解决冲突，尤其是当问题看起来有分歧或预示着其他更基本的问题时。回避性可能采取的形式有：很外交地规避问题，推迟事宜直至更合适的时间，或者简单地从具有威胁性的情境中撤出。

（5）顺应性（accommodating）：低强硬性，高合作性。

个体目标是“顺从”。顺应性与竞争性相对。顺应他人时，个体忽视自己的利害关系，以满足他人的关注。此种模式含有自我牺牲的成分。顺应可能采取的形式有：无私慷慨或慈善义举，在不情愿时仍能服从他人的命令或屈从于他人的观点。

二、北森 TKI 冲突测验概述

北森 TKI 冲突测验基于 Thomas-Kilmann 冲突模型展开，用于帮助个体辨认出其偏好的冲突处理应对方式，并确定个人和团队的动力风格。TKI 冲突测验能够辨认出个体的冲突处理方式并提供个体是如何应用者五种不同的冲突模式。竞争性、合作性、妥协性、回避性、顺应性测试可应用在人力资源、领导力发展、培训等方面，主要包括：冲突及应变管理、促进沟通、领导力发展、员工满意及保留、绩效改进、压力管理、团队建设等。报告明确个体偏好的冲突处理模式，并详细描述人们如何运用这五种不同的模式。

本测验包括 30 道题目，答题时间为 20 分钟，测量了受测者在回避型、竞争性、合作性、妥协性、顺应性五个方面的冲突应对倾向。题目采用"迫选式"设计，即每个题目有 A 和 B 两个选项，受测者选出其中相对而言更符合自己的一个，每个题目的两个选项分别对应五种冲突应对风格中的两个，根据受测者的选择在相应的冲突应对风格生记分。

三、TKI 冲突测验内容

测验说明

您好！欢迎您参加"TKI 冲突测验"。本测验共 30 道试题，时限为 20 分钟。您的回答无正误好坏之分，只是帮助你更好地了解自己。需注意以下几点：

- 请一次性完成所有题目，不要间断；
- 每道题只能选择一个答案，不要遗漏任何一题；
- 根据您对每一题目的第一印象答题；
- 有些题您可能从未碰到过或难以选择，不要过多思考，凭第一感觉做答；
- 保证环境安静，不要受环境干扰或他人的观点影响。

1. 当与别人的意见不一致时，我更倾向于（　　）

A. 我有时让第三方负责解决这个问题。

B. 我尽可能不去争论双方产生分歧的地方，而是强调双方已经达成的共识。

2. 当我们在某一事件上产生冲突时（　　）

A. 我尽力找到折中办法。

B. 我会努力去解决双方关心的所有问题。

3. 当发生冲突时（　　）

A. 通常我会坚持我的立场。

B. 我首先会照顾到别人的感受，以保持良好的合作关系。

4. 当大家的观点不一致时（ ）
A. 我尽力找到折中办法。
B. 必要时，我会为了他人的愿望牺牲自己的利益。
5. 当大家的观点不一致时（ ）
A. 我会寻求他人的帮助以找到更合理的解决方案。
B. 我尽可能避免造成双方的紧张势态。
6. 如果大家产生争执（ ）
A. 我尽量避免使自己不愉快。
B. 我会尽力处于有利地位。
7. 当无法达成一致时（ ）
A. 我会尽力推迟事情，直到我有足够时间仔细考虑。
B. 为争取达成一致，我会放弃一些观点。
8. 当大家的意见发生对立时（ ）
A. 通常我会坚持自己的立场。
B. 我会亮出所有问题，并分析利害关系。
9. 当大家的做事方式不一致时（ ）
A. 差异的存在是正常的，没必要过分担心。
B. 我会坚持我的做事方式。
10.大家发生冲突时（ ）
A. 我会坚持自己的立场。
B. 我尽力找到折中办法。
11. 当大家僵持不下时（ ）
A. 我会亮出所有问题，并分析利害关系。
B. 我首先会照顾到别人的感受，以保持良好的合作关系。
12. 讨论问题时（ ）
A. 我有时避免形成对立局面。
B. 大家应该互相让步，达成一致。
13. 当大家僵持不下时（ ）
A. 我通常建议采取中间立场。
B. 我会坚持让别人接受我的观点。
14. 在小组讨论时（ ）
A. 我告诉大家我的想法并征询他们的看法。
B. 我会尽力解释我的意见，说明采纳后能带来的好处。

15. 当大家发生冲突时（　　）

A. 我首先会照顾到别人的感受，以保持良好的合作关系。

B. 我尽可能避免造成双方的紧张势态。

16. 别人不接受我的观点时（　　）

A. 我尽力不伤害他人的感情。

B. 我尽力说服他人接受我的意见。

17. 如果大家发生争论（　　）

A. 我通常坚持自己的立场。

B. 我尽可能避免造成双方的紧张势态。

18. 遇到问题时（　　）

A. 如果能使他人感到愉快我会允许他们坚持自己的观点。

B. 大家应该互相让步，达成一致。

19. 当问题出现时（　　）

A. 我会列出所有问题，并分析利害关系。

B. 我尽力推迟事情，直到我有时间仔细考虑。

20. 意见不同时（　　）

A. 我试图马上解决我们之间的差异。

B. 我努力达到双方在得失上的均衡。

21. 讨论问题时（　　）

A. 我尽量周到地照顾到他人的愿望。

B. 我总是倾向于直截了当地进行讨论。

22. 当工作中发生冲突时（　　）

A. 我尽力找到介于他们和我之间的中间立场。

B. 我坚决主张我的想法。

23. 当合作中出现问题时（　　）

A. 我通常想办法满足所有人的愿望。

B. 我有时让第三方负责解决这个问题。

24. 意见不一致时（　　）

A. 如果别人的立场对他们非常重要，我会尽量满足他们的愿望。

B. 我希望采取折中办法来解决问题。

25. 争论时（　　）

A. 我会尽力解释我的意见，说明采纳后能带来的好处。

B. 我尽量周到地照顾到他人的愿望。

26. 发生冲突时（　　）
A. 我通常建议采取中间立场。
B. 我通常想办法满足所有人的愿望。
27. 讨论问题时（　　）
A. 我尽力避免形成对立局面。
B. 如果能使他人感到愉快我会允许他们坚持自己的观点。
28. 发生冲突时（　　）
A. 我通常坚持自己的立场。
B. 我会寻求他人的帮助以找到更合理的解决方案。
29. 当存在分歧时（　　）
A. 我建议中间立场。
B. 我认为分歧并不总是值得担心的。
30. 意见不一致时（　　）
A. 我尽量考虑到他人的感受。
B. 我会与对方共同协商问题，以寻求解决办法。

四、应用案例

冲突是同一空间两个或以上事物的互相对抗过程。在任何情境下，当人与人的想法和愿望出现不一致时，就产生了冲突。工作中，冲突通常被认为是负面的影响。但实际上，冲突恰恰是组织变化和改善沟通的催化剂。

TKI 冲突模型是目前全球最主要的冲突管理评价方法，被专家们用来学习各种不同的冲突处理方式以及它对个人及团队的影响。TKI 冲突模型测评系统是根据 Thomas-Kilmann 冲突模式而构建的，目的是为评估个体在冲突情境下的行为模式。冲突情境是指两个人的关注看来不可调和的情境，在这种情境下，我们能从两个基本的维度来描述一个人的行为：①强硬性——个体试图满足自己的关注的程度；②合作性——个体试图满足他人的关注的程度。

用行为的这两个基本维度，可以定义五类应对冲突，即竞争型、合作型、妥协型、回避型、顺应型。

北森 TKI 冲突测验及报告是一个专门为个体准备的报告，报告表现的是个体是如何应用这五种冲突处理模型的。TKI 冲突测验能辨认出个体偏好的冲突处理方式，并提供详细信息说明个体是如何应用这五种不同的冲突模式的。TKI 冲突测验没有表明哪种冲突方式是好的或是坏的，只是沟通方式不同而已。通常而言，我们的情感及欲望使我们的沟通变得困难，使用 TKI 冲突测验可以帮助受试者学习在不同的情景下，其他人是如何应对的？同时理解自己的行为方式，我们相信：通过你自己的感悟和实践，受试者能非常好地掌握这些挑战！

第十章 组织诊断测验

第一节　工作满意度调查问卷

一、理论基础

工作满意度是员工对其工作中所包含的各项因素评估的一种态度的反映。满意是一种主观感受，满意度是主观感受性（即感受程度）的指标，包括主观期望（内在需要）和客观满足两个方面。工作满意度就是员工对工作及企业的各种相关主观感受的程度。

最早研究工作满意度的是霍波克（Hoppock），他于 1935 年在其著作《工作满意度》中率先提出了“工作满意度”这一概念。他认为工作满意度是工作者对工作情境的主观反应，是工作者心理与生理两方面对环境因素的满足感受。

此后，研究者们开始从人的内在需要的角度来探索工作满意度问题，强调员工个体的内在因素对工作满意度的影响，并开始探索工作满意度的结构。

Friedlander（1963）认为，社会及技术环境因素（包括上司、人际关系、工作条件等）、自我实现因素（个人能力得到发挥）、被人承认的因素（工作挑战性、责任、工资、晋升等）构成了工作满意度。

Vroom（1964）认为，工作满意度主要构成因素包括管理、提升、工作内容、上司、待遇、工作条件、工作伙伴等七个方面。

随着理论研究的深入，一些学者开始依据认可度比较高的结构模型编制用于员工满意度测量的量表。其中最著名的是明尼苏达满意度量表（Minnesota Satisfaction questionnaire，MSQ）和工作描述指标量表（job descriptive index，JDI）。

明尼苏达满意度量表分为短式和长式两种，其特点是对员工满意度的各个方面进行了整体和全面的测量；工作描述指标量表的作答形式是就不同方面选择不同的形容词，因此填答时不受教育程度的限制，可用于对教育水平较低的工作者的测查。

二、北森工作满意度调查问卷概述

北森工作满意度问卷从工作满意度的结构化理论出发，结合目前国内企业的具体情况编制而成，通过匿名的方式全面调查员工对本职工作、所得回报、所在团队、企业管理、个人和企业发展五大方面、13 个具体维度的满意程度，对企业运营进行详细的考察。

该问卷旨在通过客观而直接的方式，诚恳地了解员工的想法和需求，以帮助员工和公司更好地共同发展。答案没有对错之分，员工根据自己的真实情况作答，不要考虑应该选择什么或别人希望自己选择什么。

该问卷采用五级计分，对于“非常不满意、不太满意、一般、比较满意、非常满意”，分别赋值 1、2、3、4、5 分。

三、北森工作满意度调查问卷内容

欢迎您参加此次调查！工作满意度主要调查您对现任工作的整体印象和看法。

【作答指导】

本问卷共有 54 道题，其中有一些对工作情景的描述，请根据您的实际情况，判断您对每项描述的满意程度如何，满意程度共分为五个等级，1 为“非常不满意”，5 为“非常满意”，请选择最符合您评价的等级。并将答案填写在答题纸上。

【请注意】

为了保证调查结果的准确性，请您注意：

（1）请根据您的实际感受作答。

（2）所有问题的回答都是一种主观判断，没有“对”与“错”，“是”与“非”之分。

（3）所有问题均为单选题，并请将全部题目作答完毕。

题号	题目	非常不满意	不太满意	一般	比较满意	非常满意
1	总的来说，我目前的这份工作	1	2	3	4	5
2	单位目前实施的晋升激励制度	1	2	3	4	5
3	总的来说，我对我所在的团队	1	2	3	4	5
4	总的来说，我对我的工作特点	1	2	3	4	5
5	总的来说，我的上级主管的领导水平	1	2	3	4	5
6	我在单位能够获得的发展机会	1	2	3	4	5
7	我目前所处的工作环境	1	2	3	4	5
8	我在单位获得的薪资福利	1	2	3	4	5
9	单位的未来愿景和长远规划	1	2	3	4	5
10	我在单位获得的精神方面的回报	1	2	3	4	5
11	单位的各种制度及其实施效果	1	2	3	4	5
12	正常情况下，我的工作量	1	2	3	4	5
13	单位的社会公益形象	1	2	3	4	5
14	在工作中从事新颖而有创造性事情的机会	1	2	3	4	5
15	现行的绩效考核制度	1	2	3	4	5
16	我与上级主管之间的相互了解及沟通	1	2	3	4	5
17	我同事的能力水平和工作经验	1	2	3	4	5
18	我所在团队的工作效率	1	2	3	4	5
19	我所在工作环境的舒适度	1	2	3	4	5
20	同事们在完成工作时的团队合作精神	1	2	3	4	5
21	我的上级在管理方面表现出的人格魅力	1	2	3	4	5
22	我的工作内容的多样性	1	2	3	4	5
23	单位目前的奖惩制度	1	2	3	4	5
24	我的工作对整个组织的重要性	1	2	3	4	5
25	我从工作中获得的成就感	1	2	3	4	5
26	为了保证工作顺利进行，单位的资源配备	1	2	3	4	5
27	单位内同事之间的沟通与交流	1	2	3	4	5
28	单位员工的品格和修养	1	2	3	4	5
29	单位目前的经济发展状况	1	2	3	4	5
30	完成工作时，同事之间的配合与协作	1	2	3	4	5
31	工作给予我发挥能力和特长的机会	1	2	3	4	5
32	完成工作的过程中我的自由度	1	2	3	4	5
33	同事间相处的情形	1	2	3	4	5

续表

题号	题目	非常不满意	不太满意	一般	比较满意	非常满意
34	上级主管在管理方面的能力	1	2	3	4	5
35	我得到的肯定与鼓励的及时性	1	2	3	4	5
36	上级对我近期工作的反馈	1	2	3	4	5
37	单位规章制度的建立和执行情况	1	2	3	4	5
38	目前我的工作职责的明确程度	1	2	3	4	5
39	目前单位整体工作流程的清晰性	1	2	3	4	5
40	就我的工作及职责而言，我获得的薪资待遇	1	2	3	4	5
41	单位制定的晋升制度	1	2	3	4	5
42	单位为员工提供的培训机会	1	2	3	4	5
43	单位各种规章制度的合理性	1	2	3	4	5
44	单位为员工提供的晋升机会	1	2	3	4	5
45	单位的作息时间安排	1	2	3	4	5
46	单位中的人际关系	1	2	3	4	5
47	单位在客户中的口碑	1	2	3	4	5
48	单位员工的整体工作热情	1	2	3	4	5
49	单位为员工提供的福利待遇	1	2	3	4	5
50	单位的整体工作氛围	1	2	3	4	5
51	单位的公众形象	1	2	3	4	5
52	单位表现出的社会责任感	1	2	3	4	5
53	工作给我带来的社会地位	1	2	3	4	5
54	和我期望的工作状况相比，现在的工作	1	2	3	4	5

感谢您完成了这份调查表！

如果您还有其他的观点和看法需要表达，您可以在下面填写：

____

____

四、应用案例

工作满意度调查通过匿名的方式全面调查员工对工作内容、个人发展成长机会、本部门工作伙伴、直接领导人、其他部门工作伙伴、工作环境、公司环境、个人生活与工作平衡、工作回报、公司文化和价值观十个方面的满意程度，对企业的运营进行详细的考察。

员工满意度调查的目的在于诊断企业内部的问题和潜在问题，确定本阶段出现的主要问题，评估组织变化和企业政策对员工的影响，协助企业及时了解员工需求，以达到企业与员工共同健康成长的目的。企业可以按照员工所在部门、职务级别、入职年限来查看员工对工作情景的满意程度。工作满意度问卷并不是标准化测验，不能为单一员工提供任何指导性结论。员工满意度调查是通过综合同一企业内一定数量的员工对调查作答的结果，提供员工群体对各个考察维度的满意程度的团体报告。

北森工作满意度调查是一份企业通用版的满意度调查问卷，在实际应用中，企业应该根据自身的价值观、企业文化、组织结构等情况，量身定做一套科学的员工评价指标体系，以达到企业与员工共同健康成长的目的。

工作满意度调查被广泛的采用，如中共中央组织部于 2009 年就开展了全国组织工作满意度民意调查情况，并得到公民对组织工作及人员的满意情况；美国著名的盖洛普咨询公司也在工作满意度调查中开展了大量的工作。

第二节　团队角色测验

一、理论基础

在理论上，有很多关于团队角色划分的方法，最早且最有权威的著作是梅瑞狄斯·贝尔宾（Meredith Belbin）于 1982 年出版的《管理团队：他们为什么成功或失败的原因》（*Management Teams：Why They Succeed or Fail*），书中公布了作者对团队取得成功的原因进行研究而得出的结论。

贝尔宾认为，每个期望成功的团队都必须拥有 9 种角色：创新者、资源调查者、协调者、塑造者、监控评估者、协作者、执行者、完成者、专家。

二、北森团队角色测验概述

“北森团队角色测验”在贝尔宾理论的基础上，将整个团队中的角色分为 8 种：谋划者、外交者、协调者、鞭策者、分析家、凝聚者、执行者、完善者。

该测验的核心思想是将各个维度混编，组内迫选，各项得分相加为 10 分。

这样做既避免了表面效度，又避免了自我高估或低估的心理偏向，能够比较深入地反映测试者自身的真实意图。该测验的结论主要限定在自我比较的范围内，特征表述是相对的，具有统计可靠性。

三、北森团队角色测验内容

测验说明

本测验共 7 道题，每道题有 A~H 八个计分项。在每一道题目中，请用 10 分分别给最能反映您的行为的计分项打分。极端的情况下，这 10 分可以只打给某一项，或平均分配给某几项。但是请尽量避免以极端的方式打分，而是根据选项和您的行为的符合程度给出相应的分数，这样才能对您的行为做出更为客观的评价：

- 答题依据：你日常的实际表现，不是你期望的理想表现；
- 在每道题内，各项的得分之和必须是 10，可以打以 0.5 结尾的分数；
- 保证环境安静，不要受环境干扰或他人观点的影响；
- 注意在 20 分钟内一次性完成所有题目，不要间断！

1. 我认为我能为一个集体做什么贡献？（　　）

A. 我觉得我能够很快发现并利用新的机会。

B. 我能够与各种人融洽相处。

C. 我生性爱出点子。

D.我擅长围绕集体目标甄选有用的人才。

E. 我做事善始善终与我本人的高效率有很大关系。

F. 只要最终能出成果，我耐得住一时的寂寞。

G. 我通常能感觉出那种办法实现是可行的。

H. 我能够不带个人偏见地提出合理的可供选择的方案。

2. 假如我在与他人合作中有什么不足，很可能是：（　　）

A. 如果会议安排、主持得不好以及结果不理想，我就感到不自在。

B. 我一向迁就那些有很好的见解然而却无缘发表的人。

C. 每当人们接触一些新观点，我总爱大侃一番。

D. 我对目标的看法使我难以热情爽快地与同事合作。

E. 当需要完成某件事情时，有时候我表现出盛气凌人的样子。

F. 要让我挑头做事很难，或许我过于在乎别人的态度了。
G. 我容易陷入纷扰的思绪，以致不能专注于眼前的事情。
H. 同事们总认为我考虑问题太细，杞人忧天。
3. 当参与一个项目时：（ ）
A. 我有不用施加压力也能影响他人的本事。
B. 我处事谨慎，马虎的错误不会重犯。
C. 如果会议跑题、空耗时间，我不会坐视不管。
D. 我能不负众望发现独到见解。
E. 我随时都能处以公心支持好的建议。
F. 我很关注新观念、新事物的发展动态。
G. 我相信我的判断力有助于做正确决策。
H. 主要的工作由我来抓落实是能让人放心的。
4. 参与集体事务，我所特有的方式是：（ ）
A. 我个人保持一种加深对同事了解的兴趣。
B. 我愿意对他人的看法表示质疑，即便处于少数地位也将保留自己的看法。
C. 我通常能找到辩论的机会驳倒不成熟的建议。
D. 我认为当一项计划要求付诸实施时，我有能使之操办起来的本事。
E. 我通常能别出心裁地带给大家一个惊奇。
F. 凡是我亲手经办的事我总有点追求尽善尽美。
G. 我乐于运用本单位以外的关系。
H. 当我倾听各种意见时，一旦需要作出决定，我会马上拍板。
5. 对一份工作感到满足是因为：（ ）
A. 我喜欢分析形势，比较各种可能的选择。
B. 我对能找到解决问题的实际方案而有兴趣。
C. 我希望我将建立良好的工作关系。
D. 别人做决定会听我的意见。
E. 我能接触到或许能提供新见解的人。
F. 我能让别人同意一项必需的行动步骤。
G. 我感到在自己所处的部门能够投入全部精力工作。
H. 我希望找到一片扩展想象力的天地。
6. 如果突然领受一项艰巨的任务，时间有限，人员生疏：（ ）
A. 在上手操办之前，我可能要躲到一个角落，争取想出一种摆脱困境的办法。
B. 我将同愿意与我接近的人一起工作。

C. 我将设法将此任务尽可能地让其他人员分担一些。

D. 我想我会保持冷静，面对现实思考解决办法。

E. 我对工作有天生的紧迫感。

F. 尽管有压力，我将下定决心完成任务。

G. 如果我看到集体工作没有进展，我会做好准备，主动起带头作用。

H. 我将召集大家讨论，集思广益，推动工作进展。

7. 和大家一起工作遇到问题时：（　　）

A. 遇到阻碍工作进程的问题，我容易显得不耐烦。

B. 其他人可能会责备我太关注于分析而依靠直觉不够。

C. 我要确保工作顺利进行的愿望有助于对问题的处理。

D. 我很容易变得厌倦，需要有一两位善于做鼓动工作的同事使我打起精神。

E. 如果目标不明确，工作很难开展起来。

F. 我不善于把自己想到的一些复杂观点表达清楚。

G. 我深知当有的事情自己做不了时得需要别人帮助。

H. 当遇到反对意见时，我不能直截了当地让别人了解我的观点。

四、应用案例

团队角色理论，也叫做贝尔宾团队角色（Belbin team roles）理论，贝尔宾是英国剑桥大学的教授，他在 1982 年出版的《管理团队：他们为什么成功或失败》一书中提出了团队角色模型的理论。

并非只有完美的人们才能组成完美的团队，在非洲的草原上如果见到羚羊在奔逃，那一定是狮子来了；如果见到狮子在躲避，那就是象群发怒了；如果见到成百上千的狮子和大象集体逃命的壮观景象，那是什么来了呢？——是蚂蚁军团来了！一个结构合理的团队应该拥有以下九个团队角色，即“智多星”“外交家”“协调员”“推进者”“监督员”“凝聚者”“实干家”“完美主义者”和“专家”。

北森团队角色测评系统是根据贝尔宾的理论创建的，以帮助受测者了解自我倾向的团队角色。在了解自己的同时，也能够尝试去了解其他团队成员的角色，因为，贝尔宾团队角色的理论告诉我们：没有完美的个人，只有完美的团队；人无完人，但团队只要适当地拥有各种角色，却可以是完美的团队。

北森团队角色测评系统，通常可被应用于个人的自我职业定位与探索；在组织中，还可以基于团队角色的理论开展团队建设（team building）的活动，促进团队成员相互之间的了解，认识到各种角色的优势与弱势，并进行有意识的互补。最重要的是，认识到成员差异的存在，却可能造就一个完美的团队。

江苏省宿迁市委组织部运用团队角色与团队建设理论，研究班子成员之间在性格气质、心理素质、价值观念、思维方式、行为习惯等个性特质方面的自然搭配和“柔性”组合，即“柔性结构”配备问题，在提升领导班子建设的现代化、科学化水平上进行了积极探索。

第三节　组织承诺测验

一、理论基础

组织承诺（organizational commitment）是员工对组织的一种态度，它可解释员工为什么要留在某企业，因而也是检验员工对企业忠诚程度的一种指标。

早期有关组织承诺的概念，可以从以下三个方面加以界定：

（1）对于组织目标与价值观的信念和接受程度；

（2）对于组织目标达成施加努力的意愿；

（3）维持组织成员资格的强烈意愿。

Becker 在 1960 年第一次提出“组织承诺”这个概念，他将承诺定义为由单方投入产生的维持“活动一致性”的倾向。

Mowday 等从员工对组织的感情角度定义组织承诺，认为组织承诺是员工对组织的一种感情依赖，以及员工对组织的肯定性的内在倾向。

Wiener 认同过程理论解释得组织承诺，认为组织承诺是由于内化的行为规范的压力而使员工的行为符合组织的目标和利益要求。

加拿大学者 Meyer 和 Allen 对诸多研究进行全面的分析和回顾，提出了组织承诺的三因素模型：

（1）情感承诺（affective commitment），指员工对组织的认同和投入程度。员工对组织所表现出来的忠诚和努力工作，主要是由于对组织有深厚的感情，而非物质利益。

（2）持续承诺（continuance commitment），指员工对认识到离开组织所带来的损失。员工为了不失去多年投入所换来的待遇而不得不继续留在该组织内的一种承诺，与离开组织的成本密切相关。

（3）规范承诺（normative commitment），反映的是员工基于义务职责而继续工作的认识。它是员工由于受到了长期社会影响形成的社会责任而留在组织内的承诺。

我国学者凌文辁、张治灿、方俐洛（2001，2001，2001）等对国内企业员工的组织承诺进行了系统性的研究，研究发现，中国企业员工的组织承诺结构模型包含以下五个因素：

（1）感性承诺：表现在对单位认可，感情深厚，愿意为单位的生存和发展做出贡献，甚至不计报酬，在任何情况下，都不会离开单位。

（2）理想承诺：这种人重视个人的成长，追求理想的实现，也非常关注个人的专长在这个单位里能不能得到发挥，能不能提供个人的学习条件工作条件和个人晋升的机会。

（3）规范承诺：这类员工对企业的态度是依照社会规范职业道德为准则，对组织有责任感，对单位尽心尽责。

（4）经济承诺：员工担心离开单位会蒙受经济损失，所以才留在这个单位。

（5）机会承诺：这类员工待在单位是因为还没有找到或找不到更满意的单位。

二、北森组织承诺测验概述

北森组织承诺测验以国内组织承诺的心理研究为理论依据，结合国内企业的实际情况，通过感情承诺、规范承诺、理想承诺和机会承诺四个方面来考察测试者对组织的忠诚度。

该测验包含 18 道题目，答题时间约为 5 分钟。采用 5 点计分，测验的个维度得分和总分均通过与常模对照转换为标准 10 分。

三、北森组织承诺测验内容

测验说明

请阅读下面各题，并在后面的选项中选择一个最符合您情况的。提示：请尽量根据自己的第一反应回答，不要对题目做过多的思考。你的回答没有对错之分，请务必诚实作答！

题号	题目	非常不同意	不太同意	一般	同意	非常同意
1	如果现在离开公司，我会觉得内疚	A	B	C	D	E
2	目前的工作对我的个人成就与职业生涯发展来说，具有非常重要的意义	A	B	C	D	E
3	我之所以没有离开这家公司，是因为很难再找到待遇这么好的公司了	A	B	C	D	E
4	如果努力的话，我可以在这家公司里出类拔萃	A	B	C	D	E
5	身为公司的一员，我觉得应该对公司保持忠诚，并尽自己的义务	A	B	C	D	E
6	我之所以没有离开这家公司，是因为我对它的付出太多了	A	B	C	D	E
7	作为公司的一分子，我会全身心地投入工作	A	B	C	D	E
8	即使不增加报酬，只要对公司发展有利，我仍愿意承担更多的压力	A	B	C	D	E
9	我不会离开目前所在的公司，因为我对它负有责任	A	B	C	D	E
10	如果离开这家公司，会给我的家庭带来许多损失	A	B	C	D	E
11	如果少得到三分之一工资，我还愿意做这份工作	A	B	C	D	E
12	我觉得外面可供选择的机会比较少，因而没有考虑离开目前的公司	A	B	C	D	E
13	我会自豪地告诉别人，我是这家公司的一员	A	B	C	D	E
14	我所做的工作非常具有挑战性	A	B	C	D	E
15	这家公司的工资水平比其他公司有竞争力	A	B	C	D	E
16	在工作中，我能够充分发挥自己的能力	A	B	C	D	E
17	我留在公司并为其努力工作，主要是因为对公司具有深厚的感情	A	B	C	D	E
18	如果离开这家公司，我会失去辛苦建立起来的人际关系	A	B	C	D	E

四、应用案例

组织承诺，也叫“组织归属感”“组织忠诚”，一般是指个体认同并参与一个组织的强度。它不同于个人与组织签订的工作任务和职业角色方面的合同，而是一种“心理合同”或“心理契约”。具体表现为在思想意识上与企业价值观和政策等保持一致；在行动上尽其所能为企业做贡献，时刻维护企业集体的利益。

心理学研究表明，组织承诺可以很好地预测员工的离职行为，并影响员工的绩效。对企业而言，中高层管理者对组织的忠诚是非常重要的。在组织承诺里，个体确定了与组织连接的角度和程度，特别是规定了那些正式合同无法规定的职业角色外的行为。高组织承诺的员工对组织有非常强的认同感和归属感。

在北森组织承诺测验中，测验从感情承诺、理想承诺、规范承诺及机会承诺四个角度考察了员工对组织的承诺程度。北森组织承诺测验适用于企业的团队诊断、员工发展和培训、干部储备和选拔等环节。

沃森·怀亚特公司在 2001 年对美国 7500 名员工进行的调查显示，拥有高组织承诺员工的公司三年内对股东的总体回报为 112%，要远大于员工承诺水平低的公司的 76%。因此，员工对组织的忠诚非常重要。

在国内，有研究者对 85 家广告公司的 268 名员工开展过组织承诺的调查，甘肃电力有限公司展开组织承诺调查与咨询、北京六所和瑞科技发展公司展开组织承诺调查与咨询。另外，著名的咨询公司——华信惠悦咨询公司也对影响组织承诺的因素进行过调查。

第三篇　实验篇

第十一章
胜任力评价实验

第一节　行为事件访谈法

【实验目的】

本实验通过让学生阅读行为事件访谈法的介绍、观摩真实的行为事件访谈视频、学习国内某大型网络游戏公司人力资源部门人员采用该方法构建客服岗位人员的胜任素质模型的过程等多种方式，使学生对于构建素质模型时最常用的行为事件访谈法进行全面系统的学习。从基础知识的掌握，扩展到实际应用过程中的体验，遵循循序渐进的教学逻辑，增进学生对行为事件访谈法的了解，并增强学生的实战能力。

【实验准备】

教师生成适当数量的序列号，并发给学生。

操作指导：

（1）发布实验：登录北森人力资源测评实践教学系统 V4.0 教师后台→胜任力中心→发布实验→选择胜任力素质模型构建的胜任素质模型构建方法——行为事件访谈法→发布实验名称和备注→发布活动。

（2）生成并发放序列号：进入序列号管理→生成适当数量的序列号→将序列号发放给学生①。

① 如果学生第一次使用该系统完成实验，则首先要求学生完成注册。

【实验过程及指导】

1. 学生进入实验

要求学生使用各自邮箱及密码登录北森人力资源测评实践教学系统 V4.0 学生前台，进入“新实验”，提交序列号，进入胜任素质模型构建方法一。点击“开始实验”进入。

注：若学生在此之前提交过其他实验的序列号，则点击“查看过往实验”可查看过往的实验，也可以继续完成尚未完成的实验。

2. 按照软件提示学习实验

（1）学习行为事件访谈法的基本知识。

目的：通过教师和系统的演示，使学生掌握行为事件访谈法的界定、优缺点、具体如何来进行行为事件访谈。

操作：在教师的指导下阅读系统中提供的说明。

（2）体验进行行为事件访谈的过程。

目的：使学生通过观摩真实的访谈视频，加深对行为事件访谈法的理解。

操作：学生点击观摩访谈视频。

（3）学习国内某大型网络游戏公司采用行为事件访谈法构建胜任素质模型（图 11-1）。

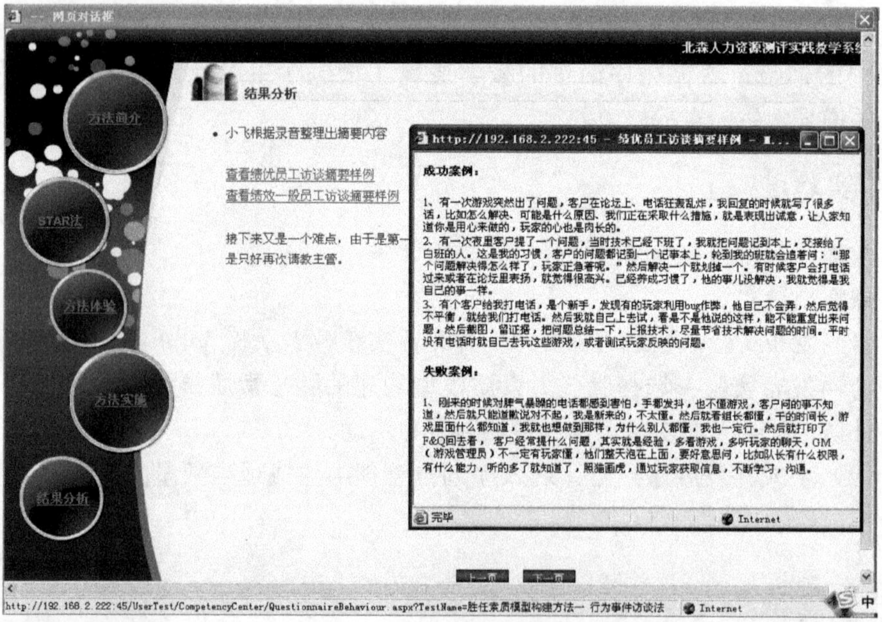

图 11-1　行为事件访谈法

第二节 问卷调查法

【实验目的】

本实验通过学生阅读问卷调查方法的介绍，学习某水泥集团有限公司应用问卷调查方法验证完善初期建立的一线销售人员胜任素质模型的过程，体验编制素质调查问卷的过程等多种方式，使学生对于构建胜任素质模型的问卷调查法有基本的掌握。从基础知识的掌握，扩展到实际应用过程中的体验操作，遵循循序渐进的教学逻辑，增进学生对问卷调查法的了解，并增强学生的实战能力。

【实验准备】

教师生成适当数量的序列号，并发给学生。

操作指导：

（1）发布实验：登录北森人力资源测评实践教学系统 V4.0 教师后台→胜任力中心→发布实验→选择胜任力素质模型构建的胜任素质模型构建方法二——问卷调查法→发布实验名称和备注→发布活动。

（2）生成并发放序列号：进入序列号管理→生成适当数量的序列号→将序列号发放给学生。

注：如果学生第一次使用该系统完成实验，则首先要求学生完成注册。

【实验过程及指导】

1. 学生进入实验

要求学生使用各自邮箱及密码登录北森人力资源测评实践教学系统 V4.0 学生前台，进入“新实验”，提交序列号，进入胜任素质模型构建方法二。点击“开始实验”进入。

注：若学生在此之前提交过其他实验的序列号，则点击“查看过往实验”可查看过往的实验，也可以继续完成尚未完成的实验。

2. 按照软件提示学习实验

（1）学习问卷调查法的基本知识点。

目的：通过教师和系统的演示，使学生掌握问卷调查法的界定、优缺点、问卷结构和内容等。

操作：在教师的指导下阅读系统中提供的说明。

（2）了解公司背景和为一线销售人员构建胜任素质模型的背景。

目的：通过教师和系统的演示，使学生了解企业在决定为某职位构建胜任素质模型时的实际问题情境。

操作：在教师的指导下阅读系统中提供的该水泥集团有限公司的背景介绍。

（3）学习采用问卷调查法构建胜任素质模型的实施过程。

目的：通过教师和系统演示，使学生了解采用调查法构建胜任素质模型的情境，如何编制素质调查问卷，如何对收集的数据进行编码分析。

操作：在教师的指导下阅读系统中阅读应用情境、问卷编制、编码分析和结果分析四个步骤（图 11-2）。

图 11-2　问卷调查法 I

（4）学习问卷调查法的扩展资料。

目的：通过教师和系统演示，丰富和加深学生对问卷调查法的认识。

操作：在教师的指导下阅读系统中提供的题库（图 11-3）。

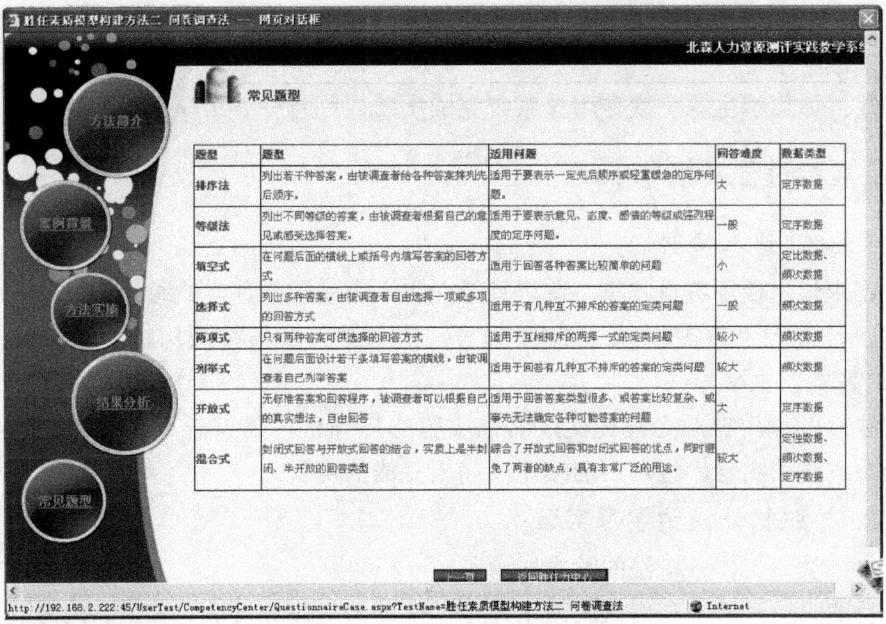

题型	题型	适用问题	回答难度	数据类型
排序法	列出若干种答案，由被调查者给各种答案排列先后顺序。	适用于要表示一定先后顺序或轻重缓急的定序问题。	大	定序数据
等级法	列出不同等级的答案，由被调查者根据自己的意见或感受选择答案。	适用于要表示意见、态度、感情的等级或强烈程度的定序问题。	一般	定序数据
填空式	在问题后面的横线上或括号内填写答案的回答方式	适用于回答各种答案比较简单的问题	小	定比数据、频次数据
选择式	列出多种答案，由被调查者自由选择一项或多项的回答方式	适用于有几种互不排斥的答案的定类问题	一般	频次数据
两项式	只有两种答案可供选择的回答方式	适用于互相排斥的两择一式的定类问题	较小	频次数据
列举式	在问题后面设计若干条填写答案的横线，由被调查者自己列举答案	适用于回答有几种互不排斥的答案的定类问题	较大	频次数据
开放式	无标准答案和回答程序，被调查者可以根据自己的真实想法，自由回答	适用于回答答案类型很多、或答案比较复杂、或事先无法确定各种可能答案的问题	大	定序数据
混合式	封闭式回答与开放式回答的结合，实质上是半封闭、半开放的回答类型	综合了开放式回答和封闭式回答的优点，同时避免了两者的缺点，具有非常广泛的用途。	较大	定性数据、频次数据、定序数据

图 11-3 问卷调查法Ⅱ

第三节 工作分析法

【实验目的】

本实验通过学生阅读工作分析法和工作日志法的介绍、学习某 IT 公司采用工作日志法构建市场销售经理职位的胜任素质模型的过程等多种方式，使学生对于胜利素质构建方法中较常使用的工作分析法的方法进行全面系统的学习。从基础知识的掌握，扩展到实际应用过程中的体验，遵循循序渐进的教学逻辑，增进学生对工作分析方法的了解，并增强学生的实战能力。

【实验准备】

教师生成适当数量的序列号，并发给学生。

操作指导：

（1）发布实验：登录北森人力资源测评实践教学系统 V4.0 教师后台→胜任力中心→发布实验→选择胜任力素质模型构建的胜任素质模型构建方法三——工作分析法→发布实验名称和备注→发布活动。

（2）生成并发放序列号：进入序列号管理→生成适当数量的序列号→将序列号发放给学生。

注：如果学生第一次使用该系统完成实验，则首先要求学生完成注册。

【实验过程及指导】

1. 学生进入实验

要求学生使用各自邮箱及密码登录北森人力资源测评实践教学系统 V4.0 学生前台，进入“新实验”，提交序列号，进入胜任素质模型构建方法三。点击“开始实验”进入。

注：若学生在此之前提交过其他实验的序列号，则点击“查看过往实验”可查看过往的实验，也可以继续完成尚未完成的实验。

2. 按照软件提示学习实验

（1）学习工作分析法的基本知识点。

目的：通过教师和系统的演示，使学生掌握工作分析法的界定、内容等。

操作：在教师的指导下阅读系统中提供的说明。

（2）了解公司背景和为销售经理构建胜任素质模型的背景。

目的：通过教师和系统的演示，使学生了解企业在决定为某职位构建胜任素质模型时的实际问题情境。

操作：在教师的指导下阅读系统中提供的该 IT 公司的背景介绍。

（3）学习采用工作日志法构建胜任素质模型的实施过程。

目的：通过教师和系统演示，使学生了解如何设计工作日志的记录表、填写注意事项等具体实施要点。

操作：在教师的指导下阅读系统中阅读和思考。

第十二章

评价中心实验

第一节　无领导小组讨论

【实验目的】

本实验通过理论与实践案例相结合的方式带领学生理解和掌握评价中心技术中的无领导小组讨论方法，为帮助学生直观深入体验无领导小组讨论方法的应用。

【实验准备】

教师生成适当数量的序列号，并发给学生。

操作指导：

（1）发布案例：登录北森人力资源测评实践教学系统 Net V4.0 教师后台→评价中心→发布实验→在理论与方法列表下选择无领导小组讨论→编辑实验名称和备注→发布实验。

注：教师可以在后台控制是否允许学生在实验过程中阅读参考答案。

（2）生成并发放序列号：进入序列号管理→生成适当数量的序列号→将序列号发放给学生。

注：如果学生第一次使用该系统完成实验，则首先要求学生完成注册。

【实验过程及指导】

1. 学生进入实验

要求学生使用各自邮箱及密码登录北森人力资源测评教学系统 V4.0 学生前

台，选择新实验，提交序列号，进入无领导小组讨论（图 12-1）。

图 12-1　登录界面

2. 按照页面提示开始完成实验

（1）方法简介：介绍无领导小组讨论方法的基本概念、内容和形式（图 12-2）。

图 12-2　方法简介

（2）适用情境：介绍无领导小组讨论方法应用场景（图 12-3）。

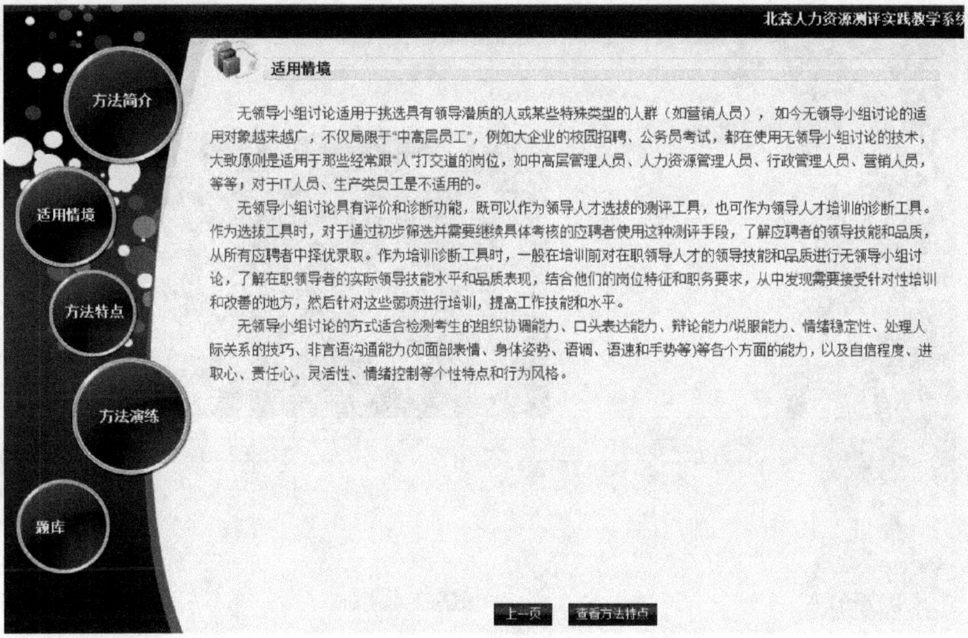

图 12-3　适用情境

（3）方法特点：介绍无领导小组讨论方法的特征，包括其优缺点（图 12-4）。

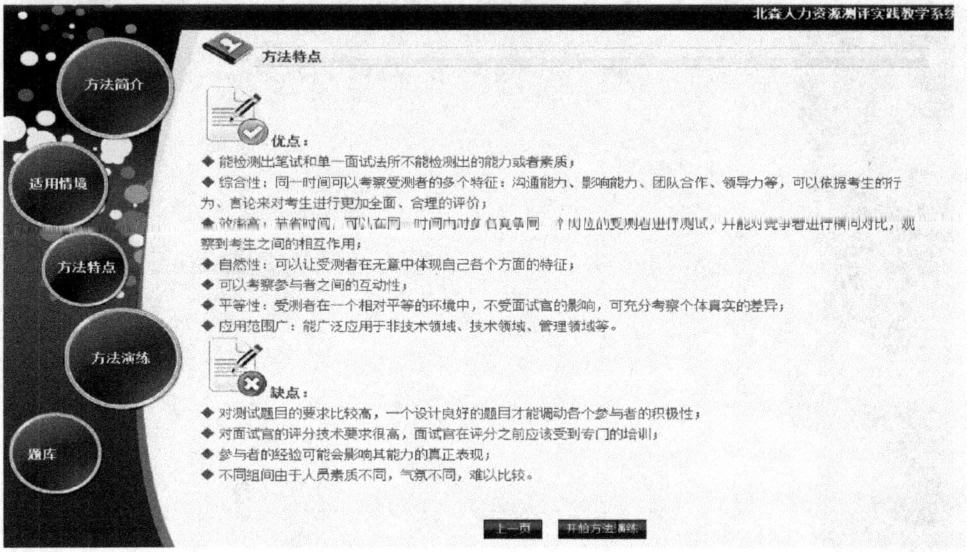

图 12-4　方法特点

（4）方法演练：根据应用案例深入理解无领导小组讨论方法（图 12-5）。

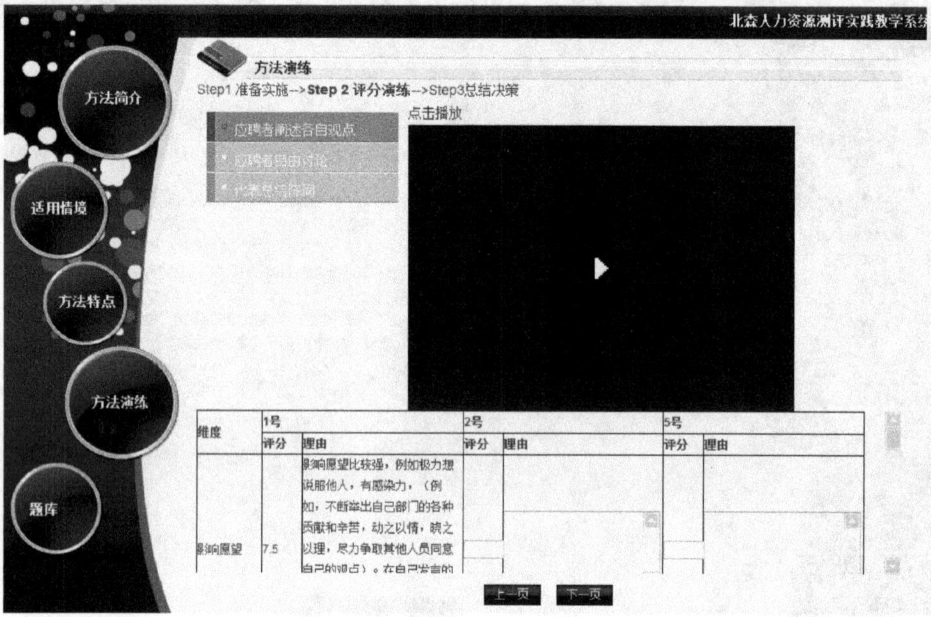

图 12-5　方法演练

（5）题库：扩展阅读无领导小组讨论方法的不同题型形式（图 12-6）。

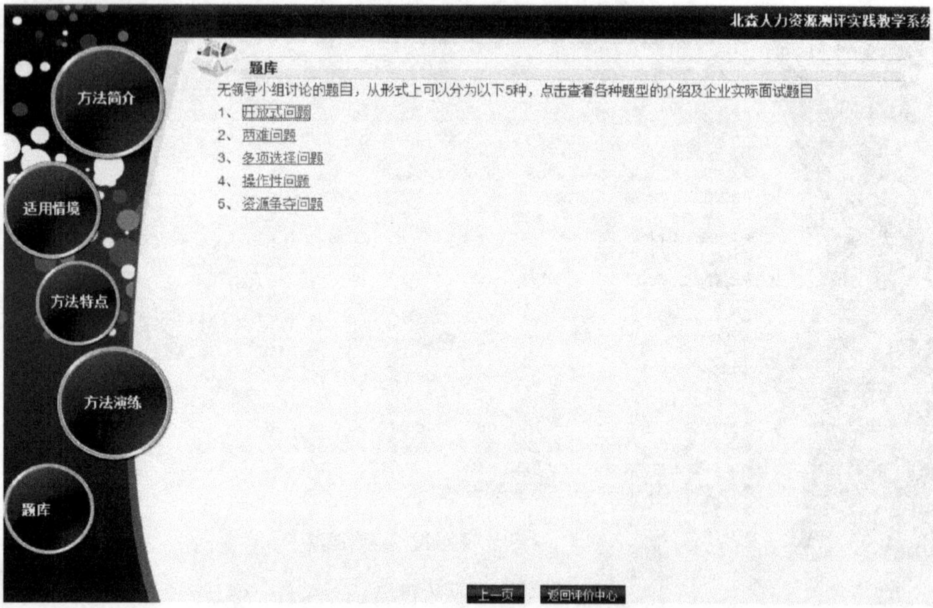

图 12-6　题库

第二节 结构化面试

【实验目的】

本实验通过理论与实践案例相结合的方式带领学生理解和掌握评价中心技术中的结构化面试方法，为帮助学生直观深入体验结构化面试方法的应用。

【实验准备】

教师生成适当数量的序列号，并发给学生。

操作指导：

（1）发布案例：登录北森人力资源测评实践教学系统 Net V4.0 教师后台→评价中心→发布实验→在理论与方法列表下选择结构化面试→编辑实验名称和备注→发布实验。

注：教师可以在后台控制是否允许学生在实验过程中阅读参考答案。

（2）生成并发放序列号：进入序列号管理→生成适当数量的序列号→将序列号发放给学生。

注：如果学生第一次使用该系统完成实验，则首先要求学生完成注册。

【实验过程及指导】

1.学生进入实验

要求学生使用各自邮箱及密码登录北森人力资源测评教学系统 V4.0 学生前台，选择新实验，提交序列号，进入结构化面试（图 12-7）。

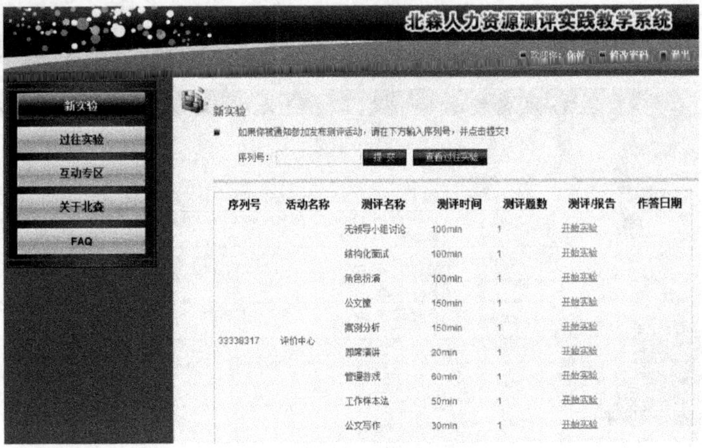

图 12-7 登录界面

2. 按照页面提示开始完成实验

（1）方法简介：介绍结构化面试方法的基本概念、内容和形式（图 12-8）。

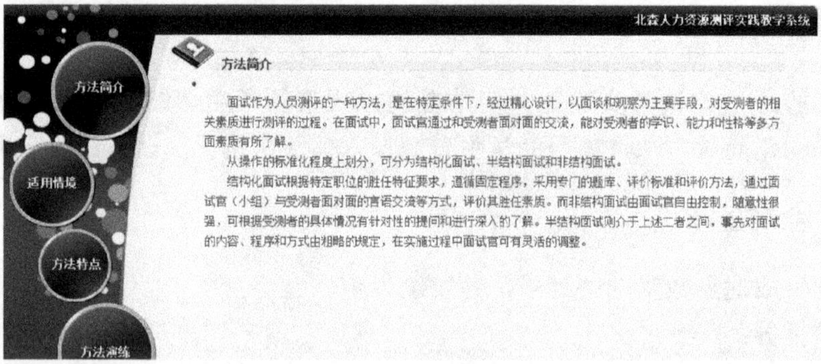

图 12-8　方法简介

（2）适用情境：介绍结构化面试方法应用场景（图 12-9）。

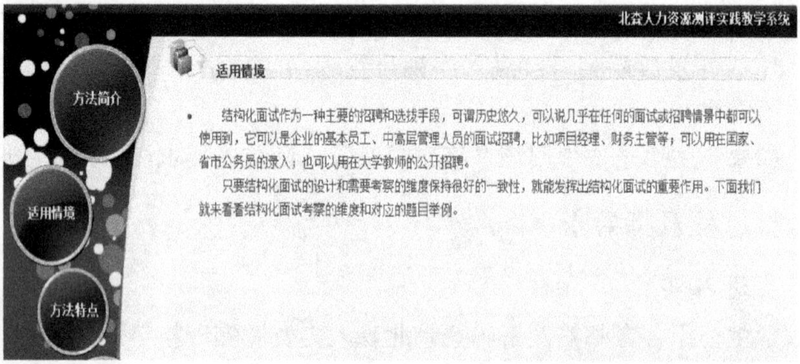

图 12-9　适用情境

（3）方法特点：介绍结构化面试方法的特征，包括其优缺点（图 12-10）。

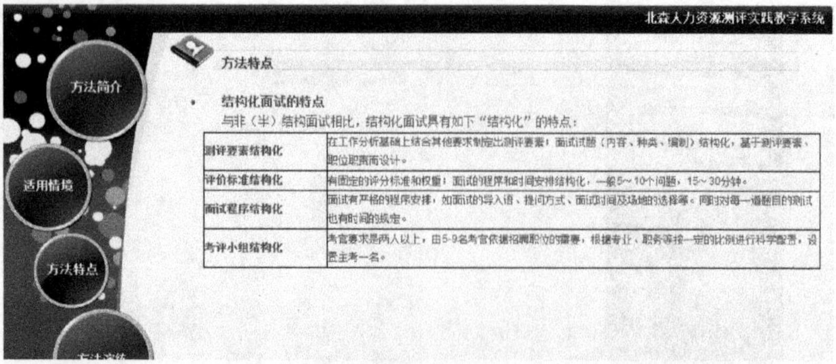

图 12-10　方法特点

（4）方法演练：根据应用案例深入理解结构化面试方法（图 12-11）。

图 12-11　方法演练

（5）题库：扩展阅读结构化面试方法的不同题型形式（图 12-12）。

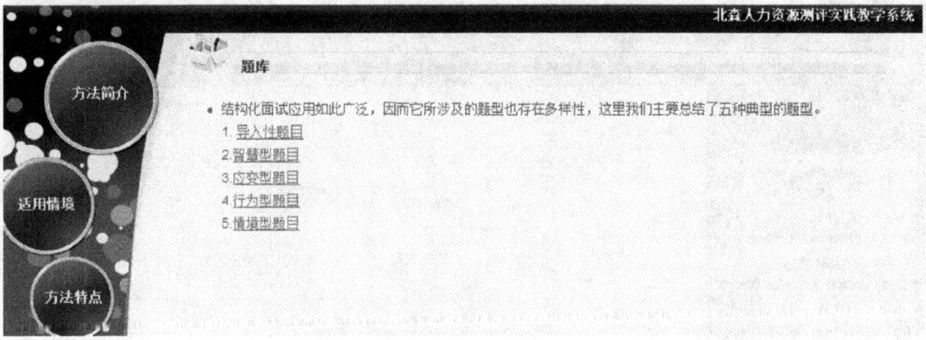

图 12-12　题库

第三节　角 色 扮 演

【实验目的】

本实验通过理论与实践案例相结合的方式带领学生理解和掌握评价中心技术中的角色扮演方法，为帮助学生直观深入体验角色扮演方法的应用。

【实验准备】

教师生成适当数量的序列号，并发给学生。

操作指导：

（1）发布案例：登录北森人力资源测评实践教学系统 Net V4.0 教师后台→评价中心→发布实验→在理论与方法列表下选择角色扮演→编辑实验名称和备注→发布实验。

注：教师可以在后台控制是否允许学生在实验过程中阅读参考答案。

（2）生成并发放序列号：进入序列号管理→生成适当数量的序列号→将序列号发放给学生。

注：如果学生第一次使用该系统完成实验，则首先要求学生完成注册。

【实验过程及指导】

1. 学生进入实验

要求学生使用各自邮箱及密码登录北森人力资源测评教学系统 V4.0 学生前台，选择新实验，提交序列号，进入角色扮演（图 12-13）。

图 12-13　登录界面

2. 按照页面提示开始完成实验

（1）方法简介：介绍角色扮演方法的基本概念、内容和形式（图 12-14）。

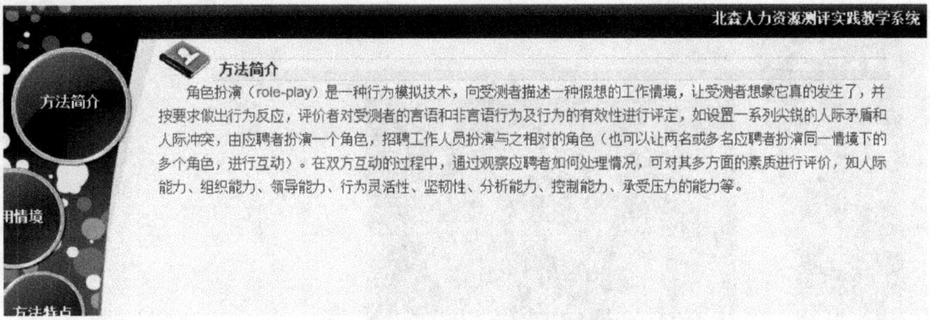

图 12-14　方法简介

（2）适用情境：介绍角色扮演方法应用场景（图 12-15）。

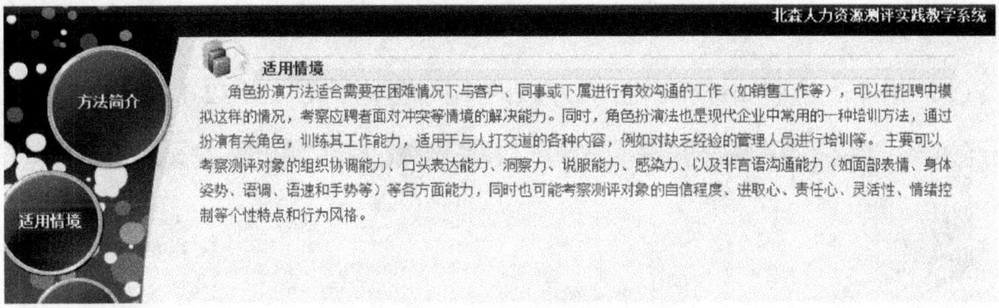

图 12-15　适用情境

（3）方法特点：介绍角色扮演方法的特征，包括其优缺点（图 12-16）。

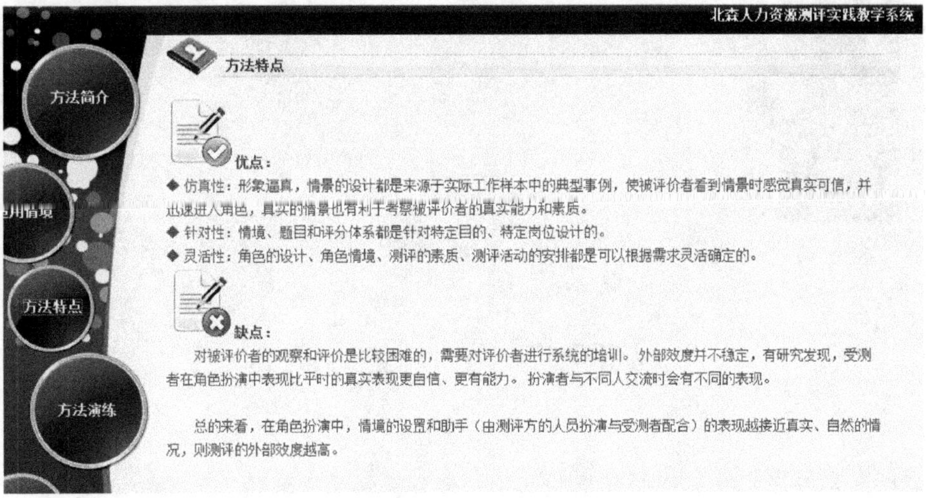

图 12-16　方法特点

（4）方法演练：根据应用案例深入理解角色扮演方法（图 12-17）。

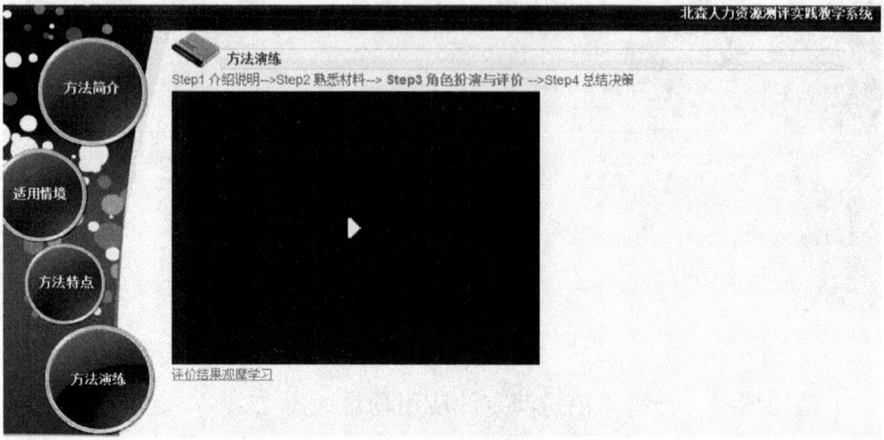

图 12-17　方法演练

（5）题库：扩展阅读角色扮演方法的不同题型形式（图 12-18）。

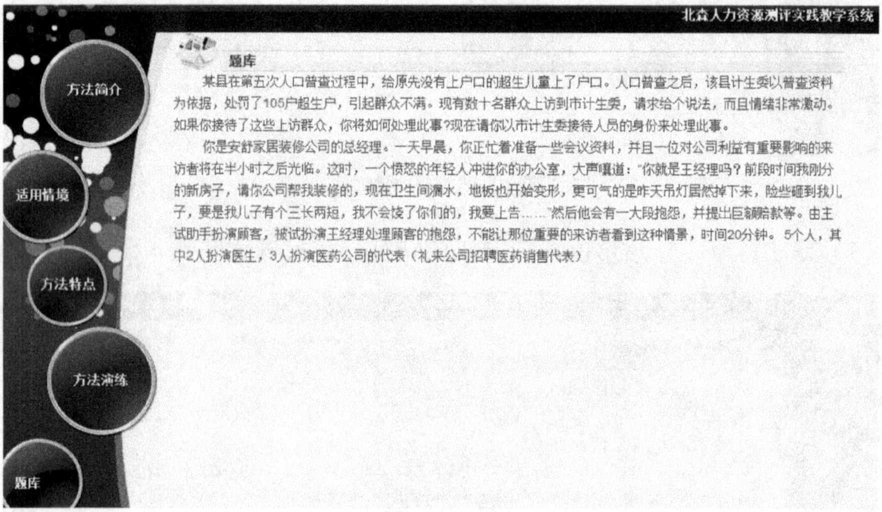

图 12-18　题库

第四节　公　文　筐

【实验目的】

本实验通过理论与实践案例相结合的方式带领学生理解和掌握评价中心技术中的公文筐方法，为帮助学生直观深入体验公文筐方法的应用。

【实验准备】

教师生成适当数量的序列号，并发给学生。

操作指导：

（1）发布案例：登录北森人力资源测评实践教学系统 Net V4.0 教师后台→评价中心→发布实验→在理论与方法列表下选择公文筐→编辑实验名称和备注→发布实验。

注：教师可以在后台控制是否允许学生在实验过程中阅读参考答案。

（2）生成并发放序列号：进入序列号管理→生成适当数量的序列号→将序列号发放给学生。

注：如果学生第一次使用该系统完成实验，则首先要求学生完成注册。

【实验过程及指导】

1. 学生进入实验

要求学生使用各自邮箱及密码登录北森人力资源测评教学系统 V4.0 学生前台，选择新实验，提交序列号，进入公文筐（图 12-19）。

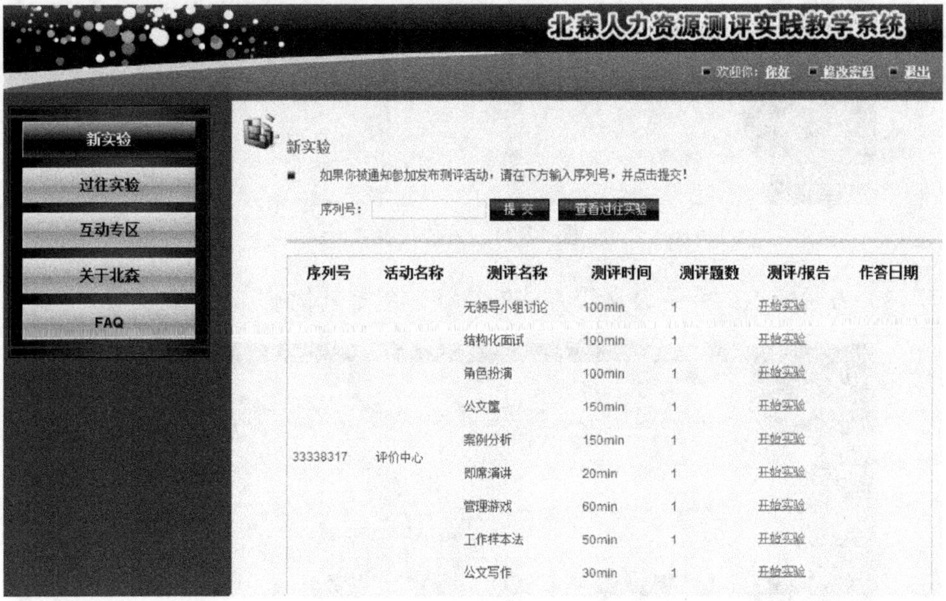

图 12-19 登录界面

2. 按照页面提示开始完成实验

（1）方法体检：学生作为被评价者在线完成公文筐方法测试（图 12-20）。

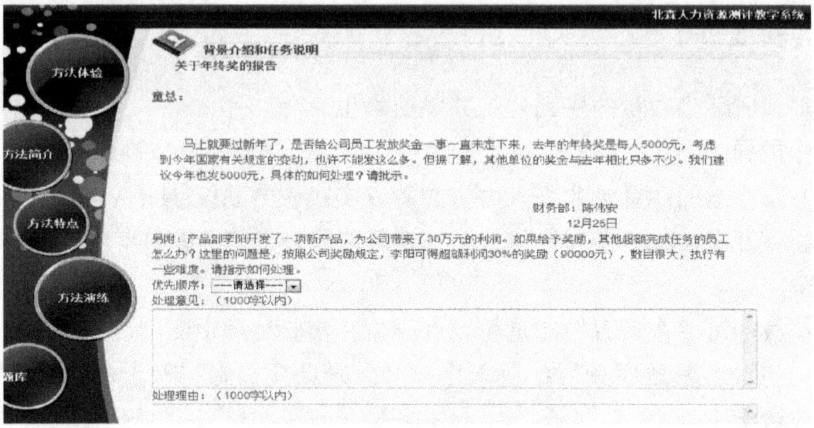

图 12-20 方法体检

（2）方法简介：介绍公文筐方法基本概念、内容和形式（图 12-21）。

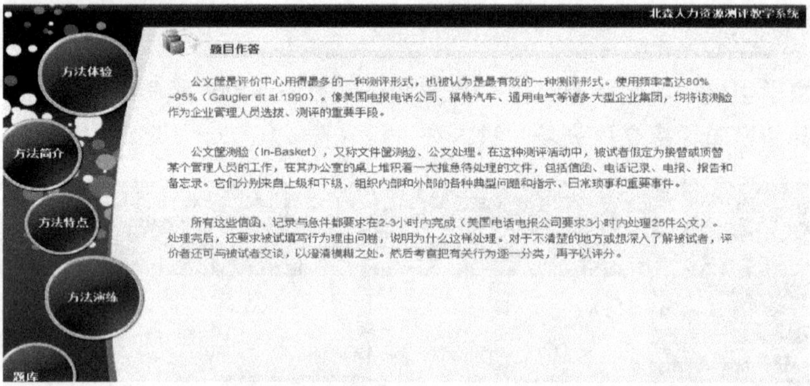

图 12-21 方法简介

（3）方法特点：介绍公文筐方法的特征，包括其优缺点（图 12-22）。

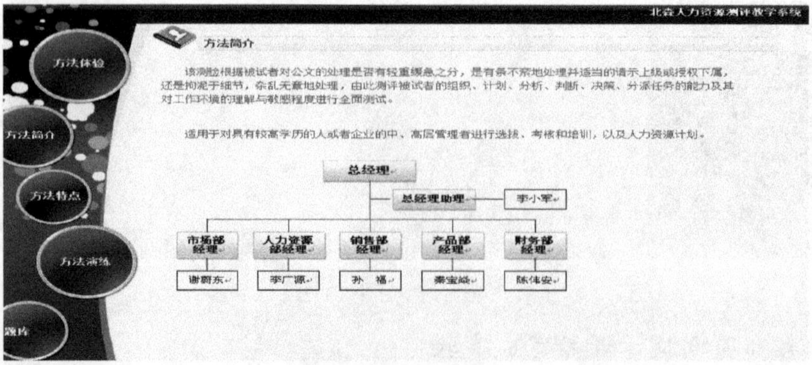

图 12-22 方法特点

（4）方法演练：根据应用案例深入理解公文筐方法（图 12-23）。

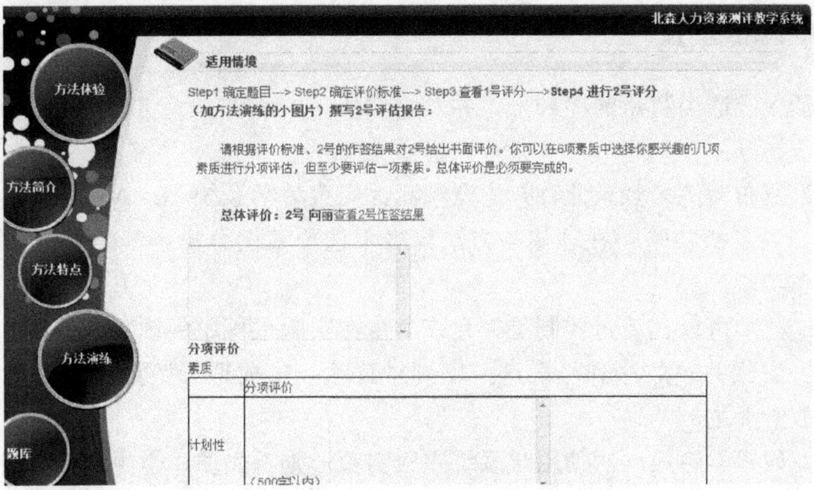

图 12-23 方法演练

（5）题库：扩展阅读公文筐方法的不同题型形式（图 12-24）。

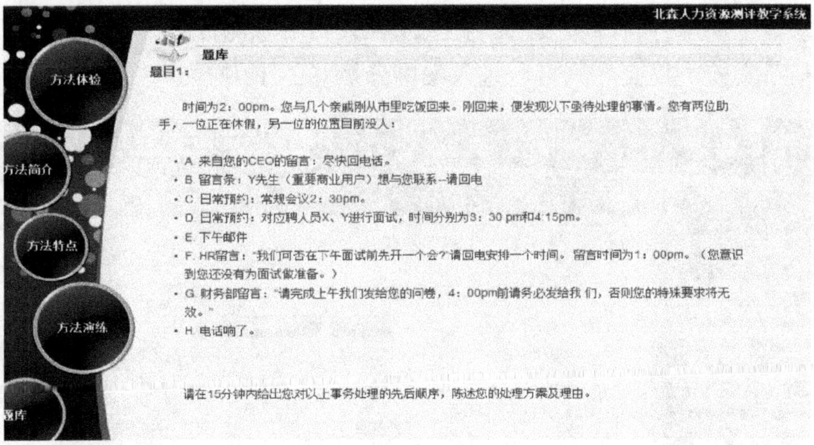

图 12-24 题库

第五节 案 例 分 析

【实验目的】

本实验通过理论与实践案例相结合的方式带领学生理解和掌握评价中心技

术中的案例分析方法，为帮助学生直观深入体验案例分析方法的应用。

【实验准备】

教师生成适当数量的序列号，并发给学生。

操作指导：

（1）发布案例：登录北森人力资源测评实践教学系统 Net V4.0 教师后台→评价中心→发布实验→在理论与方法列表下选择案例分析→编辑实验名称和备注→发布实验。

注：教师可以在后台控制是否允许学生在实验过程中阅读参考答案。

（2）生成并发放序列号：进入序列号管理→生成适当数量的序列号→将序列号发放给学生。

注：如果学生第一次使用该系统完成实验，则首先要求学生完成注册。

【实验过程及指导】

1. 学生进入实验

要求学生使用各自邮箱及密码登录北森人力资源测评教学系统 V4.0 学生前台，选择新实验，提交序列号，进入案例分析（图 12-25）。

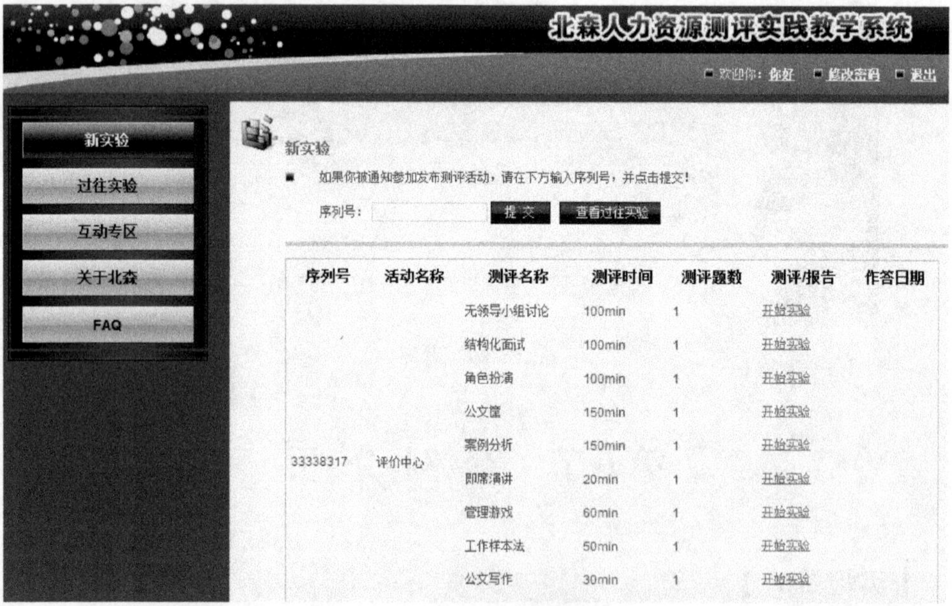

图 12-25　登录界面

2. 按照页面提示开始完成实验

（1）方法体检：学生作为被评价者在线完成案例分析方法测试（图 12-26）。

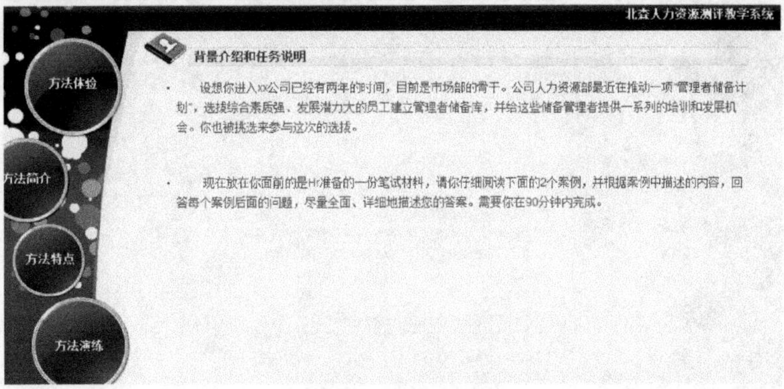

图 12-26　方法体检

（2）方法简介：介绍案例分析方法基本概念、内容和形式（图 12-27）。

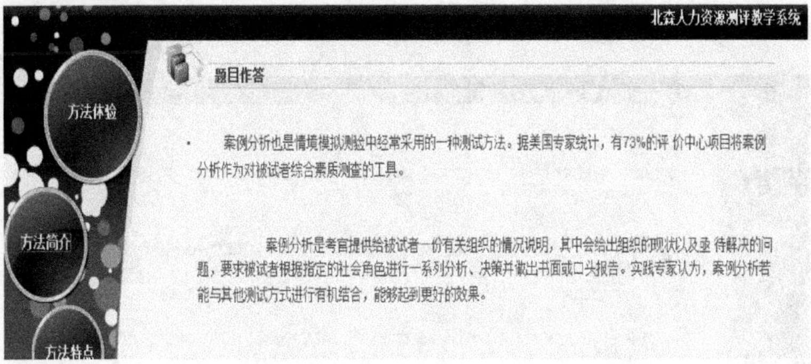

图 12-27　方法简介

（3）方法特点：介绍案例分析方法的特征，包括其优缺点（图 12-28）。

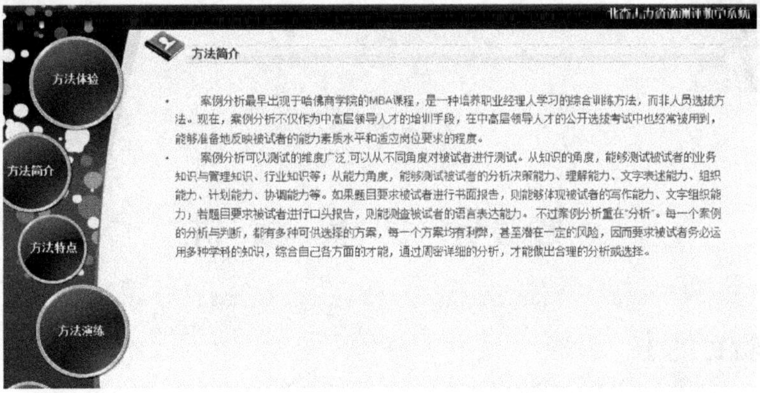

图 12-28　方法特点

（4）方法演练：根据应用案例深入理解案例分析方法（图 12-29）。

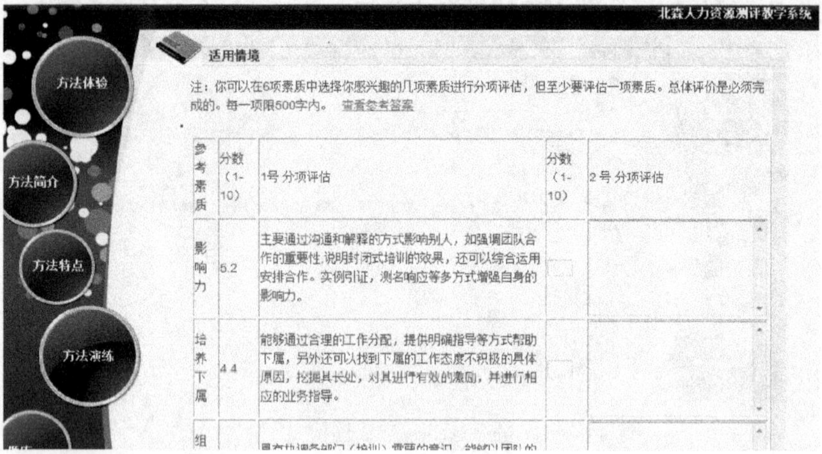

图 12-29　方法演练

（5）题库：扩展阅读案例分析方法的不同题型形式（图 12-30）。

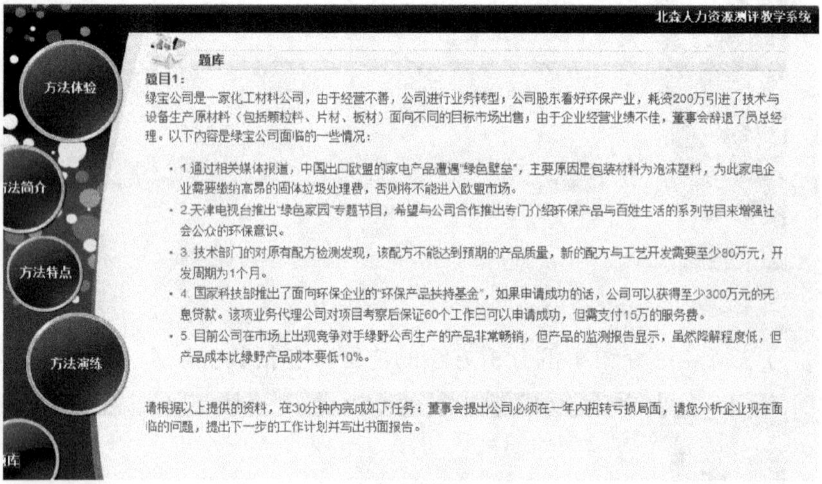

图 12-30　题库

第六节　即 席 演 讲

【实验目的】

本实验通过理论与实践案例相结合的方式带领学生理解和掌握评价中心技

术中的即席演讲方法，为帮助学生直观深入体验即席演讲方法的应用。

【实验准备】

教师生成适当数量的序列号，并发给学生。

操作指导：

（1）发布案例：登录北森人力资源测评实践教学系统 Net V4.0 教师后台→评价中心→发布实验→在理论与方法列表下选择即席演讲→编辑实验名称和备注→发布实验。

注：教师可以在后台控制是否允许学生在实验过程中阅读参考答案。

（2）生成并发放序列号：进入序列号管理→生成适当数量的序列号→将序列号发放给学生。

注：如果学生第一次使用该系统完成实验，则首先要求学生完成注册。

【实验过程及指导】

1. 学生进入实验

要求学生使用各自邮箱及密码登录北森人力资源测评教学系统 V4.0 学生前台，选择新实验，提交序列号，进入即席演讲（图 12-31）。

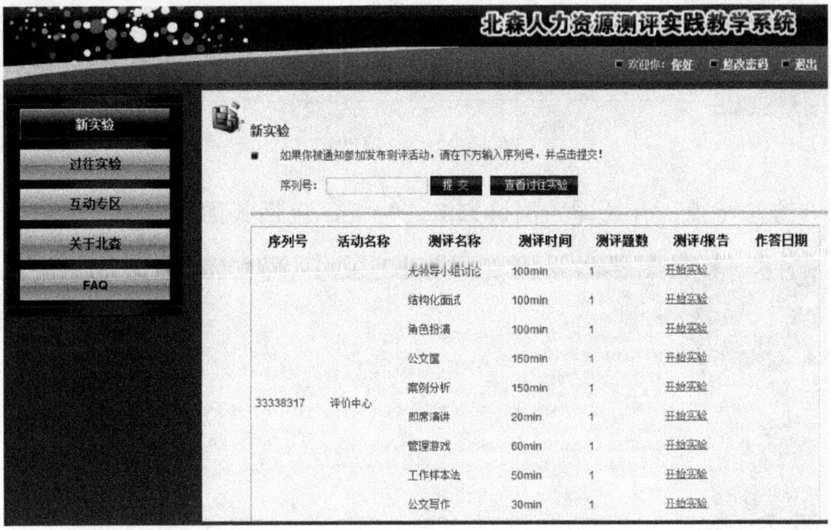

图 12-31　登录界面

2. 按照页面提示开始完成实验

（1）方法简介：介绍即席演讲方法的基本概念、内容和形式（图 12-32）。

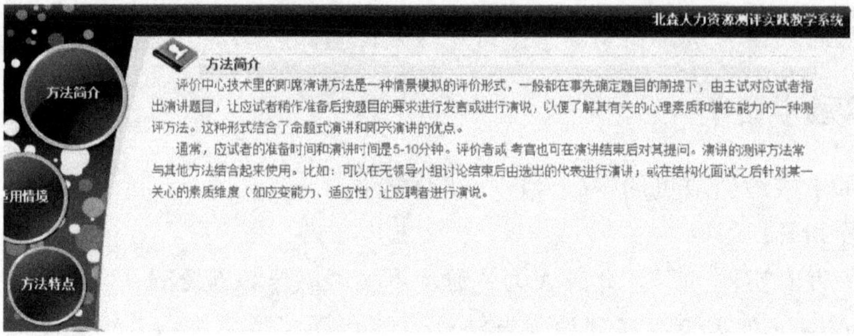

图 12-32　方法简介

（2）适用情境：介绍即席演讲方法应用场景（图 12-33）。

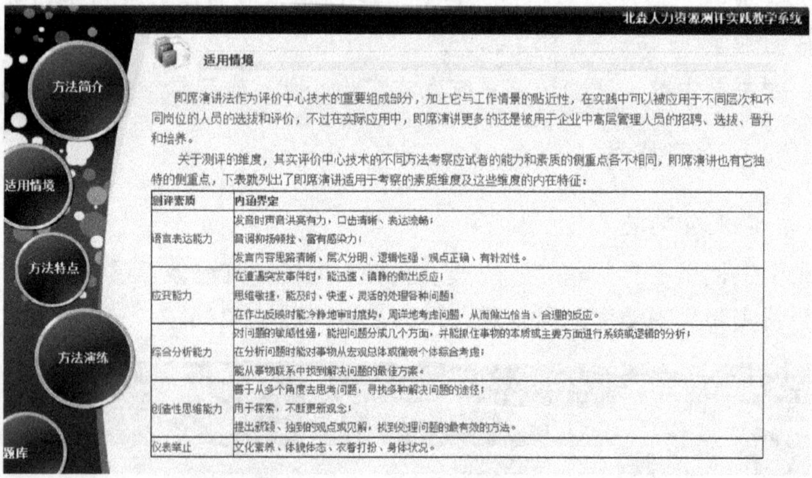

图 12-33　适用情境

（3）方法特点：介绍即席演讲方法的特征，包括其优缺点（图 12-34）。

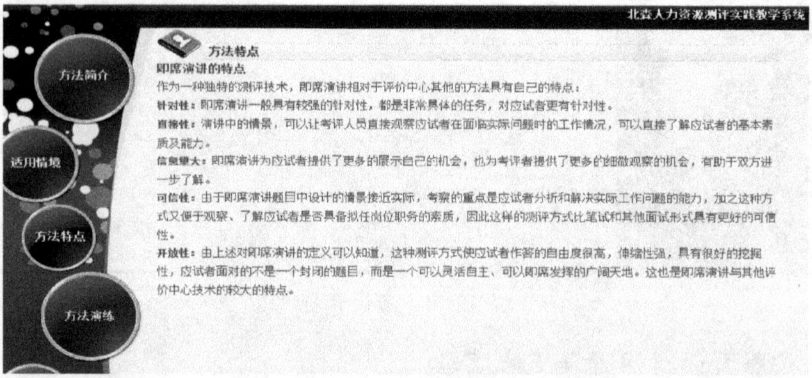

图 12-34　方法特点

（4）方法演练：根据应用案例深入理解即席演讲方法（图 12-35）。

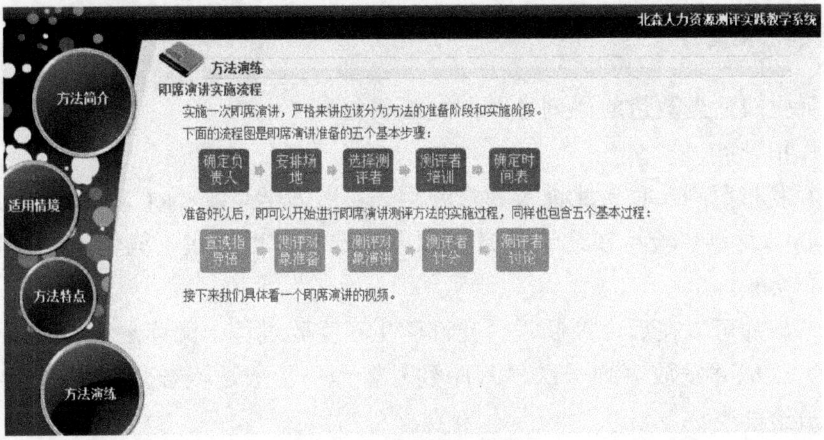

图 12-35　方法演练

（5）题库：扩展阅读即席演讲方法的不同题型形式（图 12-36）。

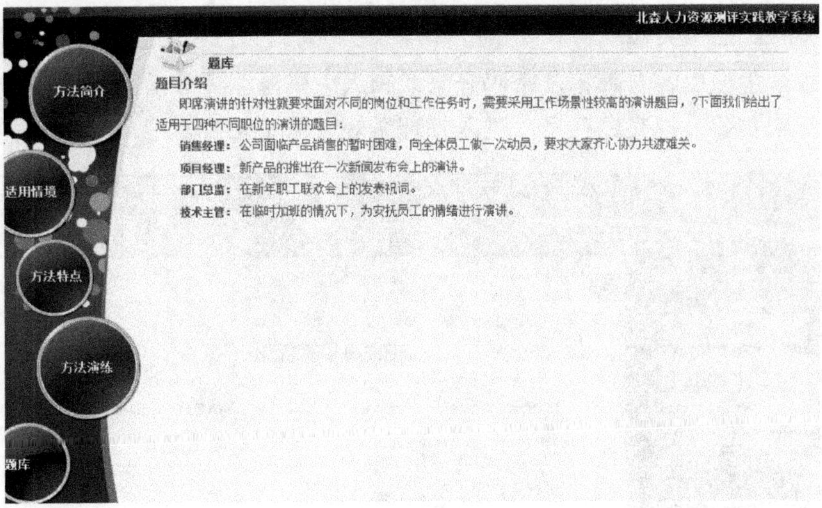

图 12-36　题库

第七节　管 理 游 戏

【实验目的】

本实验通过理论与实践案例相结合的方式带领学生理解和掌握评价中心技

术中的管理游戏方法，为帮助学生直观深入体验管理游戏方法的应用。

【实验准备】

教师生成适当数量的序列号，并发给学生。

操作指导：

（1）发布案例：登录北森人力资源测评实践教学系统 Net V4.0 教师后台→评价中心→发布实验→在理论与方法列表下选择管理游戏→编辑实验名称和备注→发布实验。

注：教师可以在后台控制是否允许学生在实验过程中阅读参考答案。

（2）生成并发放序列号：进入序列号管理→生成适当数量的序列号→将序列号发放给学生。

注：如果学生第一次使用该系统完成实验，则首先要求学生完成注册。

【实验过程及指导】

1. 学生进入实验

要求学生使用各自邮箱及密码登录北森人力资源测评教学系统 V4.0 学生前台，选择新实验，提交序列号，进入管理游戏（图 12-37）。

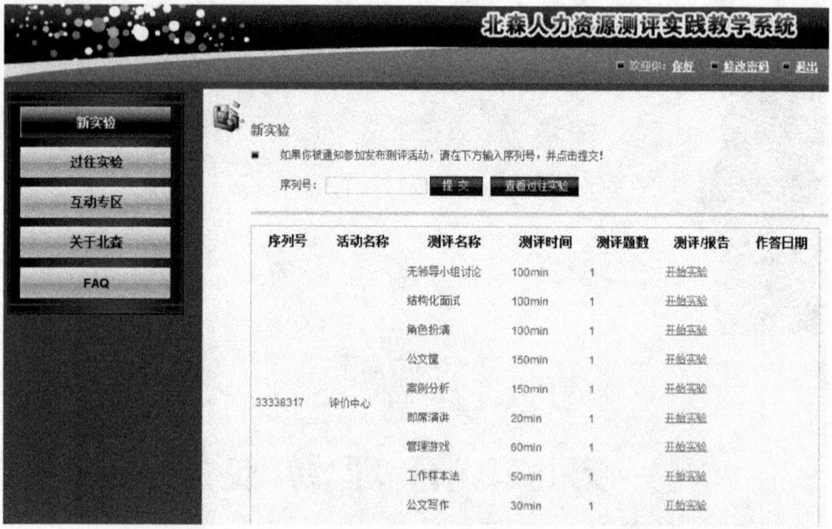

图 12-37 登录界面

2. 按照页面提示开始完成实验

（1）方法简介：介绍管理游戏方法的基本概念、内容和形式（图 12-38）。

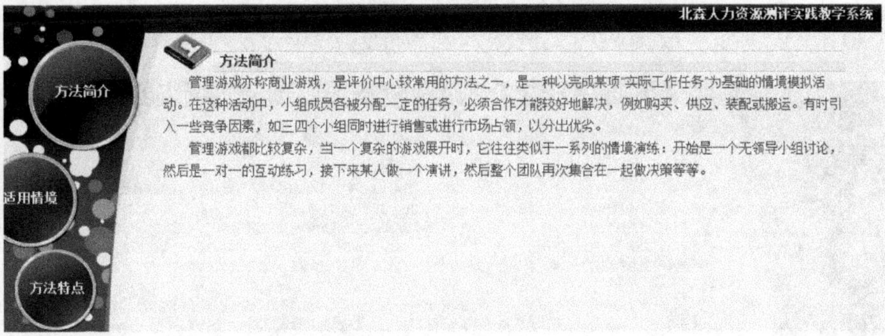

图 12-38 方法简介

（2）适用情境：介绍管理游戏方法应用场景（图 12-39）。

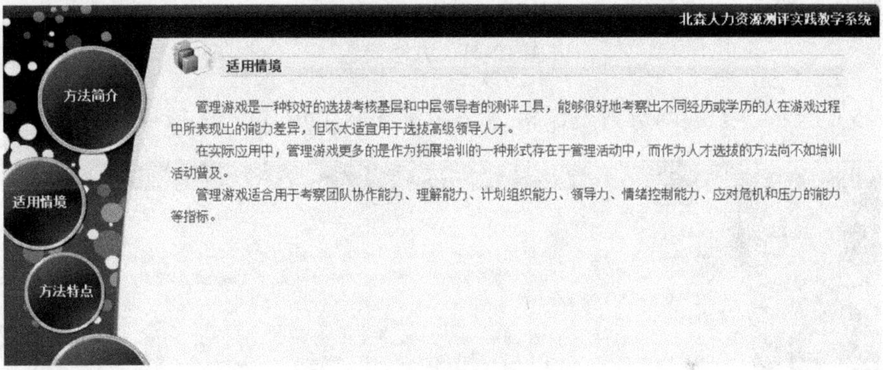

图 12-39 适用情境

（3）方法特点：介绍管理游戏方法的特征，包括其优缺点（图 12-40）。

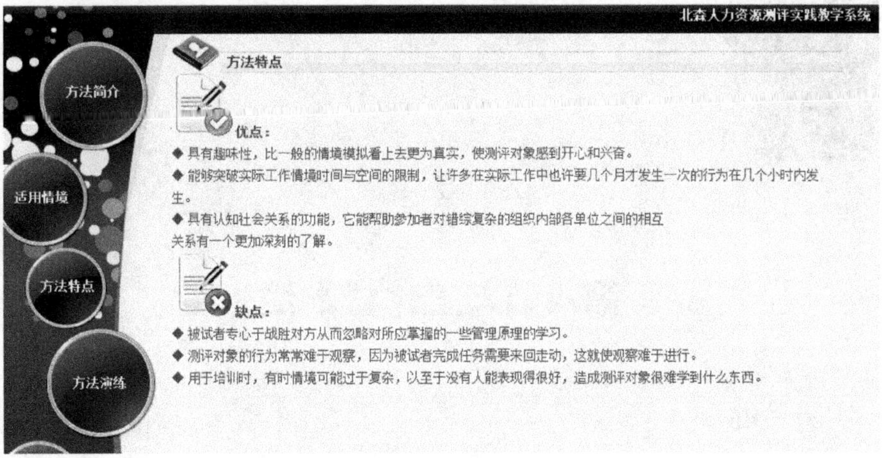

图 12-40 方法特点

（4）方法演练：根据应用案例深入理解管理游戏方法（图 12-41）。

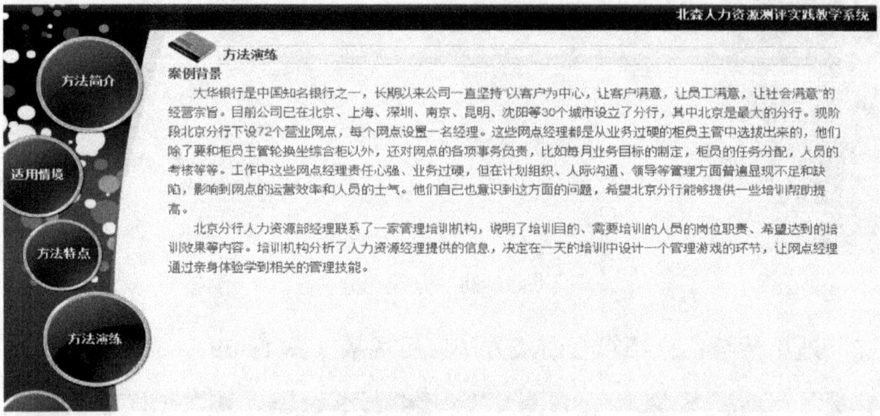

图 12-41　方法演练

（5）题库：扩展阅读管理游戏方法的不同题型形式（图 12-42）。

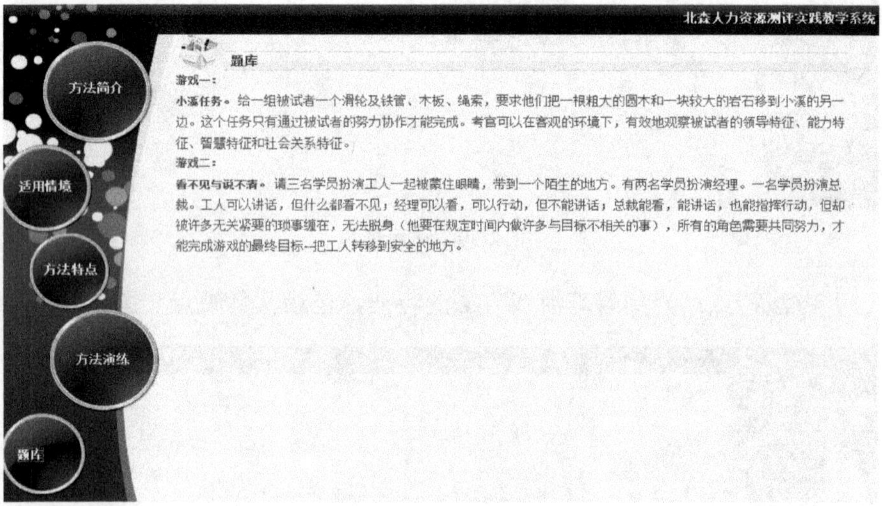

图 12-42　题库

第八节　工作样本法

【实验目的】

本实验通过理论与实践案例相结合的方式带领学生理解和掌握评价中心技

术中的工作样本法，为帮助学生直观深入体验工作样本法的应用。

【实验准备】

教师生成适当数量的序列号，并发给学生。

操作指导：

（1）发布案例：登录北森人力资源测评实践教学系统 Net V4.0 教师后台→评价中心→发布实验→在理论与方法列表下选择工作样本法→编辑实验名称和备注→发布实验。

注：教师可以在后台控制是否允许学生在实验过程中阅读参考答案。

（2）生成并发放序列号：进入序列号管理→生成适当数量的序列号→将序列号发放给学生。

注：如果学生第一次使用该系统完成实验，则首先要求学生完成注册。

【实验过程及指导】

1. 学生进入实验

要求学生使用各自邮箱及密码登录北森人力资源测评教学系统 V4.0 学生前台，选择新实验，提交序列号，进入工作样本法（图 12-43）。

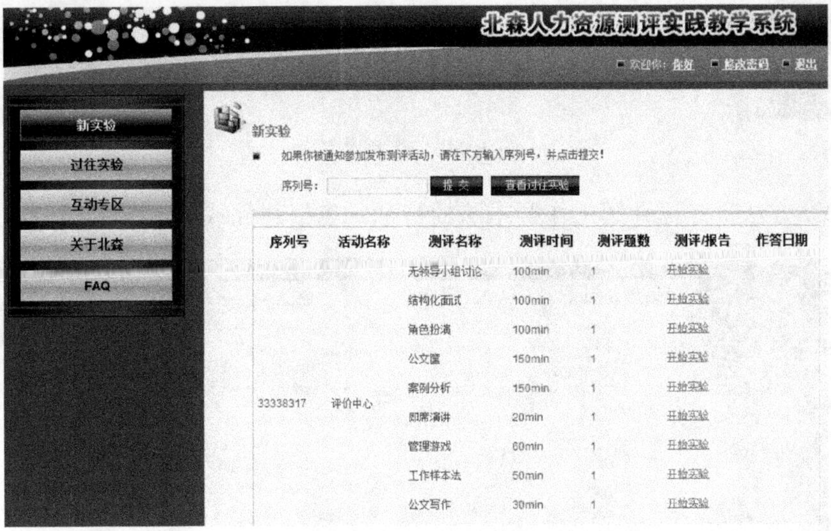

图 12-43　登录界面

2. 按照页面提示开始完成实验

（1）方法简介：介绍工作样本法的基本概念、内容和形式（图 12-44）。

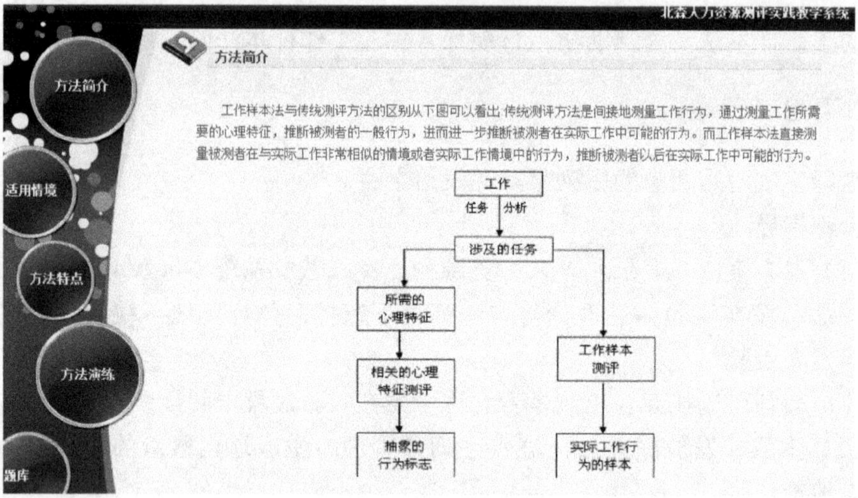

图 12-44 方法简介

（2）适用情境：介绍工作样本法的应用场景（图 12-45）。

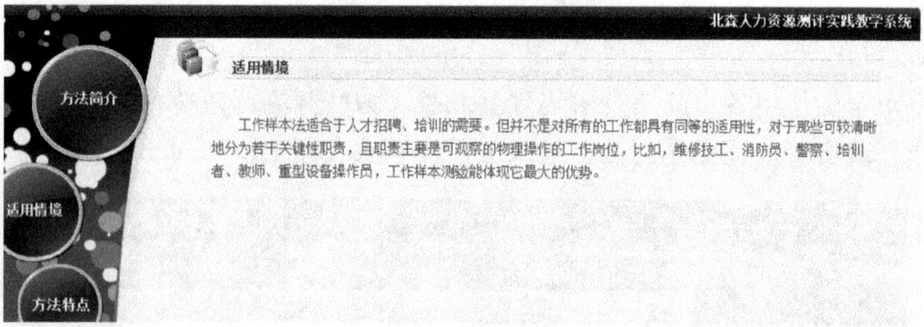

图 12-45 适用情境

（3）方法特点：介绍工作样本法的特征，包括其优缺点（图 12-46）。

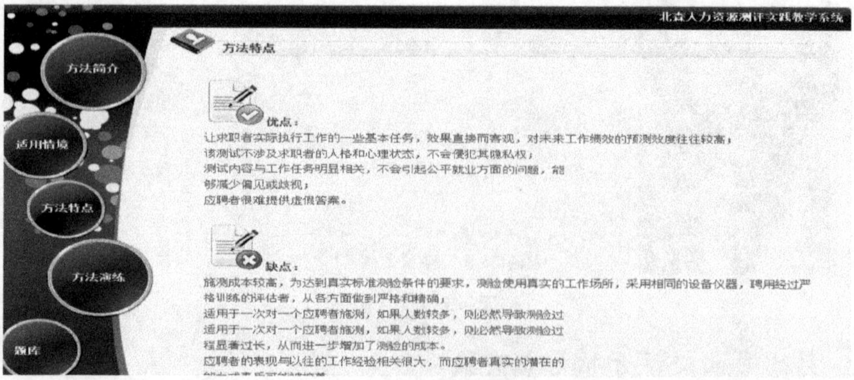

图 12-46 方法特点

（4）方法演练：根据应用案例深入理解工作样本方法（图 12-47）。

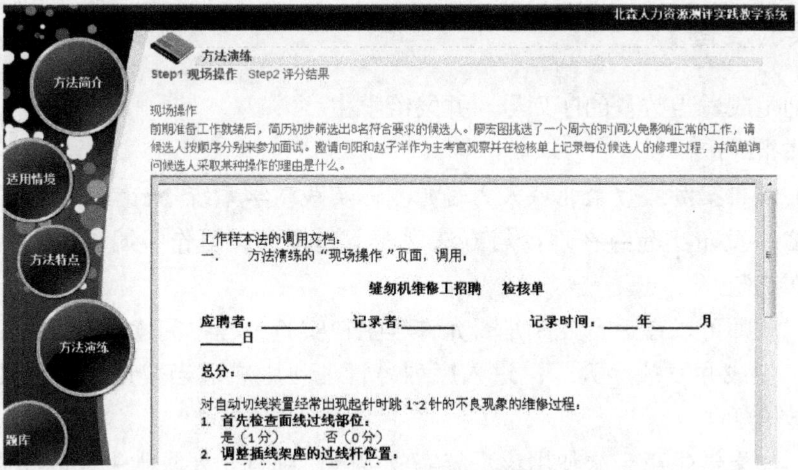

图 12-47 方法演练

（5）题库：扩展阅读工作样本法的不同题型形式（图 12-48）。

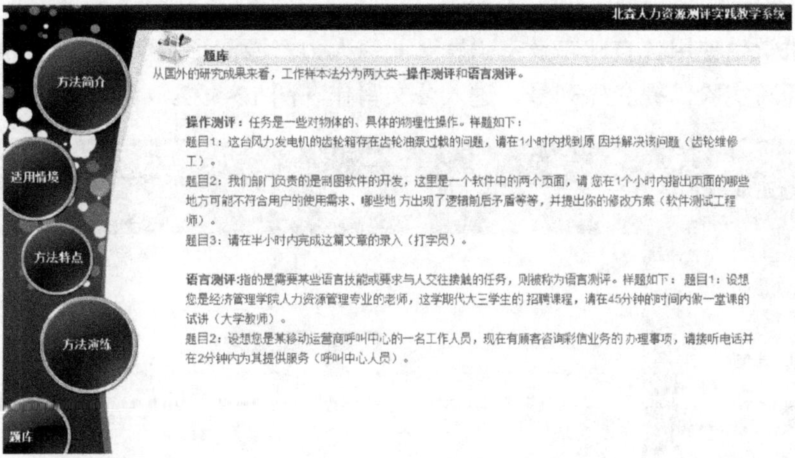

图 12-48 题库

第九节 公文写作

【实验目的】

本实验通过理论与实践案例相结合的方式带领学生理解和掌握评价中心技

术中的公文写作方法，为帮助学生直观深入体验公文写作方法的应用。

【实验准备】

教师生成适当数量的序列号，并发给学生。

操作指导：

（1）发布案例：登录北森人力资源测评实践教学系统 Net V4.0 教师后台→评价中心→发布实验→在理论与方法列表下选择公文写作→编辑实验名称和备注→发布实验。

注：教师可以在后台控制是否允许学生在实验过程中阅读参考答案。

（2）生成并发放序列号：进入序列号管理→生成适当数量的序列号→将序列号发放给学生。

注：如果学生第一次使用该系统完成实验，则首先要求学生完成注册。

【实验过程及指导】

1. 学生进入实验

要求学生使用各自邮箱及密码登录北森人力资源测评教学系统 V4.0 学生前台，选择新实验，提交序列号，进入公文写作（图 12-49）。

图 12-49 登录界面

2. 按照页面提示开始完成实验

（1）方法简介：介绍公文写作方法的基本概念、内容和形式（图 12-50）。

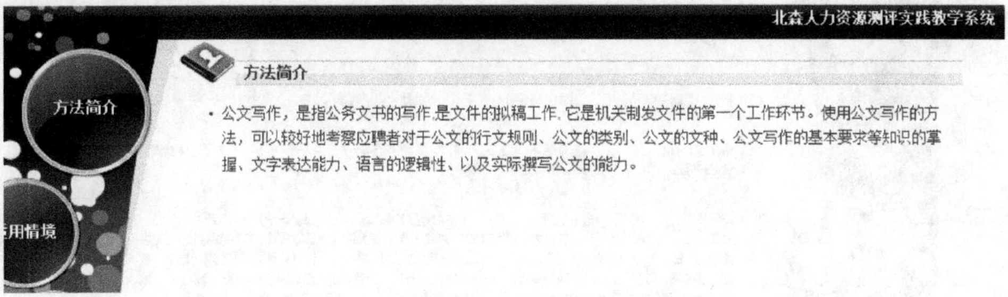

图 12-50　方法简介

（2）适用情境：介绍公文写作方法应用场景（图 12-51）。

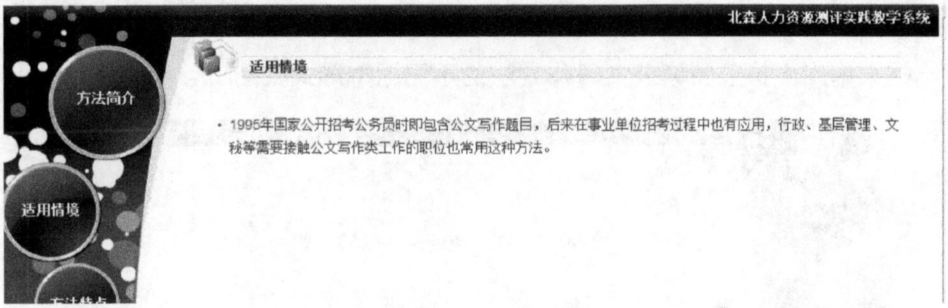

图 12-51　适用情境

（3）方法特点：介绍公文写作方法的特征，包括其优缺点（图 12-52）。

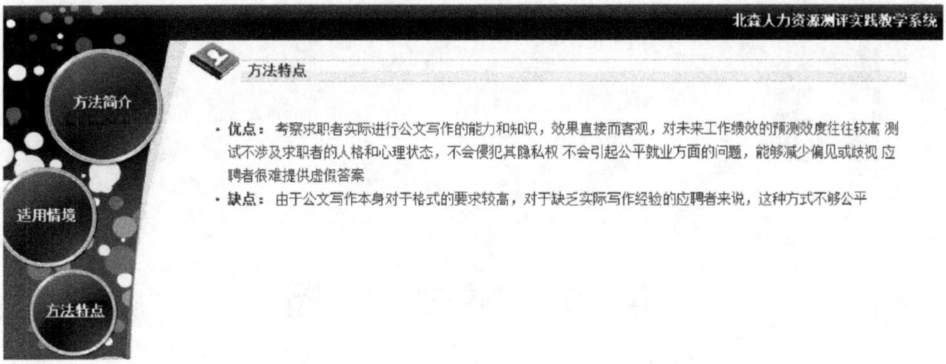

图 12-52　方法特点

（4）方法演练：根据应用案例深入理解公文写作方法（图 12-53）。

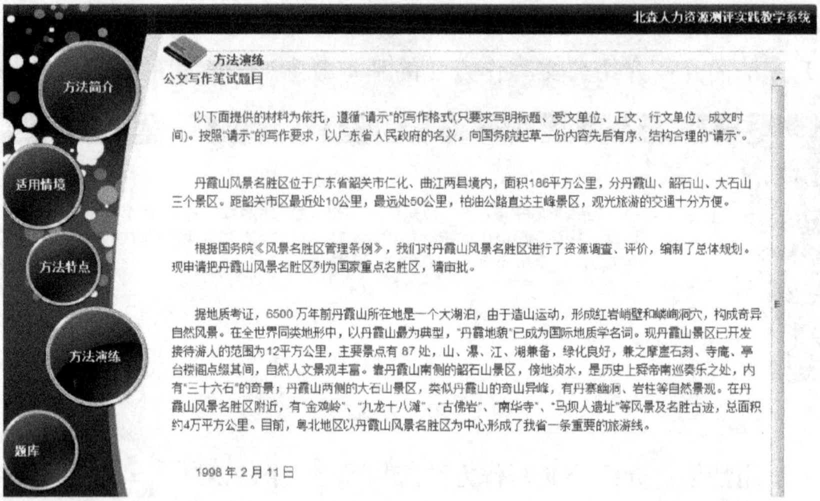

图 12-53　方法演练

（5）题库：扩展阅读公文写作方法的不同题型形式（图 12-54）。

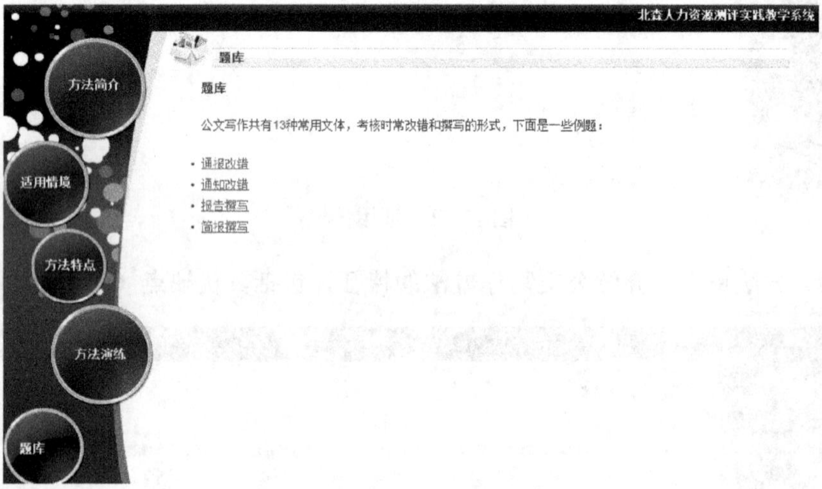

图 12-54　题库

第十节　事 实 判 断

【实验目的】

本实验通过理论与实践案例相结合的方式带领学生理解和掌握评价中心技

术中的事实判断方法，为帮助学生直观深入体验事实判断方法的应用。

【实验准备】

教师生成适当数量的序列号，并发给学生。

操作指导：

（1）发布案例：登录北森人力资源测评实践教学系统 Net V4.0 教师后台→评价中心→发布实验→在理论与方法列表下选择事实判断→编辑实验名称和备注→发布实验。

注：教师可以在后台控制是否允许学生在实验过程中阅读参考答案。

（2）生成并发放序列号：进入序列号管理→生成适当数量的序列号→将序列号发放给学生。

注：如果学生第一次使用该系统完成实验，则首先要求学生完成注册。

【实验过程及指导】

1. 学生进入实验

要求学生使用各自邮箱及密码登录北森人力资源测评教学系统 V4.0 学生前台，选择新实验，提交序列号，进入事实判断（图 12-55）。

图 12-55　登录界面

2. 按照页面提示开始完成实验

（1）方法简介：介绍事实判断方法的基本概念、内容和形式（图 12-56）。

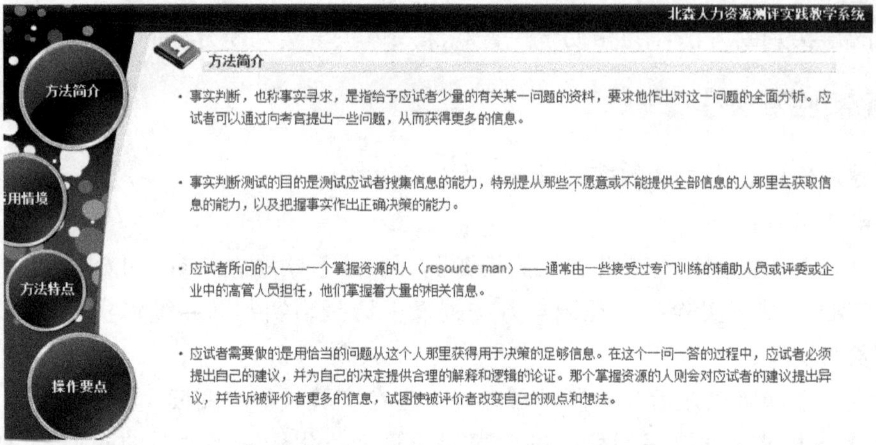

图 12-56　方法简介

（2）适用情境：介绍事实判断方法应用场景（图 12-57）。

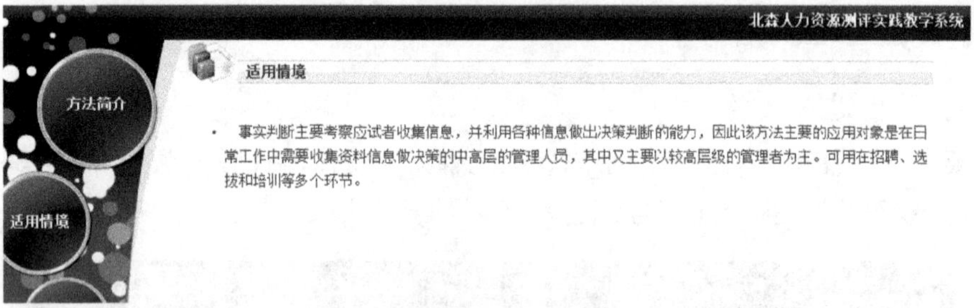

图 12-57　适用情境

（3）方法特点：介绍事实判断方法的特征，包括其优缺点（图 12-58）。

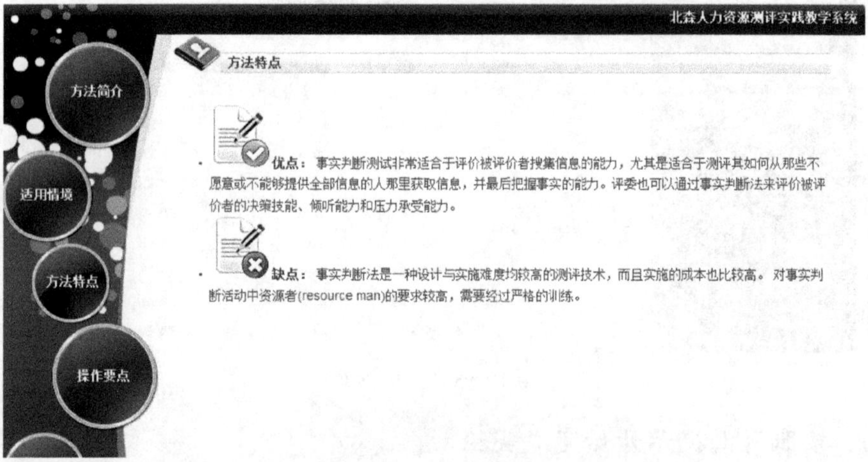

图 12-58　方法特点

（4）操作要点：介绍事实判断方法实施过程中需要注意的问题（图 12-59）。

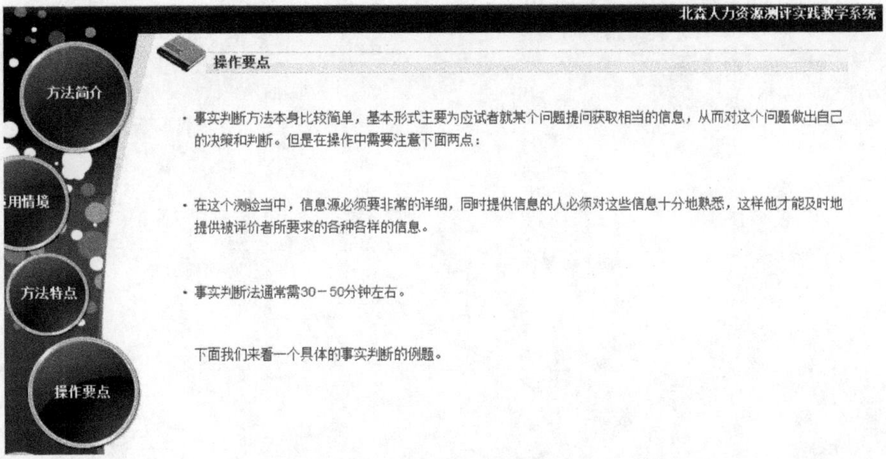

图 12-59 操作要点

（5）题目列举：事实判断的题目的举例（图 12-60）。

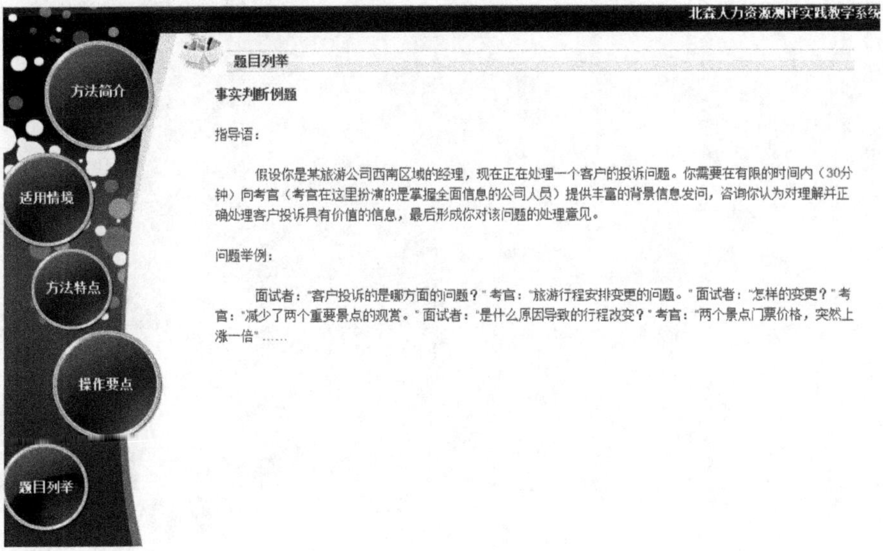

图 12-60 题目列举

第四篇　应用篇

第十三章

测量的组合设计

一、测量组合的步骤

各种测评工具都有自己的应用价值，它们的功能不同，应用的范围也不同。所以，在实际应用中，一个很重要的问题就是如何选择量表。测量工具的组合可以分为三个步骤：确定测量目的、需求分析、选择量表。

1. 确定测量目的

确定测量目的不仅是为人事测量具体方案的设计指明了方向，而且是后期对测量目标及其效果进行评估监控的依据，这不仅仅是人事测量活动实施的目的所在，而且是从思想上统一企业对人事测量工作的价值认同的过程。当认识测量作为一种新兴技术引入到企业管理中时，更需要做好确立和充分论证考察目的的工作。

确定考察的目的，从宏观来说，可以结合企业的发展战略、企业的文化要求。从微观来说，考察目的的确立可以结合企业的经营策划、组织策划、变革等，要结合具体的人事管理目的和人力资源开发需要来综合确定测量的目的。

2. 需求分析

需求分析是建立在对企业以及岗位深刻了解的基础上。例如，要了解公司的规模、性质、管理体制、经营理念、企业文化等方面的情况。另外，还要具体向所招聘岗位的上级、平级、下级了解招聘岗位的需求。

这个过程需要专业人员和企业之间进行良好的沟通。例如，某个公司要招聘销售，那么可以找销售部门的主管以及优秀的销售代表了解该岗位的职责以及所需人员的特征。

3. 选择量表

有了详细的需求分析，就可以选择具体的测量工具。在选择测量工具的时候，必须考虑企业特色与文化。

例如，在招聘销售的时候，根据企业文化以及职位的要求，选取职业兴趣、16PF、动机测验等。

二、应用案例

1. 招聘与选拔

美国心理学家做的关于人才测评效用的调查统计数据：

（1）随机选拔的准确率：33%。

（2）领导推荐的准确率：57%。

（3）领导推荐+人才测评的准确率：76%。

成倍增长的准确率可以说明人才测评在人才选拔中的作用。越来越多的企业也开始认识到人才测评已经成为学历、经验之后，一种新型的人才考核参数。有资料显示，欧美企业在人才选拔中，引入人才测评手段的比率高达83%，IBM、微软、福特、摩托罗拉、迪斯尼等知名跨国企业都拥有自己的招聘测评系统。在中国，越来越多的企事业单位开始将人才素质测评结果作为选拔人才的重要指标。

事实上，简历很少能够直接告诉用人单位所关心的应聘者素质。通常，只是得到了一个有关应聘者的个人经历和技能的清单。在人力资源部决定约见一个应聘者进行面试之前，简历往往不能使他获得更多需要的信息。而招聘活动能否成功，关键在于首先要了解应聘者的整体素质如何，而不仅仅是他们已经做过了什么。

测评在人员选拔和招聘中的应用有两种方法：一是择优，二是劣汰。

择优是指尽可能全面地了解所有应聘人员的情况，从能力、性格、动机、兴趣等各个角度和层次上做广泛的考察，根据个人和岗位匹配的综合情况来择优录取。一般在管理岗位上的人员选拔会应用择优的方法。

劣汰是指依据职位的要求列出从业人员的基本素质，只有通过该基本素质的要求才能录取，所以可以淘汰掉那些不符合基本要求的候选人。劣汰方法的应用一般在于招聘普通岗位的人员。

2. 案例

A 公司是一家集研发、生产、销售三位于一体的实体公司。因企业发展需要，要招聘一名大区销售经理。知识、经历和技术的把关对于 A 公司来说都不是很困难的事情，许多项目经理都具有足够的水平做好这项工作。但是实践证明，发挥不好的人才往往不是由于知识背景不行，更多的是个性、做事风格等不适合企业的文化，不适合岗位要求。

而人才测评恰好可以解决这样的问题。于是，A 公司请北森测评技术公司进行专业的测评。在接收 A 公司委托后，测评专家组首次考虑了这样一个问题：根据 A 公司的企业文化和目前情况、公司对人员的要求，以及岗位对人员的要求，应该如何更准确、有效地选人？考虑了以上诸多因素，测评专家为他们量身组合测评流程：

（1）"能力测验""性格测验"和"动机测验"——基本能力素质和发展潜力、心理素质、自信心、主动性、推动力、坚持性等心态和做事方式。

（2）无领导小组讨论——分析处理问题的能力、逻辑性、口头表达能力、说服力、人际沟通意识与能力、组织管理能力、压力下的反应等。

（3）结构化面谈——教育和工作经历、专业知识水平、经营观念和组织管理意识，深入考察人际沟通意识与能力。

测验共用半天时间，无领导小组讨论用时半天。经过这两轮筛选，从 11 名候选人中确立了 6 名进行结构化面试。测评专家组为 A 公司提交了详细的选拔评价报告，分析出 6 个人的差距、优势和不足，并针对大区经理这个岗位进行选择性排序，对其中三个人提出推荐意见和下一步的岗位使用意见。

人才测评不仅会给企业的招聘活动带来巨大的益处，还有一个不为人知的效果：它体现了企业对人才的重视，树立了企业在职业经理人中良好的口碑。测评专家在为 A 公司提交人员推荐报告的同时，也为其他参加测评的候选人提供了一份个人素质和发展建议的简单报告。很多人虽然落选了，却感到非常幸运拥有这次应聘的经历。无形之中，这些提升了 A 公司的声誉度，并为将来潜在的人才库做好了储备。

第十四章 测评方案介绍

第一节 企业管理人员测评方案介绍

××有限公司基于聘用目的的销售经理素质测评

一、前期调查准备工作

1. 测评背景调查

××有限公司是国内知名的医药广告代理公司，其各项业务主要由五位项目主管负责。这五位项目主管在日常工作中各负其责，并向总经理直接负责。鉴于这种组织结构的弊端日益严重，因此需要一位销售经理统管公司所有的销售事务。

人力资源部经理决定对公司内部的五位项目主管和外部的三位应聘者进行科学、公正的素质测评后，确定最后人选，以提高人才选拔的有效性。

2. 成立测评小组

测评小组由人力资源部经理、招聘主管、公司总经理、高层领导和测评专家共 10 人组成，确定分工和工作日程。

3. 销售经理的工作分析

测评专家听取公司领导和相关人员的介绍，测评小组开展座谈会，查阅与销售经理岗位相关的资料，调查分析销售经理的工作职责和规范，为构建销售经理胜任素质模型做准备。

二、构建销售经理胜任素质模型

1. 初步确定胜任素质要素

首先，测评小组成员通过访谈法、问卷调查、查找历史资料等方法，从各个渠道获得数据，交由测评专家分析并汇总，这样就可以获得相关表格的内容。

其次，汇总所有表格的内容，逐条讨论，合并相似的要素，并检查胜任素质是否完整。最终得出初步的 24 项胜任素质要素（表 14-1）。

表 14-1　销售经理胜任素质要素初步列表

序号	胜任素质要素	序号	胜任素质要素	序号	胜任素质要素	序号	胜任素质要素
1	销售专业知识	7	积极主动性	13	团队建设和协作能力	19	创新能力
2	医药广告专业知识	8	灵活性和适应性	14	果断决策能力	20	人际关系营造能力
3	成本收益意识	9	行为的结果导向	15	领导指挥能力	21	说服沟通能力
4	销售技能	10	自我成就动机	16	管理绩效	22	个人影响力
5	信息调查与收集能力	11	思维分析能力	17	组织计划能力	23	客户服务倾向
6	职业兴趣取向	12	书面交流能力	18	时间管理能力	24	承受压力能力

2. 将胜任素质要素归类

首先，将上述 24 项胜任素质要素按个人内在素质、人际关系能力、组织管理能力分类，并着手调查各个要素的相对重要性，以便确定需要重点测评的素质。表 14-2 即是分类后的要素构成情况及其重要程度调查表。

表 14-2　胜任素质要素分类及其重要程度调查表

测评维度	胜任素质要素	重要程度调查评分		
		1~6 分	6（含）~8 分	8（含）~10 分
个人内在素质——专业知识	销售专业知识			
	医药广告专业知识			
	成本收益意识			
个人内在素质——心理素质	职业兴趣取向			
	积极主动性			
	灵活性和适应性			
	自我成就动机			
	思维分析能力			
	承受压力能力			
	创新能力			

续表

测评维度	胜任素质要素	重要程度调查评分		
		1~6 分	6（含）~8 分	8（含）~10 分
个人内在素质——专业技能	信息调查与收集能力			
	销售技能			
	时间管理能力			
人际关系能力	书面交流能力			
	人际关系营造能力			
	说服沟通能力			
	个人影响力			
	客户服务倾向			
组织管理能力	团队建设和协作能力			
	果断决策能力			
	领导指挥能力			
	管理绩效			
	组织计划能力			
	行为的结果导向			

填表说明：按各个要素对销售经理胜任工作的重要性进行打分，采用 10 分制，“1~6 分”表示“一般重要”，“6（含）~8 分”表示“比较重要”，“8（含）~10 分”表示“非常重要”。

其次，由测评专家统计、分析、调整所获得的数据，取分数最高的 8 项胜任素质要素作为素质测评的最终胜任素质，并对此 8 项胜任素质要素的行为进行分级定义（表 14-3）。

表 14-3　销售经理胜任素质要素的分级定义表

重要程度得分	胜任素质要素	级别	测评得分	各级别的行为定义
8	组织计划能力	较弱	1	能够调动组织成员的积极性，相互启发补充，懂得运用工作进度表
		中等	2	善于发挥团队作用，能够发现并运用他人的优点 善于运用工作进度表、考核表等工具安排工作计划
		熟练	3	有目标、系统化地协调工作，能够为自己和下属拟订必要的工作计划，有计划地运用材料和资源；擅长组织和安排各种活动，协调活动中的人际关系
		出色	4~5	根据工作要求和现有资源制订合理的工作计划，对工作的优先顺序做出准确判断和安排；考虑各种可能出现的危险和问题，制定工作考察表、工作进度表，并严格执行

续表

重要程度得分	胜任素质要素	级别	测评得分	各级别的行为定义
7.5	说服沟通能力	较弱	1	观点鲜明，能明确表达自己的立场，阐述的内容有一定的针对性
		中等	2	论证严密，通过有力的辩驳维护自己的观点，并能把握适度让步和坚持己见之间的分寸
		熟练	3	能够以理服人，并接受合理的建议，善于理解他人的建议与意见
		出色	4~5	能够坚定不移地维护自己正确的观点，能够处理一对多的辩驳
7	人际关系营造能力	较弱	1	维持正式的工作关系，偶尔在工作中开始非正式的关系
		中等	2	在工作中与同事、客户进行非正式的接触，刻意建立融洽关系
		熟练	3	在工作之外的俱乐部、餐厅等地与同事、客户进行接触，与同事、客户进行相互的家庭拜访
		出色	4~5	与同事、客户变成亲密的私人朋友，并能对人际资源进行归类管理、开发运作，能利用私人友谊扩展业务
6.5	团队建设和协作能力	较弱	1	运用复杂的策略提升团队的士气和绩效，以公正的态度运用职权
		中等	2	保护组织的声誉；取得组织所需的人员、资源和资讯；确保组织的实际需要得到满足
		熟练	3	将自己定位为领导者；确保他人接受自己提出的任务、目标、计划、趋势、政策；树立榜样，确保完成组织任务
		出色	4~5	拥有真实的号召力，提出令人折服的远见，激发下属对团队使命的兴奋感
6	思维分析能力	较弱	1	能够进行因果关系分析，发现问题的基本关系，确定需要执行的活动的先后顺序
		中等	2	能把复杂的问题、过程或项目进行系统分析，化繁为简；能够把资料中大量的信息进行归类，为决策提供参考
		熟练	3	考虑讨论问题中各个方面之间的联系；能识别出问题产生的若干原因，并分析相应的对策及可能的结果
		出色	4~5	在两难问题的讨论中，将正反两方的优缺点分析得很透彻，能抓住问题的实质；能预见性地分析各种可能出现的问题，并寻找出最佳的解决策略
5.8	果断决策能力	较弱	1	对存在的问题有一定的理解，能够分析正反两个方面的结果；在他人的帮助下能对情况做进一步的分析
		中等	2	能较全面地分析问题，能够分析决策的各种结果，能够提出一些建议供他人参考
		熟练	3	能够运用决策，客观地分析存在的问题，采取措施；积极与他人探讨，提出合理化建议，为组织提供有力的支持
		出色	4~5	善于根据具体情况进行正确判断和果断决策，为组织在关键问题上的发展方向提出有导向性的建议
5.5	客户服务倾向	较弱	1	为客户设想，使事情变得更加完美，表达对客户的正面期待
		中等	2	收集有关客户的真正需求，找出符合其需求的产品或服务，并让客户随时能找到自己

续表

重要程度得分	胜任素质要素	级别	测评得分	各级别的行为定义
5.5	客户服务倾向	熟练	3	重视组织的长期效益，以长远的战略眼光解决客户问题；站在客户的角度思考并做出短期内对组织不利但在长期实则有利的决策
		出色	4~5	成为客户信赖的顾问，依照客户的需要和问题，提出独特见解的意见，深入参与客户的决策过程，指导客户如何解决艰难的问题
5.2	成本收益意识	一般	1~2	有一定的成本意识，但未采取措施控制成本
		中等	3~4	掌握一定的财务知识，有控制成本的意识，并运用于管理过程中
		熟练	4~5	熟练运用自己掌握的财务知识，采取措施控制成本，从投入、产出的角度来处理销售业务和管理等各个业务部门

最后，根据调查所得的最终分数，运用加权平均法计算各个要素的权重，结果如表 14-4 所示。

表 14-4　销售经理 8 项胜任素质要素权重表

胜任素质要素	重要程度调查得分	权重
组织计划能力	8	8/51.5=15.53%
说服沟通能力	7.5	7.5/51.5=14.56%
人际关系营造能力	7	7/51.5=13.59%
团队建设和协作能力	6.5	6.5/51.5=12.62%
思维分析能力	6	6/51.5=11.65%
果断决策能力	5.8	5.8/51.5=11.26%
客户服务倾向	5.5	5.5/51.5=10.68%
成本收益意识	5.2	5.2/51.5=10.10%
总分	51.5	100%

三、选择测评方法、编制测评工具

根据上述 8 项胜任素质要素的特点，测评小组决定首先以专业知识测试和心理测试从 8 名候选人中选 4 人进入第二轮，再组织 4 人开展无领导小组讨论、角色扮演、公文筐测验，最终决定胜出者。若遇到平分秋色的 2 位候选人，可运用结构化面谈来甄选。

四、实施测评

1. 培训测评小组成员的操作规范

培训内容包括标准实施测评规程（主要测试应做的事和不宜做的事）、标准指导语（主要测试要说的话）以及施测过程中的时间控制、现场情况应急处理等。

2. 准备好所需要的场地、设备和材料

测评场地要求采光好、无噪音，空间上能合理布置桌椅。

测评设备包括白板、音像放映设备和摄像装置等。

被测人员所需材料包括测试编号、题本、答题纸、草稿纸、铅笔和橡皮等；测评人员所需材料包括测评手册、记录纸和计时器等。

3. 具体实施方案

测评实施的具体过程如图 14-1 所示。

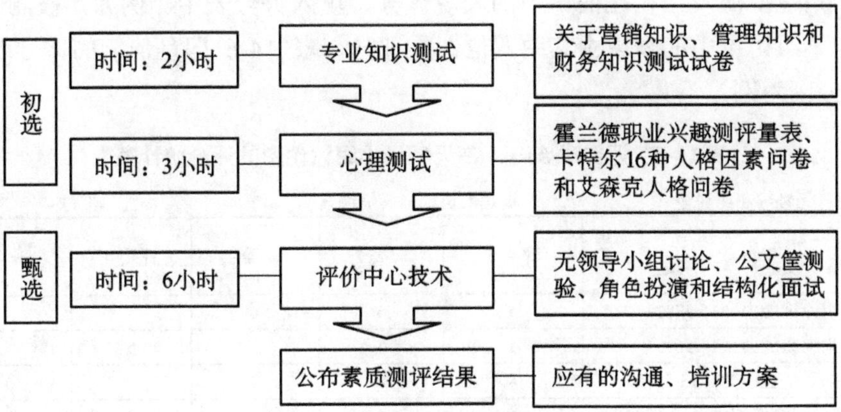

图 14-1 测评实施方案简图

五、处理测评数据

1. 初选阶段数据处理

专业知识测试和心理测试的结果可用表 14-5 来反映，并按八位被测者的测试总得分排名。

表 14-5 被测人员专业知识测试、心理测试得分汇总表

被测人员	专业知识测试	心理测试			总分	名次
		16PF	霍兰德职业兴趣测评量表	艾森克人格问卷		
被测 D						1
被测 B						2
被测 F						3
被测 A						4
被测 E						5

续表

被测人员	专业知识测试	心理测试			总分	名次
		16PF	霍兰德职业兴趣测评量表	艾森克人格问卷		
被测 C						6
被测 H						7
被测 G						8

2. 甄选阶段数据处理

首先，分别汇总测评人员对被测 A、B、D、F 在无领导小组讨论、公文筐测验、角色扮演及结构化面试中的表现评分，填入评分表中。例如，被测 A 在无领导小组讨论中的表现由其中四位评委评分，表 14-6 即是他们的评分统计表（以 5 分制为例）。

表 14-6　评委对被测 A 在无领导小组讨论中的评分统计表

测评项目：无领导小组讨论　　被测人员姓名：被测 A　　测评日期：　年　月　日

测评要素（权重）\ 评委	评委 1	评委 2	评委 3	评委 4	平均分
组织计划能力（15.53%）	5	4	4	5	4.5
说服沟通能力（14.56%）	5	5	5	5	5.0
人际关系营造能力（13.59%）	4	5	4	5	4.5
团队建设和协作能力（12.62%）	4	4	5	3	4.0
思维分析能力（11.65%）	5	4	3	4	4.0
果断决策能力（11.26%）	5	5	5	5	5.0
客户服务倾向（10.68%）	5	5	4	4	4.5
成本收益意识（10.10%）	5	4	5	4	4.5
8 项胜任素质要素加权得分（Σ平均分×权重）					4.507

与此同时，为了提高报告的直观性和可读性，可将统计表中的数据转换成统计图，如图 14-2 所示。

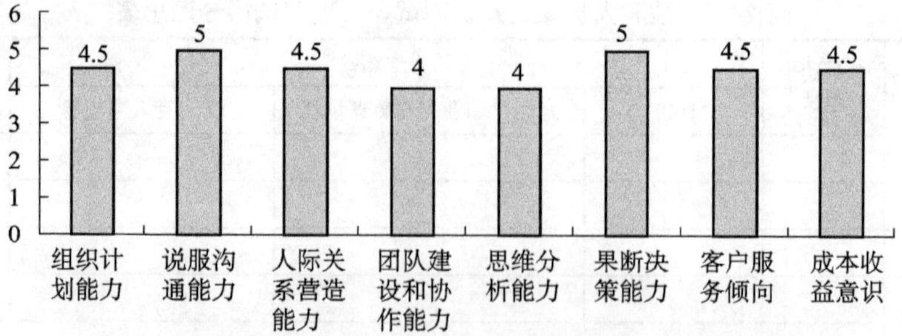

图 14-2　评委对被测 A 在无领导小组讨论中的评分统计图

3. 汇总结果

比较总结四个项目的测评结果，如表 14-7 所示。

表 14-7　被测 A、B、D、F 在评价中心项目中的得分汇总表

被测人员	无领导小组讨论	公文筐测验	角色扮演	结构化面试	总分	名次
被测 F	4.611	4.550	5.000	4.600	18.761	1
被测 A	4.507	4.562	4.500	4.551	18.120	2
被测 D	4.450	4.540	4.450	4.533	17.973	3
被测 B	4.410	4.500	4.430	4.511	17.851	4

最后，经过所有测评人员及测评专家商议，确定被测 F 为销售经理。

六、撰写测评报告

综合分析上述数据和图表，将本次素质测评实施的具体情况形成书面报告，提交人力资源部经理和企业最高决策者，作为他们做出人事决策的参考。

七、跟踪评估结果

跟踪考核销售经理上任后的工作表现，评估本次素质测评的实际成效，以便改进素质测评的流程和方法。

第二节　营销人员素质测评方案介绍

一、营销人员素质测评要素构成

营销人员素质测评要素构成表如表 14-8 所示。

表 14-8　营销人员素质测评要素构成表

素质结构	测评要素	
	测评维度	测评内容
生理素质	体质	健康状况、抵抗疾病的能力
	精力	高强度工作承受能力、持久力
	外在形象	第一印象指数、外在形象指数

续表

素质结构	测评要素	
	测评维度	测评内容
心理素质	个人能力倾向	创造能力、语言理解与表达能力、知觉速度
	个性倾向	职业兴趣与价值观、成就动机、工作态度、诚信倾向
	性格特征	内外向性、自信心、乐群性、稳定性、兴奋性、敢为性、独立性、忧虑性、紧张性
	意志力	坚韧性、抗受挫能力、乐观程度
知识素质	专业知识	掌握知识的深度、运用知识的熟练程度
	生活知识	了解知识的广度

二、营销人员素质测评方案范例

（一）组建测评小组

通过分析企业的人才需求和销售人员的工作职责，了解实施素质测评的必要性。由此出发，组建本次素质测评小组。一般来说，素质测评小组是由招聘小组成员外加外请的测评专家组成的。

对于没有人员素质测评经验的工作人员，需要事先进行培训。

（二）收集销售人员胜任素质

通过工作分析、文献资料查找和行为事件访谈，确定知识水平、人际敏感性、人际亲和力、情绪控制能力、应变能力、意志力、说服与沟通能力、倾听与反馈能力八个素质为销售人员的胜任素质要素。

（三）选择测评方法，编制测评工具

意志力是销售人员必备的重要素质，采用心理测试单独施测，可事先淘汰部分意志力不强的应聘者，从而提高招聘效率。其余七个测评要素可采用面试法来评定。

1. 意志力测试

意志力强的人会想方设法克服困难，把工作做好；意志力弱的人则会浅尝辄止。意志力也是聘用销售人才的重要考虑因素。该测评量表可以帮助测量被测人员的意志力水平。

表 14-9 是意志力测评量表的具体内容。

表 14-9 意志力测评量表

指导语：

本测试分为 A、B 卷，分别列出了 26 种情况，请根据自身情况作答：完全符合选 A、部分符合选 B、一时难以确定符合选 C、不大符合选 D、完全不符合选 E。

本测试时间为 20 分钟。

测评题目	A	B	C	D	E
A卷					
1. 你每天都坚持跑步、打太极拳、做气功或散步等体育活动，因为这些运动能够增强你的体质和毅力					
2. 若无特殊情况，你每天都按时起床，从不睡懒觉					
3. 你信奉“不干则已，干就要干好”的格言，并身体力行					
4. 你做一件事情的积极性，取决于其重要性、是否应该做，而不是取决于自己对这件事的兴趣或想不想做					
5. 当工作和娱乐发生冲突的时候，即使这种娱乐很有吸引力，你也会放弃娱乐立即投入到工作之中					
6. 你下决心要完成的事，不论遇到什么困难，你都能持之以恒、坚持到底					
7. 你能长时间从事一件非常重要但却枯燥无味的工作					
8. 你一旦决定开始做某件事，常常说干就干，绝不拖延或让计划落空					
9. 对于别人的意见和说法，你从不盲从，总是喜欢分析、鉴别一下					
10. 凡事你都喜欢自己拿主意，但也不排斥别人的意见和建议					
11. 你不怕做从没做过的事情，不怕独立负责，将其视为锻炼自己的机会					
12. 你和同事、朋友、家人相处时很有克制力，从不无缘无故发脾气					
13. 你一直希望做一个坚强、有毅力的人，坚信“有志者事竟成”					
B卷					
14. 你给自己制订的计划，常因主观原因无法如期完成					
15. 你的作息时间没有规律性，常随自己的情绪和兴致的变化而变化					
16. 你认为做事情不必太较真，能做到则好，做不到就算了					
17. 有时临睡前你会发誓第二天要干一件重要事情，但到第二天这种劲头就消失了					
18. 你常因读一本妙趣横生的小说或看一集精彩的电视剧而不能按时入睡					
19. 若在工作中遇到了困难，你首先想到问问别人有什么办法					
20. 你的爱好广泛善变，做事情常常因为心血来潮					
21. 你做事情喜欢拣易怕难，爱挑容易的做，困难的能拖就拖、能推则推					
22. 凡是你认为比你能干的人，你从不怀疑他们的看法					
23. 遇到复杂莫测的情况，你常常拿不定主意，长时间不能做出决定					

续表

测评题目	A	B	C	D	E
24. 你生性胆怯，没有百分之百把握的事情，你从来不敢去做					
25. 与人发生争执，有时明知自己不对，却忍不住要说一些过激的话语伤害对方					
26. 你相信机遇的作用大大超过个人的付出和努力					

表 14-10 是意志力测评量表的计分方法及评价标准。

表 14-10　意志力测评量表的计分方法及评价标准

计分方法	A 卷试题中，选项 A、B、C、D、E 依次为 5、4、3、2、1 分；B 卷试题中，选项 A、B、C、D、E 依次为 1、2、3、4、5 分。A、B 卷得分加起来为总得分。			
总得分	70 分以下	71~90 分	91~100 分	110 分以上
意志力水平	薄弱	一般	较坚强	十分坚强

2. 面试法

1）建立面试的评价体系

（1）调查胜任素质要素的相对重要性。

可运用问卷调查法组织测评人员独立地对要素进行重要程度评分。“销售人员胜任素质要素重要程度调查表”的样式如表 14-11 所示。

调查结束后，运用算术平均法计算每个要素的平均得分，由此计算各要素的权重。先将所有要素的平均得分累加，再以每个要素的平均得分除以累加分，得数即为每个要素的权重。

表 14-11　销售人员胜任素质要素重要程度调查表

请按要素对销售人员胜任工作的重要程度，给每个要素进行评分：认为某要素“较重要”的评 1~2 分，认为某要素“重要”的评 3~4 分，认为某要素“最重要”的评 5 分。请在相应栏目下方格内填写具体的分数。

测评要素	重要程度			测评要素	重要程度		
	较重要	重要	最重要		较重要	重要	最重要
1. 知识水平				5. 应变能力			
2. 人际敏感性				6. 情绪控制能力			
3. 人际亲和力				7. 倾听与反馈能力			
4. 说服与沟通能力							

（2）描述素质的胜任行为，建立评价体系。

查阅素质词典，描述素质要素的胜任行为，为评价被测人员在面试中的表现或行为提供评价依据。“销售人员面试评价体系表”分别对以下七种素质进行了简单的描述（表 14-12）。

表 14-12 销售人员面试评价体系表

测评要素	权重	测评标准	
		胜任行为描述	测评标度
知识水平	a%	1. 知识面宽、社会知识丰富，了解企业管理和销售的基本知识 2. 能灵活运用知识推进谈话或销售的进度	高分段
人际敏感性	b%	1. 在沟通过程中，有意识地观察和了解对方的习惯及需要 2. 能敏感地把握关键信息，分析并预测对方的行为反应，及时做出判断，并投其所好以解决对方的难题	高分段
人际亲和力	c%	1. 初次会面就容易让他人接受自己并获得他人信任 2. 待人真诚、善解人意、待人不消极、不屈从他人	高分段
说服与沟通能力	d%	1. 能运用沟通策略和技巧吸引对方的注意力并激发兴趣 2. 能够委婉生动地表述自己的想法，具有很强的感染力 3. 能协调和平衡不同的意见，并说服他人接受	高分段
倾听与反馈能力	e%	1. 积极聆听他人的意见和建议，乐于接受他人的意见 2. 能够理解他人的立场，并有技巧地提出建设性意见 3. 能适时地改变自己的言行，对他人关注的问题提供帮助或建议	高分段
应变能力	f%	在答复对方反对意见时，反应迅速、思路敏捷	高分段
情绪控制能力	g%	1.在受到压力或挫折时仍能保持情绪稳定，处事冷静 2.不会把喜怒哀乐表现在脸上	高分段

注：“权重”一列数字源于“销售人员胜任素质要素重要程度调查表”的统计计算

2）拟订面试提纲

3）制定面试评价表

根据面试所需测评的要素，制定“销售人员面试评价表”（表 14-13）。

表 14-13 销售人员面试评价表

面试编号		姓名		性别/年龄	
工作年限		学历/教育背景		测评日期	
面试评价标准说明		90~100 分	完全符合“销售人员面试评价体系表”描述的胜任行为		
		80~89 分	大部分符合“销售人员面试评价体系表”描述的胜任行为		
		70~79 分	只有一半符合“销售人员面试评价体系表”描述的胜任行为		
		60~69 分	小部分符合“销售人员面试评价体系表”描述的胜任行为		
		59 分以下	不符合“销售人员面试评价体系表”描述的胜任行为		

测评要素	面试评价标准					面试纪要
	59 分以下	60~69 分	70~79 分	80~89 分	90~100 分	
知识水平						

续表

测评要素	面试评价标准					面试纪要
	59 分以下	60~69 分	70~79 分	80~89 分	90~100 分	
人际敏感性						
人际亲和力						
说服与沟通能力						
倾听与反馈能力						
应变能力						
情绪控制能力						
综合评价						

（四）实施素质测评

本次素质测评主要分两部分，第一部分为意志力测试，可集体实施测评，可提前淘汰掉得分在 90 分以下的人员；第二部分为面试，需单独进行。

1. 意志力测试

首先，依据应聘人数选择合适的测试地点，布置考场。考场环境应安静整洁、无干扰、采光照明良好。

其次，准备测试所需的材料，包括测试试卷、专用答题纸、铅笔和橡皮。保证每位被测人员都有完整的测试材料及用品。

再次，可安排被测人员入场，并宣布测试注意事项，宣读测试指导语。

最后，计时 20 分钟。20 分钟后，收回测试试卷和答题纸，清查数量无误后，宣布测试结束。

2. 面试法

首先，测评小组一一面试被测人员。面试的过程可由一人或两人主持，其他人员则注意观察被测人员的反应和言行举止，并在“销售人员面试评价表”中做简单记录，作为评分依据。

每一场面试结束后，各位测评人员应立即单独给被测人员评分。评分结束后互相讨论评分理由，若分歧太大可再次评分。由此获得测评数据。

（五）统计处理测评数据

收齐所有评价表，运用算术平均法或其他方法计算被测人员的单项要素得分，并将其汇总至“被测人员得分一览表”中，由此可以计算以下两个数据：

所有被测人员单项要素平均得分和被测人员的加权总分（表 14-14）。

表 14-14 被测人员得分一览表

测评要素（权重）	被测 A	被测 B	被测 C	被测 D	被测 E	平均得分
知识水平（a%）						
人际敏感性（b%）						
人际亲和力（c%）						
说服与沟通能力（d%）						
倾听与反馈能力（e%）						
应变能力（f%）						
情绪控制能力（g%）						
加权总分						

（六）分析测评结果

被测人员单项要素得分既可以反映所有被测人员的平均素质水平，还可以反映每个测评人员与平均素质水平之间的差距。

被测人员的加权总分则可以反映被测人员的综合素质水平。

（七）报告测评结果

针对每个被测人员的测评结果，得出具体的测评报告，并提供相应的建议，以供决策人员参考。以被测 A 为例说明。

1. 基本信息报告

根据被测人员的简历，报告其基本信息，如表 14-15 所示。

表 14-15 被测人员基本信息一览表

测试编号：SALES-TESTING001　　测试日期：2006 年 6 月 15 日

姓名	A	政治面貌	团员
性别/年龄	女/23	最高学历	大学专科
工作年限	1 年	目前月收入水平	2000 元人民币
婚姻状况	未婚	健康状况	良好
毕业学校/专业	××工业大学/市场营销		
前一家任职公司名称	××电子科技公司		
前一份工作岗位	销售助理		

2. 被测人员素质说明

根据被测 A 在单个测评要素上的得分，比较其与平均水平的差距，对其素质水平做出说明，具体如表 14-16 所述。

表 14-16　被测人员素质详细列表

被测编号	SALES-TESTING001	姓名	A	报告日期	2007 年 06 月 15 日
测评要素	素质说明				
知识水平	被测 A 的知识面较宽，销售基本知识比较扎实，但不能灵活地加以运用				
人际敏感性	与销售人员应具备的敏感性水平相比，被测 A 的人际敏感性较强，能够与人进行正常的沟通和交往，维持稳定人际关系，但在对他人的心理感受和需求把握程度上还有待提高				
人际亲和力	与销售人员应具备的人际亲和力水平相比，被测 A 的亲和力一般。既不会让人产生警觉或者无法接近的感觉，也不会很主动地接近他人				
说服与沟通能力	与销售人员应具备的说服与沟通能力水平相比，被测 A 基本掌握了沟通的技巧与策略，但说服能力方面欠生动，语言表达方式比较直接				
倾听与反馈能力	面试过程表明，被测 A 能够听取他人的意见并做出适当的反应，但是反馈的可操作性一般，反馈技巧欠缺				
应变能力	与销售人员应具备的应变能力水平相比，被测 A 的应变能力较强，在面对各种情况时能够灵活、迅速地做出反应				
情绪控制能力	处事比较冷静，在压力面前不惊慌失措				

3. 综合素质及决策建议

总体来说，被测 A 的素质水平中等，可以录用为企业的销售人员。但是，应对其倾听与反馈能力、说服能力这两个方面进行强化培训，否则难以胜任销售工作。在试用期间，销售主管应加强与其沟通，督促其努力提升自己的销售技能。另外，应提醒其应注意培养自己的人际亲和力。

特别提醒：员工的行为受企业的培训制度、薪酬政策、绩效考核制度和管理人员工作方法等多种因素的影响，本测试结果仅供参考。

第十五章

职业规划

一、职业生涯规划

在社会未迈入工业化以前，职业的种类较少，工作内涵也极为简单，通常的职业都是父母传授给子女，或由学徒直接向师傅学习，因此并不会产生择业的种种问题。自产业革命之后，工业科技日渐发达，机器日新月异，而生产过程也日渐复杂，产品之种类及生产量也大量的增加。因此，工作世界里的行业种类与职业，更趋复杂与专业。例如，目前《美国职业分类典》（*The Dictionary of Occupational Tifles*）已列有三万多种职业。以如此众多的职业数目及复杂的职业内涵，年轻人凭自己很难洞悉各种职业的内容及分类，而父母、亲友们也难具有专业化的知识，来协助子女选择适当的职业。因此，辅导年轻人择业的责任，就由家庭转移到学校及社会就业辅导机构。对年轻人而言，职业选择是否适当，将影响其将来事业的成败以及一生的幸福；对社会而言，个人择业是否适当，能决定社会人力供需是否平衡。如果每个人都适才适所，那么，不仅每个人都有发展的前途，而且社会亦会欣欣向荣；相反，则个人贫困，社会问题丛生。由于职业选择，对一个人及社会都有极重大的关系。因此，政府及教育单位，对于青年人未来职业生涯的认识、规划、准备和发展，应极为重视，实施生涯教育。

（一）职业生涯规划的概念

职业生涯规划，是指个人发展与组织发展相结合，对决定一个人职业生涯的主客观因素进行分析、总结和测定，确定一个人的事业奋斗目标，并选择实现这一事业目标的职业，编制相应的工作、教育和培训的行动计划，对每一步骤的时间、顺序和方向做出合理的安排。职业生涯规划——追求最佳职业生涯的过程。

职业生涯有狭义和广义之分，狭义的职业生涯，指一个人从职业学习伊始，直至职业劳动最后结束，这整个人生职业工作历程。狭义的职业生涯限定于直接从事职业工作的这段生命时光，上限起始于任职前的职业学习和培训。

广义的职业生涯，是指从职业能力的获得、职业兴趣的培养、选择职业、就职，直至最后完全退出职业劳动这样一个完整的职业发展过程。其上限从 0 岁人生起点开始。

（二）职业生涯规划的分类

根据其构成因素的不同，职业生涯规划可以划分为内职业生涯规划和外职业生涯规划。

内职业生涯是指从事一种职业时的知识、观念、经验、能力、心理素质、内心感受等因素的组合及其变化过程。它是别人无法替代和窃取的人生财富。

外职业生涯是指从事职业时的工作单位、工作时间、工作地点、工作内容、工作职务与职称、工作环境、工资待遇等因素的组合及其变化过程。它是依赖于内职业生涯的发展而增长的。

根据职业生涯规划的期限，职业生涯规划一般划分为短期规划、中期规划和长期规划。

短期规划为三年以内的规划，主要是确定近期目标，规划近期完成的任务；中期规划一般为三至五年，在近期目标的基础上设计中期目标；长期规划，其规划时间是五年至十年，主要设定长远目标。

二、北森朗途职业规划系统概述

北森朗途职业规划系统用于帮助测试者了解自己的深层人格与心理动力特征，在此基础上分析测试者的思维模式、行为风格及其偏好的环境特点，从而辅助其确定适合自己的职业定位。

北森朗途职业规划系统包括人格和动力两部分。

人格部分基于荣格的心理类型学理论开发，包含 4 个两极性的维度，也就是说，每个维度的两极对应于两个相反的偏好：一般心理倾向（外向-内向）、接收信息方式（感觉-直觉）、处理信息方式（思维-情感）、行动方式（判断-知觉）。

动力部分基于成就动机理论，也包含 4 个维度：成功愿望、影响愿望、挫折承受和人际交往。此外，在动力部分增加了一个社会称许性指标，用来考察测试者是否有按照社会所认可的方式作答的倾向。

三、北森职业规划系统测评量表内容

测试说明

本量表共有 187 道题，涉及我们的工作、生活、价值观等方面。对于这些问题，每个人的看法都会不尽相同，任何基于真实情况的回答都是你的个性、特点的反映，没有“对”或“不对”之分。答案直接写在答题纸对应的题号下。“A”表示“是”，B 表示“不是”，不要在卷子上做任何记号。

答题时，请注意以下几点：

1. 答案直接写在答题纸对应的题号下，不要在卷子上做任何记号。
2. 不要漏掉任何一道题。
3. 每道题只能选择一个答案。
4. 答题依据：你日常的实际表现，不是你期望的理想表现。
5. 有些题你可能从未碰到过或难以选择，不要过多思考，凭第一感觉作答。
6. 保证环境安静，不要受环境干扰或他人观点的影响。
7. 你有权力选择自己所有测评结果的保密级别，至少留下一种联系方式。

注意：请在 45 分钟内一次性地完成所有题目，不要间断。

1~88 题为迫选题，标准如下，从 A、B 中选择其一：

例题：玩猜猜看的游戏，我经常赢：

A. 是的　　B. 不是的

1. 通常，别人说我是一个（　　）

A. 有逻辑头脑的人　　B. 情感丰富的人

2. 在做决定时，我更在意（　　）

A. 良师益友的忠告　　B. 权威人士的意见

3. 我认为更糟的缺点是（　　）

A. 没有同情心　　B. 不讲道理

4. 当要做别人也做的事时，我更愿意（　　）

A. 用大家所接受的方法做　　B. 自己想出的方法做

5. 我对自己物品的摆放通常是（　　）
A. 在意的　　　　　　　　　　B. 随便的
6. 我做事更倾向于凭借（　　）
A. 分析　　　　　　　　　　　B. 喜好
7. 当不得不主动同生人打交道时，我（　　）
A. 感到自信并且轻松　　　　　B. 有点儿担心别人不愿被打搅
8. 我更难以接受的是（　　）
A. 生活的节奏单一不变　　　　B. 稳定有序的生活被打乱
9. 我认为更重要的是（　　）
A. 能够预见一件事情　　　　　B. 能够适应现实条件
10. 我有（　　）
A. 广泛的社会关系　　　　　　B. 为数不多的好朋友
11. 我做出结论的根据是（　　）
A. 不带情绪色彩的逻辑分析和谨慎的推理
B. 以往经验中对生活的体验和人们的普遍看法
12. 我更愿意（　　）
A. 同少数几个人维持深厚的友谊　B. 同各种人维持广泛的交往
13. 我通常（　　）
A. 能很容易地同绝大多数人进行交谈
B. 仅在一定条件下或同一定的人才有话可说
14. 我喜欢（　　）
A. 抽象的、概括性的观点　　　B. 具体的、真实的叙述
15. 我被认为是一个（　　）
A. 爱思考的人　　　　　　　　B. 重感情的人
16. 当被事先规定好你要在某个时刻做某件事情，我（　　）
A. 很高兴，可以按计划行事　　B. 有些不高兴，因被束缚了
17. 对我更具吸引力的人是（　　）
A. 聪明而反应敏捷的人　　　　B. 稳重而脚踏实地的人
18. 我更看重（　　）
A. 潜在的可能性　　　　　　　B. 真实的情况
19. 当要去见陌生人时，我通常（　　）
A. 不感到难为情　　　　　　　B. 多少有些不情愿
20. 我对事物（　　）

A. 有整体而非片面的看法　B. 以事实和细节做依据，不做臆断

21. 我更喜欢（　　）

A. 事情按计划进行　B. 意料之外的事情带来的乐趣

22. 我认为我是一个（　　）

A. 硬心肠的人　B. 软心肠的人

23. 通常，我更倾向于（　　）

A. 牺牲完美追求效率　B. 牺牲效率追求完美

24. 大多数时候，我（　　）

A. 自己的思想和感情一概不外露　B. 随时和别人沟通自己的思想和感情

25. 我更容易（　　）

A. 预见将要发生的事情　B. 应付现实情况

26. 我更喜欢（　　）

A. 理智、公正的人　B. 情感丰富的人

27. 在群体中，我（　　）

A. 愿意安静地默默工作　B. 是个很好的协调者

28. 选择你较喜欢的词（　　）

A. 坚定　B. 忠诚

29. 选择你较喜欢的词（　　）

A. 收益　B. 祝福

30. 选择你较喜欢的词（　　）

A. 实干家　B. 创新者

31. 选择你较喜欢的词（　　）

A. 静　B. 动

32. 选择你较喜欢的词（　　）

A. 制作　B. 发明

33. 选择你较喜欢的词（　　）

A. 富于想象　B. 讲求实效

34. 选择你较喜欢的词（　　）

A. 强调　B. 鼓励

35. 选择你较喜欢的词（　　）

A. 思想　B. 感情

36. 选择你较喜欢的词（　　）

A. 平静　B. 活跃

37. 选择你较喜欢的词（　　）
A. 有条不紊　　B. 机动灵活
38. 选择你较喜欢的词（　　）
A. 提前安排　　B. 不断体验
39. 选择你较喜欢的词（　　）
A. 理论　　B. 经验
40. 选择你较喜欢的词（　　）
A. 聚会　　B. 看书
41. 选择你较喜欢的词（　　）
A. 令人信服　　B. 令人感动
42. 选择你较喜欢的词（　　）
A. 调解员　　B. 裁判员
43. 选择你较喜欢的词（　　）
A. 勤勉　　B. 聪明
44. 选择你较喜欢的词（　　）
A. 同情心　　B. 判断力
45. 对周末或假日，我喜欢（　　）
A. 提前安排好约会、社交聚会等　　B. 随心所欲，临时决定做什么
46. 我更愿意在这种人手下工作（　　）
A. 总是友好的　　B. 总是公正的
47. 在日常工作中，我（　　）
A. 从最后关头的压力中得到动力　　B. 避免出现燃眉之急的压力
48. 在工作中，我（　　）
A. 尽量避免定一个最后期限　　B. 安排好了的事情，就不再轻易改动
49. 很多人在一起时，我倾向于（　　）
A. 和我熟悉的人交谈　　B. 和大家一起聊天
50. 当有很多事情要做时，我（　　）
A. 边做边规划　　B. 先规划再做
51. 在购物的时候，我通常会（　　）
A. 比较所有可选的物品后再决定购买
B. 只要符合了心目中的标准就购买
52. 通常情况下，我（　　）
A. 常会想一些不存在的东西　　B. 喜欢查看事物的细节

53. 我更喜欢（　　）
A. 热闹　　B. 安静
54. 在日常生活中，对一些要做的小事，我通常（　　）
A. 能清楚地记得　　B. 会忘记它们
55. 通常情况下，我（　　）
A. 崇尚现实主义与常识　　B. 崇尚想象力和新事物
56. 我更倾向于重视（　　）
A. 人情　　B. 原则
57. 在社交性或娱乐性聚会上，我（　　）
A. 常常觉得不自在　　B. 一般总是很高兴
58. 我更愿意交的朋友是（　　）
A. 总有新主意的人　　B. 脚踏实地的人
59. 和朋友相比，我的消息（　　）
A. 很闭塞　　B. 很灵通
60. 我通常（　　）
A. 避免成为注意的焦点　　B. 希望成为注意的焦点
61. 我认为“严格按计划做事”是（　　）
A. 良好的做事方式　　B. 即使必要也令人很不舒服
62. 空闲时，我喜欢（　　）
A. 一个人安静地思考问题　　B. 找人聊天、参加娱乐活动
63. 我通常（　　）
A. 在做完决定后感到快乐　　B. 因保留有选择的余地而快乐
64. 相比之下，我倾向于重视（　　）
A. 人际关系　　B. 事情本身
65. 我可以（　　）
A. 很容易和别人建立关系　　B. 和别人建立关系的过程比较长
66. 我喜欢（　　）
A.谈话　　B.聆听
67. 在乘火车旅行时，我总是（　　）
A. 很有兴致与别人交谈　　B. 做自己的事，不与人攀谈
68. 和我相处得好的人通常是（　　）
A. 富于想象的人　　B. 注重现实的人
69. 相比之下，我更相信（　　）

A. 确定而有形的事物　　B. 灵感和推理

70. 我更经常（　　）

A. 让感情支配理智　　B. 让理智支配感情

71. 在项目或任务中，我更大的优势在于（　　）

A. 事先制订完备的计划　　B. 遇到问题时灵活应对

72. 我更愿意被看作是（　　）

A. 务实的人　　B. 有头脑的人

73. 选择你较喜欢的词（　　）

A. 一丝不苟　　B. 不拘小节

74. 选择你较喜欢的词（　　）

A. 准时　　B. 闲适、悠然

75. 选择你较喜欢的词（　　）

A. 严谨　　B. 热心

76. 选择你较喜欢的词（　　）

A. 想象　　B. 实际

77. 选择你较喜欢的词（　　）

A. 条理的　　B. 随意的

78. 选择你较喜欢的词（　　）

A. 分析　　B. 体贴

79. 选择你较喜欢的词（　　）

A. 捕捉　　B. 总结

80. 选择你较喜欢的词（　　）

A. 内　　B. 外

81. 选择你较喜欢的词（　　）

A. 已知　　B. 未知

82. 选择你较喜欢的词（　　）

A. 过程　　B. 结果

83. 选择你较喜欢的词（　　）

A. 可能性　　B. 现实性

84. 选择你较喜欢的词（　　）

A. 具体　　B. 抽象

85. 选择你较喜欢的词（　　）

A. 调整　　B. 规划

86. 选择你较喜欢的词（　　）

A. 演说　　　　　　　　　　　　B. 写作

87. 选择你较喜欢的词（　　）

A. 平静的水面　　　　　　　　　B. 汹涌的波涛

88. 选择你较喜欢的词（　　）

A. 软　　　　　　　　　　　　　B. 硬

89~187 题答案选择标准如下，从 A、B、C、D、E 中选择其一：

例如：我喜欢理性至上的人：

A	B	C	D	E
完全符合	基本符合	说不清楚	基本不符合	完全不符合

89. 我总是确保他人准确理解了我的意图
90. 我常常担心不能完成工作任务并为此而感到焦虑
91. 做没有成功把握的工作，我感到紧张
92. 别人能够准确地理解我所表达的意思
93. 别人乐于和我一起分担某项工作
94. 工作中的挫折使我感到沮丧、失望
95. 我认为，只要努力，没有做过的工作我也能够做好
96. 如果周末不愉快，星期一便很难集中精力工作
97. 干任何工作我都能找到好办法
98. 我做任何事情都非常认真
99. 在进行任何工作之前，我特别注意组织工作
100. 我不愿在会上表述自己的意见
101. 即使工作应聘失败，我仍然会继续尝试
102. 我很少为昨天发生的事情烦心
103. 在群体决策时，我希望自己能发挥重要的作用
104. 我希望我的朋友总是支持我的决策
105. 我能自如地表达自己的感情
106. 失败之后，我总结了经验教训，信心更强
107. 工作之前，我总是希望得到别人的指点
108. 别人似乎不喜欢听我说话
109. 我一定要做到工作成绩比别人突出

110. 落在最后，常叫人提不起干劲
111. 我很少去想别人的感受会是什么
112. 我的生活中，常常有些令人沮丧气馁的日子
113. 如果可能的话，我希望按照自己的想法重组领导班子
114. 每当我有了特定的工作目标时，我就干得最起劲
115. 碰到失败时，我迫切希望得到别人的鼓励
116. 从事一项新的工作时，我总感到没有成功的把握
117. 一般情况下，我不随便改变自己的意见
118. 我对他人的恨会维持很久
119. 遭遇到的每一次否定都使我更进一步接近肯定
120. 我只喜欢与同我谈得拢的人接近
121. 我不喜欢做复杂、困难的工作
122. 我一定要在工作中取得突出成绩，这是人生价值的体现
123. 没有百分之八十以上成功把握的事情，我就不愿意干
124. 别人完成不了的任务，我也去试试
125. 我认为只要努力，就能够把工作做成一流的
126. 在工作中，我很希望能帮助他人成长和发展
127. 如果碰到失败的可能，我特别希望有人帮我一把
128. 我从来不说谎话
129. 有时，别人不能理解我的兴趣和想法
130. 我善于把工作分解开寻找合适的人一起做
131. 在面对困难的时候，我常常感到不安、烦躁
132. 我非常喜欢我认识的每一个人
133. 我能准确地理解别人跟我说的话的一些隐含的意思
134. 我能很好地识别别人的情绪状态
135. 我从未产生令人难于启齿的不好的念头
136. 我没有在背后议论过别人
137. 我喜欢完成有重大意义的工作
138. 我能很快和新朋友建立稳固的关系
139. 我觉得生活中没有事情值得让自己生气
140. 我从不大发脾气
141. 我更愿意选择必须竭尽全力才能实现的目标
142. 我很少心灰意冷

143. 别人越是说我不行，我越是要干
144. 只有对少数人，我可以无拘束地袒露真实想法
145. 参加集会，我总是坐在熟人旁边
146. 我希望自己能够取得大的成功
147. 我很注意领会领导的意图，并与自己的意图相统一
148. 我喜欢指挥别人开展工作
149. 当我的工作开始不顺利，我就容易一溃千里
150. 每当快要实现目标时，我就最具有拼搏精神
151. 我希望得到别人的有力支持
152. 我总有一种开创新局面、创造新事物的冲动
153. 我希望能在人群或组织中发挥领导的作用
154. 想到可能无法完成某项重要的事情，会使我不寒而栗
155. 我的观点往往能得到大多数人的认同
156. 我从不把今天应做的事拖到明天
157. 在结果尚不清楚的情况下，我总担心工作不能成功
158. 我喜欢告诉别人怎样做他们的工作
159. 通过与他人的交往，我得到了很多帮助和支持
160. 我非常关注朋友的意见和需求
161. 无论干什么事情，我都充满信心
162. 白天工作不顺利，会影响我整个晚上的心情
163. 失败会使我觉得很难堪
164. 从和他人的交往之中我获得了很多的快乐
165. 我总不忘过去的错误
166. 与陌生人一起讨论我会放不开
167. 我羡慕公认的权威
168. 如果在工作中出现差错，我会非常担心
169. 和别人发生争执时，我能克制自己
170. 我有一个在别人看来是高不可攀的目标，并时刻为之奋斗
171. 我非常关注组织中每个人的水平和角色
172. 失败并不可怕，我可以吸取教训从头再来
173. 我感到与周围人的关系和谐
174. 困难越大，挑战性越强的工作，越能激起我的斗志
175. 只要我继续努力，我便会得到应有的报偿

176. 我愿意和别人一起干而不愿意独当一面
177. 在小组讨论时我感到紧张不安
178. 我非常难以接受失败
179. 我希望有详细的条例来规定自己每个人的职权范围
180. 我想，我一定受不了被解雇的羞辱
181. 别人乐于向我诉说不幸
182. 我同别人的友谊发展，多数是别人采取主动态度
183. 我希望领导指导而不干预我的工作
184. 如果某人擅自动用我的东西，我会气上一段时间
185. 我相信自己能给他人带来快乐
186. 当我感到失败要来临时，我总是采取有力的挽救措施
187. 我喜欢参加小组讨论

参考文献

鲍嘉. 2005. 现代人才测评在人力资源管理中的应用[J]. 科技管理研究，（08）：58-61.

北森测评技术有限公司. 2010. 北森人力资源测评[M]. 北京：北森测评技术有限公司.

陈加洲，方俐洛，凌文辁. 2001. 组织中的心理契约. 管理科学学报[J]. 4（2）：74-78.

樊宏，韩卫兵. 2005. 构建基于胜任力模型的评价中心[J]. 科学学与科学技术管理，（10）：110-113.

范巍，谢小云. 2008. 评价中心法的几个经典差误：人才选拔效度的视角[J]. 第一资源，（01）：91-99..

龚建立，蔡平川. 2005. 现行人才测评体系存在的问题及对策[J]. 人才开发，（04）：23-25.

黄勋敬，赵曙明. 2011. 基于公文筐测验的商业银行高层管理人员选拔研究——以商业银行高级人力资源经理岗位为例[J]. 管理学报，（06）：852-856.

惠梓. 2011. 评价中心的结构效度研究概述[J]. 科技信息，（24）：512.

李志，冉瑞琳，关香丽. 2012. 控制式无领导小组讨论的实验研究[J]. 重庆大学学报（社会科学版），（01）：42-47.

凌文辁，张治灿. 2001. 中国职工组织承诺研究. 中国社会科学[J]（2）：90-102.

刘叔才，葛利荣. 2008. 基于胜任力模型的人力资源绩效管理体系研究[J]. 经济师，（06）：182-183.

刘远我. 2007. 人才测评——方法与应用[M]. 北京：电子工业出版社.

彭长桂，张剑. 2006. 国内胜任特征研究进展及评价[J]. 科研管理，（06）：62-67.

王洛. 2008. 企业如何运用人才测评技术[J]. 人才资源开发，（05）：61-62.

王志军，于海滨. 2008. 评价中心在高校教师招聘中的应用[J]. 航海教育研究，（02）：26-29.

张保国. 2002. 遴选高级人才的首要工具——评价中心[J]. 南开管理评论，（04）：48-54.

张志红. 2011. 人才测评食物[M]. 北京：机械工业出版社.

赵红梅，童勋. 2008. 人才测评软件系统应用价值分析[J]. 商场现代化，（10）：232-234.

郑安云. 2005. 人才测评理论与方法[M]. 北京：北京交通大学出版社.

仲理峰，时勘. 2003. 胜任特征研究的新进展[J]. 南开管理评论，（02）：4-8.

F. Friedlander. 1963. Underlying Sources of Job Satisfaction. Journal of Applied Psychology[J]. 47（4）：246-250.

VH Vroom，Work，Motivation. 1964. Industrial Organization Theory & Practice[J].（02）：2-33.